6.-

Alter und Tod – annehmen oder verdrängen?

Ein Tagungsbericht

Herausgegeben von
Professor Dr. med. Dr. phil. Wilhelm Bitter

ERNST KLETT VERLAG
STUTTGART

Die Vorträge wurden gehalten auf der Tagung
»Alter und Tod — Verdrängen oder bewältigen?«
der Internationalen Gemeinschaft
»Arzt und Seelsorger Stuttgart«
im September 1973 in Berlin

Satz und Druck: Feindruck Pistotnik, 7016 Gerlingen
ISBN 3-12-900960-4

INHALT

VORWORT

Als wir uns vor mehreren Jahren entschlossen haben, das Thema Altern und Sterben zum Gegenstand einer Tagung zu machen, waren wir im Zweifel, ob sich Menschen jüngerer und mittlerer Jahrgänge dafür interessieren würden. Auf Grund einer Rundfrage im Mitteilungsblatt unserer Gemeinschaft erhielten wir jedoch mehr Zustimmung hierzu als für weitere vorgeschlagene aktuelle Themen wie etwa: Ehe und Ehekrisen. Aus den zahlreichen einschlägigen Publikationen und Tagungen der jüngsten Zeit geht hervor, wie berechtigt die Wahl unseres Themas gewesen ist. Letztere beschränken sich allerdings meist auf ein Teilgebiet, insbesondere auf das der Sterbenshilfe. Ferner überrascht, daß auch die Euthanasie, die in Deutschland tabuiert war, im Sommer 1973 zweimal im Fernsehen in objektiver Weise diskutiert worden ist. Das weiter auf unserer Tagung behandelte Thema der Suizidalität wird in der Regel nicht in ihren tieferen Ursachen und im Zusammenhang mit dem Gesamtgebiet des Todes erörtert. Wie uns scheint, sind Altern, Altershilfe, Sterben und Sterbenshilfe, das Todesproblem, die Euthanasie und Suizidalität eng miteinander verknüpft. Der gesamte Fragenkomplex war bisher in Deutschland verdrängt worden, so mußte er besonders die betroffenen Berufsgruppen interessieren, was die große Beteiligung an der Tagung bewiesen hat. Über Altern und Tod wurde zwar schon 1970 auf unserer Salzburger Tagung »Lebenskrisen«[1] referiert. Wir beschränkten uns jedoch auf die Phase zwischen dem fünfzigsten und fünfundsechzigsten Lebensjahr des Alterungsprozesses und auf das Todesproblem in protestantischer Sicht. Dieses Mal haben wir das Alter im engeren Sinne, nach der Pensionierung bis zum Sterben, zum Gegenstand unserer Verhandlungen gemacht. Der Tod wurde nicht nur aus der Sicht des Protestantismus, sondern auch des Katholizismus und der Anthroposophie sowie der Psychologie von C. G. Jung dargelegt.

Wie zu erwarten, ergaben die Aussprachen grundlegende Differenzen, insbesondere über das Todesproblem und die Euthanasie. Jedoch

[1] W. Bitter (Hrsg.), Lebenskrisen. Ursachen und Beratung, Stuttgart 1971.

haben die abweichenden Positionen zur Vertiefung der Auffassungen beigetragen, was von der Toleranz und dem guten Gemeinschaftsgeist unserer nahezu ein Vierteljahrhundert bestehenden Zusammenkünfte zeugt.

Wir danken allen Referenten, Gruppen- und Ausspracheleitern sowie den Diskussionsrednern, nicht zuletzt unserer Geschäftsführerin Lilly Schweizer. Sie alle haben zum Gelingen der von einigen hundert Teilnehmern besuchten lebendigen Tagung entscheidend beigetragen.

Wilhelm Bitter

EINLEITUNG

von Wilhelm Bitter

Wenn ich dem Bericht über unsere Tagung ergänzende Gedanken hinzufüge, so möchte ich zum andern auch einige dort vorgebrachte Gesichtspunkte unterstreichen und wichtige Diskussionsbemerkungen festhalten.

Besonders das *Altersproblem* ist außerordentlich dringlich, da in naher Zukunft etwa zwanzig Prozent unserer Bevölkerung über sechzig Jahre alt sein werden. Alle diese Menschen werden ohne eine Aktivierung und Berücksichtigung ihrer Daseinsberechtigung immer stärker in die Isolierung geraten. Die damit zusammenhängenden Fragen und Aufgaben haben sowohl individuelle wie soziologische Aspekte. In der vorindustriellen Zeit lebten die Alten mit Kindern und Enkeln in Wohngemeinschaft und konnten sich häuslich und vielfach auch wirtschaftlich entsprechend ihren Kräften nützlich machen. In der Klein- und Kleinstfamilie von heute ist nicht Raum für Großeltern, Onkel und Tanten. Allein mit dem Bau von Alters- und Pflegeheimen und der Einrichtung von Altenclubs ist es nicht getan, auch nicht mit Schlagworten wie »sinnvoll zu verbringendem Lebensabend« und »Freizeitgestaltung« neben der wirtschaftlichen Sicherung durch Altersrente. Die Jugend und vor allem die mittleren Jahrgänge sollten die Möglichkeit ergreifen, Erfahrungen des gereiften alten Menschen und ihre entsprechende Wirksamkeit zu nutzen. Die Überschätzung der quantitativen Leistung führt zum Abschieben und zur Geringschätzung des alten Menschen. Er wird zum Außenseiter gestempelt und gerät in eine Ghetto-Situation. Freilich hat es zu allen Zeiten und in allen Kulturen Phasen gegeben, in denen die Alten als Belastung, als überzählig betrachtet wurden und sogar ihre physische Beseitigung als rituelle Handlung gesellschaftlich eingebaut war. Bereits in der alten römischen Zeit galt die Parole: sexaginta de ponte. Im späteren Römischen Reich und bei anderen, auch primitiven Kulturen, wurde im Gegensatz dazu die Weisheit und Erfahrung der Alten gesucht und für Staat und Gesellschaft genutzt.

Bis zur Auflösung der Großfamilie vor wenigen Jahrzehnten war der Respekt vor dem Alter unter christlich-humanitären Motiven gesichert. Auch in den Hochreligionen des Fernen Ostens hat die Ehrfurcht vor dem Alter, jedenfalls bis zum Eintritt der industriellen Revolution, ihren Niederschlag in politischen und gesellschaftlichen Institutionen gefunden. Die heutige Disqualifizierung des Alters fand ihre psychologische Vorbereitung in der Ideologie des Nationalsozialismus mit ihrer Tendenz der Beseitigung sogenannten »unwerten Lebens«. Schwachsinnige, demente alte Menschen, die in psychiatrischen Kliniken untergebracht waren, wurden auch dann beseitigt, wenn sie noch einen Anteil zu ihrem Unterhalt durch Arbeit verdienten. Die Tendenz zur Bewertung des Menschen nach quantitativer Leistung hat nach dem Zweiten Weltkrieg eine Zuspitzung erfahren. Nach Entfernung der Trümmer wurden alle Energien von Technik und Organisation eingesetzt zum wirtschaftlichen Wiederaufbau. Steigerung der Lebenshaltung durch Leistung in hochspezialisierter Arbeit feierte Triumphe. Statt einer Neubesinnung nach der Katastrophe, einer Verinnerlichung, schritt die Säkularisierung in allen Lebensbereichen fort. Es ist eine Schicksalsfrage für die abendländische Welt, und insbesondere für Deutschland, ob der Prozeß der Verweltlichung fortschreitet oder ob es zu einer Enantiodromie, einem Rückschlag im Sinne der neuerdings vielfach postulierten Qualität des Lebens, der Humanisierung, kommt. Angesichts der Geistesverfassung der mittleren und älteren Generation ist ein Teil der Jugend geneigt, mit allen Traditionen aufzuräumen und ohne klare Vorstellungen von einer »besseren Welt«, alles Vorgefundene zu zerstören. Statt solcher revolutionär-anarchistischer Tendenzen ist ein anderer Teil der Jugend durchaus bereit, grundlegende Reformen des gesellschaftlichen und geistigen Lebens in Kontakt mit der älteren Generation einzuleiten. Die Älteren haben es nach dem Zusammenbruch versäumt, diese konstruktiven Bestrebungen zu fördern und in einen verständnisvollen Gedankenaustausch mit der Jugend zu treten. Dadurch haben sie sich in eine weitgehend selbstverschuldete Ghetto-Situation hineinmanövriert. Um diesem verhängnisvollen Prozeß vorzubeugen, ist bereits ab der Lebensmitte eine Modifizierung der extravertierten, auf technischen Fortschritt und Hebung des Lebensniveaus ausgerichteten Haltung anzustreben. Verinnerlichung führt zu Bewußtseinserweiterung, zum Blick für das Wesentliche und beugt Alterserstarrung vor. Auf unserer Tagung wurde besonders von Hans Dieckmann auf diesen Individuationsweg (nach

C. G. Jung) hingewiesen. Ein jüngerer Diskussionsredner bemängelte die Einschränkung auf die Lebensmitte und behauptete, daß ein Teil der Jugend bereits den erwähnten Reifungs- und Individuationsprozeß anstrebe; die Flucht in Drogen sei ein in dieser Richtung liegender mißlungener Versuch. Ein anderer Teilnehmer unterstrich die Notwendigkeit, bereits in der Kindheit die Voraussetzungen für eine Geborgenheit zu sichern, die sich bis ins Alter günstig auswirke. Wir können an dieser Stelle nicht auf Einzelheiten des erwähnten Selbstverwirklichungsprozesses eingehen. Er setzt eine tiefgehende Wandlung im Lebensgefühl voraus und wird nur in einem länger dauernden Umstellungsprozeß zu erreichen sein. Gleichzeitig mit dieser Umstellung muß eine neue Form der Bildung und Ausbildung entstehen, über die zur Zeit politisch viel diskutiert wird. Außer dem spezialisierten, reinen Fachwissen soll die Jugend eine breitere Bildungsgrundlage erhalten als Basis ständiger Erneuerung und lebendiger Bezugnahme auf die Praxis. So ausgerüstet kann der Mensch im Alter noch Aufgaben übernehmen, die seinen Kräften und Neigungen entsprechen. Daß man im industriellen Arbeitsprozeß noch produktiv sein kann, beweisen die guten Erfahrungen, die amerikanische Industriefirmen mit über Sechzigjährigen gemacht haben. Es wurden bevorzugt ältere Arbeiter und Angestellte eingestellt. Das bei uns vorgesehene flexible Pensionierungsalter ab 63 Jahren bringt keine durchgreifende Lösung. Was wird aus Menschen, die erschöpft aus dem maschinellen Arbeitsprozeß ins Nichtstun geworfen werden? Die sozialpsychologische und medizinische Vorbereitung auf Möglichkeiten von sinnvoller und befriedigender Arbeit im Alter wird seit langem in den Vereinigten Staaten, England, Schweden sowie der Sowjetunion wissenschaftlich erforscht und in der Praxis angewandt. Im Vergleich hierzu ist Deutschland noch Entwicklungsland. Lehrstühle für Gerontologie und Geriatrie sind an nur wenigen Hochschulen eingerichtet worden. »Das Schicksal, das sie ihrem nicht mehr arbeitsfähigen Menschen bereitet, enthüllt den wahren Charakter der Gesellschaft« (Simone de Beauvoir [1]). Welche Werte uns durch größere Sachlichkeit des Alters, Reife, Erfahrung, Weisheit und Distanz zum Wechselspiel der Tagesereignisse zur Verfügung stehen, ist der Mehrheit noch nicht aufgegangen, obwohl wir etwa acht Millionen Menschen von über fünfundsechzig Jahren unter uns haben gegenüber drei Millionen vor dem Ersten Weltkrieg. Daß Menschen

---

[1] S. de Beauvoir, Das Alter, Reinbek bei Hamburg 1972.

über das Pensionsalter hinaus arbeiten können, zeigt die große Zahl Freiberuflicher: Ärzte, Anwälte, Architekten, Künstler, Politiker. Die Ärzte C. G. Jung und Alphonse Maeder, die Künstler Telemann, Bach, Händel, Michelangelo, Tizian, Picasso, Chagall, die Dichter Goethe, Fontane, Shaw und die Politiker Adenauer und Churchill — um nur einige zu nennen — haben bis ins hohe Alter von weit über achtzig überragende schöpferische Leistungen vollbracht. Gegenüber den freien Berufen ist es für Arbeiter und Angestellte weit schwieriger, im Alter eine befriedigende Aufgabe zu finden. Die Rebellion gegen das Fließband und die damit zusammenhängende automatisierte, monotone, zermürbende Arbeitsweise hat erst jetzt — einige Jahrzehnte zu spät — zu Reformversuchen geführt. In Schweden, den Vereinigten Staaten und neuerdings auch in Deutschland ist die Arbeit in Gruppen im Produktionsverfahren erfolgreich eingeleitet worden. Hand in Hand damit bildet die oben erwähnte Reform des Bildungswesens eine Grundlage für Arbeiter und Angestellte, im Alter noch tätig sein zu können. Sozialpsychologische Publikationen betonen die Notwendigkeit produktiver Beschäftigung alter Menschen[2]. Für Frauen wird stundenweiser Dienst im Krankenhaus empfohlen, ferner im Verkauf oder als Näherin; für Männer Mitarbeit in Gärtnereien, Botengänge, Portierdienst und so weiter.

Bekannt sind auch die Bestrebungen, Altenheime in Wohnsiedlungen umzuwandeln und in die Nähe von Kinderdörfern zu legen, um »Großeltern-Aufgaben« zu schaffen. Auch sollten Insassen von Altersheimen zu Haus- und Gartenarbeit angeregt werden gegen angemessene Entschädigung. Werkstätten für schöpferische Betätigung dürften ebenfalls nicht fehlen. Sozial Interessierte könnten sich um strafentlassene Jugendliche bemühen im Sinne einer freiwilligen Bewährungshilfe. Pensionierte Verwaltungsbeamte, Volkswirtschaftler, Juristen, könnten in kleineren und mittleren Betrieben Dienste leisten z. B. bei Finanzberatung, Organisation, Anstellung von Mitarbeitern. Der Berufsberatung in Arbeitsämtern könnten alte Menschen für Auskünfte und zur Vermittlung von Arbeitsplätzen zur Verfügung stehen. Vor allem ist daran zu denken, analog den Gesetzen zur Einstellung von Kriegsversehrten nach dem Krieg auch für alte Menschen Einstellungsverpflichtungen besonders in Großbetrieben vorzusehen, selbst wenn damit gewisse organisatorische Belastungen verbunden sind. Voraussetzung für ein solches

[2] R. Schenda, Das Elend der alten Leute, Düsseldorf 1972.

»Sofort-Programm« ist die Einsicht in die Dringlichkeit des Altersproblems. Die Öffentlichkeit müßte durch die Massenmedien aufgeklärt werden, damit sie einen Druck auf die politischen Instanzen ausüben kann, den zahllosen dahinvegetierenden Alten wieder eine Rolle in der Gesellschaft zukommen zu lassen.

Der relative Mangel an adäquaten Beschäftigungsmöglichkeiten für alte Leute ist teilweise auf die starre Hierarchie in den Heimen zurückzuführen. Die Alten sollten nicht nur als »Empfänger« von Hilfeleistungen, sondern auch als Mitarbeiter angesehen werden. Die strenge Trennung zwischen Männern und Frauen, zwischen den Alten und dem jüngeren Personal, sollte wegfallen, und die Bewohner der Heime sollten zur Selbstverwaltung herangezogen werden. Solche Maßnahmen würden dazu beitragen, daß die erschreckende Zahl von Todesfällen unmittelbar nach der Einweisung in Altersheime reduziert würde.

Diese Hinweise auf praktische Möglichkeiten sinnvoller Beschäftigung sind notwendig, weil in den vielen Publikationen wohl Grundsätzliches herausgearbeitet wurde, jedoch auf die konkrete Realisierungsmöglichkeit in der Regel nur wenig eingegangen wird.

Zu den Bedingungen, eine Tätigkeit im Alter und zwar auch in hohem und höchstem Alter auszuüben, gehört Hygiene in bezug auf Ernährung und körperliche Betätigung. Wie statistische Erhebungen ergaben, kommen die über Hundertjährigen mit zwölfhundert bis achtzehnhundert Kalorien täglich aus. Auch haben sie sich in der Regel körperlich betätigt und sind ununterbrochen in der Arbeit gewesen. In der Sowjetunion, zumal in höheren Kaukasusgegenden, hat man 21 708 Menschen von über hundert Jahren untersucht[3]. Das Volk der Hunsa in den Gebirgsländern des Fernen Ostens sowie Indianer in den Anden Südamerikas haben gleichfalls viele Hundertjährige unter sich. Die Überernährung und mangelnde körperliche Bewegung in den westlichen Industrieländern sind Ursachen für gesundheitliche Störungen im Alter und für die Verkürzung des Lebens. Simone de Beauvoir unterstreicht in dem erwähnten Buch die notwendige positive Einstellung der Gesellschaft zur Erhaltung von »starken Leidenschaften« der Alten. Warum soll die Beziehung zum anderen Geschlecht, zu Freundschaft, Erotik und Liebe mit dem Alter aufhören? Auch die lebendige

[3] In Kiew und an mehreren anderen Hochschulen sind gerontologische Institute in Forschung und Lehre vorhanden.

Anteilnahme am politischen und kulturellen Zeitgeschehen soll genährt werden. Die Alterspolitik im Abendland ist nach Simone de Beauvoir »ein Skandal«. Erfreulich ist die Feststellung, daß viele junge Menschen den Beruf des Altenpflegers ergreifen. Der numerus clausus in den Sozialakademien steht der notwendigen Ausbildung von Altenpflegern im Wege. Eine breitere Basis des Studiums mit Einführung in Tiefenpsychologie, Medizin und Kulturpolitik wäre dringend nötig, um den modernen Anforderungen gerecht zu werden. Sie bringt gleichzeitig eine gesellschaftliche Hebung des Berufsstandes. Statt »Altenpflege« könnte etwa die Berufsbezeichnung »Gerontotherapie« gewählt werden.

Wir kommen nun zur medizinisch-therapeutischen Seite unseres Problems. Der biologische Altersprozeß ist wesentlich eine Folge verminderter Durchblutung der Herz- und Kreislaufgefäße. Sie bildet die Haupttodesursache (fast vierzig Prozent). Zunehmend werden auch mittlere und jüngere Jahrgänge davon betroffen. Die zweithäufigste Todesursache ist Krebs. An sonstigen organischen Krankheiten sind Diabetes und Arthrosen anzuführen. Ein besonderes Kapitel bildet die große Zahl der Verkehrstoten und der Suizide. Auf die im Alter häufig erfolgenden Suizidhandlungen werden wir noch zurückkommen. Erst in neuester Zeit hat die offizielle Medizin von den psychischen Faktoren bei Alterskrankheiten Kenntnis genommen. Sie spielen bei all den genannten Störungen eine mehr oder weniger große Rolle. Als Ursache und auslösende Faktoren sind sie unter anderem bei Hypertonikern nachgewiesen. Ständige Anspannung, verdrängte Aggressionen und mangelnde Integration oraler und sexueller Antriebe bilden Hauptursachen des Herzinfarkts und der Angina pectoris. Sie sind ätiologisch schwerwiegender als Tabak-abusus und Diätfehler. Nach sorgfältigen statistischen Erhebungen sind dreißig Prozent der über Fünfundsechzigjährigen psychisch gestört, davon die Hälfte behandlungsbedürftig. Der Reifungs- und Selbstfindungsprozeß, der spätestens in der Lebensmitte einsetzen sollte, bildet den besten Schutz gegen Vergötzung von Erfolg, Ehrsucht, Leistung und Übergewissenhaftigkeit. »Der Arzt muß stärker metaphysisch denken« (Ringel). Das Kapitel über Psychosomatik von Arthur Jores enthält eine umfassende Übersicht über die Psychogenese von Alterskrankheiten. Es gehört zu den erfreulichen Erscheinungen auf diesem Gebiet, daß seit einigen Semestern das Medizinstudium obligatorisch Psychosomatik mit zahlreichen Examensfragen vorsieht. Auch daß die Krankenkassen eine längere psychosomatische beziehungsweise analytisch-psychotherapeutische Behandlung unter bestimmten Voraussetzungen finanzieren, gehört zu den Fortschritten auf unserem Gebiet.

Bei dem großen Mangel an entsprechend ausgebildeten Ärzten sei an dieser Stelle auf die analytisch-dynamische Gruppentherapie hingewiesen. Sie wird seit Jahrzehnten in Amerika mit großem Erfolg durchgeführt und ist auch zur Vorbeugung und Behandlung von Altersstörungen indiziert.

Größte Vorsicht ist geboten gegenüber der Diagnose Unheilbarkeit und Chronizität von Krankheiten besonders des Alters. Zahlreiche iatrogene, das heißt, durch den Arzt verursachte Erkrankungen sind auf die Bekanntgabe solcher Diagnosen zurückzuführen [4]. Entsprechendes gilt für die vieldiskutierte Frage der »Wahrheit am Krankenbett«. Da sie bei dem Kapitel der *Sterbenshilfe* eine nicht zu unterschätzende Bedeutung hat, ist der Theologe und Arzt Hans Gödan gebeten worden, zu diesem Tagungsbericht ein Sonderkapitel zu bringen (S. 97 ff.). Gödan unterscheidet mit Recht die Begriffe Wahrheit und Richtigkeit. Die »richtige« Feststellung der Unheilbarkeit sollte mit der größten Reserve erfolgen und vor allem dem Kranken nicht direkt eröffnet werden. Immer wieder erleben wir Ärzte, daß »unheilbar« Kranke gesund werden oder noch ein kürzeres oder längeres Stück Leben vor sich haben. Die Mitteilung einer derzeit medizinisch begründeten Diagnose »unheilbar« kann dem Kranken alle Hoffnung nehmen und das Todesurteil bedeuten. Mit Nachdruck weist Gödan theologisch nach, daß Christus ein Feind der Krankheit und des Todes war. Im Neuen Testament ist dies durch die zahlreichen Heilungen und durch Auferweckung von Toten nachgewiesen. Sein Auftrag der Verkündigung der frohen Botschaft ist verknüpft mit dem des Heilens: »Verkündet und heilet!« Gödan hebt in seinen Schriften als Theologie-Dozent immer wieder hervor, daß für die Intensivierung der medizinischen Forschung im Neuen Testament eine weltanschaulich-religiöse Grundlage gegeben wurde, die bisher nur bei wenigen Theologen Beachtung gefunden hat. (Siehe auch den Beitrag von Adolf Köberle, S. 188 f.) So gesehen bedeutet Sterbenshilfe in erster Linie Lebenshilfe, Stärkung aller Kräfte, die zur Verlängerung des Lebens der Schwerkranken beitragen und nicht selten zu einer Remission (Wiederherstellung) führen. Der alte Mensch

[4] W. Bitter (Hrsg.), Freiheit ohne Autorität? Stuttgart 1972, S. 180 ff.: Arthur Jores, Iatrogene Erkrankungen.

braucht den Tod nicht zu verdrängen, sei es durch rauschhafte Aktivität, sei es durch Rückfall in Infantilismen. Er braucht den Tod nicht herbeizusehnen wie der Depressive, der untätig Gelangweilte, Sinnentleerte. Nicht alt werden können, sich nicht mit dem Sterben abzufinden, ist ebenso töricht, wie sich nicht von der Jugend trennen zu können (C. G. Jung). Und doch bleibt auch für den das Alter Bejahenden die Angst vor dem Sterbenmüssen. Depressive Phasen bleiben ihm meist nicht erspart. Altershilfe ist eine Notwendigkeit, um so mehr als heute die meisten Menschen anonym in medizinischen Kliniken und nicht zu Hause im Kreise ihrer Lieben sterben. Da wir in diesem Bericht Beiträge von Psychiatern, praktischen Ärzten und Krankenschwestern über Sterbenshilfe vorfinden, kann ich mich auf einige wenige, mir wesentlich erscheinende Gesichtspunkte beschränken. Wer soll den Sterbenden begleiten? Der Arzt, die Krankenschwester, der Seelsorger, Verwandte oder Freunde? Entscheidend ist, ob der Begleitende sich selbst mit dem Sterbenmüssen und dem Tod innerlich auseinandergesetzt hat. Wenn er selbst Angst vor dem Tod »ausstrahlt«, bringt er dem Sterbenden Beunruhigung und keine Hilfe. Innere Ruhe, Zeit und Geduld des Helfers und vor allem das unbegrenzte Vertrauen des Sterbenden zu ihm, sind unabdingbare Voraussetzungen für eine optimale Sterbenshilfe, gleich wer von den genannten Beziehungspersonen den Sterbenden begleitet. Wiederum sind es die Vereinigten Staaten, in denen reguläre Kurse über Sterbenshilfe gehalten werden. Die amerikanische Ärztin schweizerischer Abstammung Elisabeth Kübler-Ross hat in Chicago solche interfakultativen Seminare eingerichtet und instruktive Berichte darüber veröffentlicht. In den Aussprachen auf unserer Tagung hat Pfarrer Rudolf Daur darauf hingewiesen, daß man den Sterbenden nicht ständig umgeben soll, daß man ihm auch Zeiten des Alleinseins gönnen müsse.

Wie wir von Sterbenskranken, die dem Leben wiedergeschenkt worden sind, erfahren, können in solchen Phasen der Stille und Besinnung wichtige innerseelische Prozesse vor sich gehen. Ein anderer Aussprachebeitrag betraf die Bewußtlosigkeit, eine scheinbare Agonie, während der der »Sterbende« die tröstenden und stärkenden Worte des Helfers wahrgenommen hat. Die Krankenhauspfarrerin Leonore Volz nannte diese Phase »das Wandern im dunklen Tal«. Die Aussprachеleiterin Ingrid Kache-Rost berichtete von einem Fall von Bewußtlosigkeit eines Kindes nach einem Autounfall. Wochenlang besuchten die Eltern ihr Kind mehrmals täglich und sprachen es an. Die Großmutter setzte die

Besuche fort. Ungeachtet der Bewußtlosigkeit des Kindes sagte sie immer wieder ein selbst ausgedachtes Gedicht auf. Als das Kind wieder bei Bewußtsein war und die Großmutter das Gedicht aufzusagen begann, sprach das Kind dieses zu Ende: es hat also während der Bewußtlosigkeit das Zuhören und Aufnehmen nicht verloren, was als letzte Sinneswahrnehmung funktionieren kann. Auch über die Problematik von Sterbekliniken in England, eigens für Moribunde eingerichtet, wurde diskutiert und das Für und Wider erörtert. In diesen Kliniken kann der Sterbende in der Gemeinschaft mit Zimmergenossen den Tod erwarten. Einigkeit besteht darüber, daß die heute noch übliche Abtransportierung des Sterbenden in ein Badezimmer oder einen Abstellraum ein menschenunwürdiges Verhalten ist. Auch herrschte Einmütigkeit darüber, daß nicht immer die nächsten Verwandten die besten Sterbenshelfer sind. Eigene Angst vor dem Tode, Schuldgefühle gegenüber dem Sterbenden und gelegentlich grob materialistische Erwartungen auf den Nachlaß können einer echten Hilfe im Wege stehen.

Ein weiteres Kapitel unserer Tagung betraf die *Euthanasie.* Sie war bis vor kurzem im Deutschland der Nach-Hitler-Zeit tabuiert. Mit Nachdruck wurde in Referaten und Aussprachen hervorgehoben, daß diese Art der Sterbenshilfe, das sogenannte gute Sterben, nichts mit den nationalsozialistischen Praktiken der »Beseitigung lebensunwerten Lebens« zu tun hat.

In den Aussprachen wurde erwähnt, daß es vielleicht auch heute noch nicht an der Zeit sei, darüber öffentlich zu diskutieren. Und dies, obwohl im vorigen Jahr (1973) in mehreren Fernsehsendungen sowie anderen Massenmedien das Problem objektiv erörtert worden ist. Ein besonderer Anstoß dazu wurde gegeben durch die weltweite Diskussion eines Falles *aktiver* Euthanasie in Holland. Dort hatte eine fünfundvierzigjährige Ärztin ihre achtundsiebzigjährige, unheilbar kranke und schwer leidende Mutter auf deren inständigste Bitten hin mit einer großen Dosis Morphium eingeschläfert. Hier handelt es sich um das juristische Töten auf Verlangen, das nach § 216 StGB mit Freiheitsstrafe bis zu zwölf Jahren belegt wird. Anders die *passive* Euthanasie, die es dem Arzt gesetzlich erlaubt, alle Mittel zur Schmerzlinderung einzusetzen, auch dann, wenn mit der Möglichkeit eines letalen Ausgangs gerechnet werden muß. Zahlreiche holländische Ärzte haben sich, in Übereinstimmung mit anderen ausländischen Kollegen, öffentlich zur aktiven Euthanasie unter bestimmten Voraussetzungen bekannt, nämlich, wenn das Leben nur noch Vegetieren ohne Bewußtsein, ein von Schmerzen geprägtes, gepeinigtes Dasein ist. In angelsächsischen Ländern haben sich Vereinigungen zur freiwilligen Euthanasie gebildet. In England haben ihre Mitglieder notariell erklärt, daß sie nicht durch künstliche Mittel am Leben erhalten werden wollen, wenn keine vernünftige Aussicht auf eine Gesundung besteht. »Ich fordere . . ., daß ich jede notwendige Menge Drogen bekomme, die erforderlich ist, mich von Schmerz und großer Belastung *völlig zu befreien,* auch wenn dadurch der Augenblick meines Todes früher herbeigeführt wird« (S. 142). Die entsprechenden Gesetzesvorlagen wurden jedoch zweimal im Oberhaus abgelehnt; 1969 mit 61 gegen 40 Stimmen. Die Befürwortung aktiver Euthanasie in Holland führte nicht zum Erfolg. Interessant ist jedoch die Anweisung des holländischen Justizministers an den Staatsanwalt, die gesetzlich vorgesehene Mindeststrafe von einer Woche Freiheitsentzug mit der Auflage zur Aussetzung auf Bewährung zu beantragen. Das Gericht ist diesem Antrag gefolgt. Die Täterin, die genannte Ärztin und ihr Ehepartner, ebenfalls Arzt, der bei der Morphiumverabreichung mitgewirkt hatte, erklärten sich nach wie vor für unschuldig. Bei der Diskussion im Fernsehen über diese Problematik wurde das Pro und Contra der aktiven und passiven Euthanasie eingehend von Vertretern verschiedener Disziplinen erörtert. Von fünfundzwanzig ausgesuchten Personen aus verschiedenen Lebensbereichen hat die große Mehrheit sich für eine aktive Euthanasie ausgesprochen. Der Moraltheologe Franz Böckle erklärte sich entschieden gegen aktive Euthanasie, das heißt gegen ärztliches Eingreifen mit der Intention des Tötens. Er befindet sich dabei in Übereinstimmung mit unserem Referenten Lothar Witzel (S. 81 ff.) sowie der Mehrheit der Aussprachteilnehmer unserer Tagung. Jede Art der Schmerzlinderung durch Drogen und die Unterlassung von Behandlungen, die nur eine Verlängerung des Leidens bedeuten würde, also die passive Euthanasie, wurden nicht beanstandet. Wenn im späten Stadium einer Krebserkrankung oder einer Cerebralsklerose eine fieberhafte Lungenentzündung hinzukommt, sei es ärztlich erlaubt, keine Antibiotika und andere medizinische Maßnahmen mehr anzuwenden (Reanimation, Blutübertragung, »Herzmaschine«). Papst Pius XII hat 1957 auf einem Ärztekongreß erklärt: »Wenn sich herausstellt, daß der Versuch der Wiederbelebung . . . für die Familie eine Belastung darstellt, die man ihr nicht im Gewissen auferlegen darf, so kann sie erlaubter Weise darauf bestehen, daß der Arzt seine Versuche unterbreche, und dieser darf ihr Folge leisten . . .« Der Arzt dürfte etwa das Atemgerät entfernen, »bevor der

Kreislauf endgültig zum Stillstand kommt«. Allerdings schränkt der Papst die Möglichkeiten der Euthanasie insofern ein, als er es für wünschenswert hält, »daß man die Sterbenden nicht ohne schwerwiegende Gründe ihres Bewußtseins beraubt«. Ähnlich Jochen Fischer, der davor warnt, »Wert« und »Würde« menschlichen Lebens in Selbstsicherheit zu beurteilen und die schwere Verantwortung »in Ehrfurcht vor Gott« zu tragen[5]. Führende protestantische Theologen haben sich für die passive Euthanasie ausgesprochen. Auch in den zum Teil heftigen Aussprachen unserer Tagung hat sich die Mehrheit zur passiven Euthanasie bekannt.

Während Verkehrsunfälle ein stets aktuelles Thema darstellen und laufend umfangreiche Erörterungen über ihre Verhütung hervorrufen, werden Motiv und Ursache der fast ebenso häufigen *Selbstmorde und Suizidversuche* nur selten erforscht; sie werden gesellschaftlich und kirchlich verurteilt. Weder Mediziner noch andere Fakultätsvertreter, die sich mit der Prophylaxe, Therapie und Nachfürsorge von Suizidalen zu befassen haben, erhalten eine genügende Ausbildung. Wohl sind seit Menschengedenken philosophisch-religiöse Betrachtungen über den Freitod angestellt worden. In neuerer Zeit beschränken sich die Veröffentlichungen über versuchte und erfolgte Suizide fast ausschließlich auf Statistiken, geordnet nach Berufen, Alter, Wahl der Mittel; nur wenige fragen nach den Motiven. Bereits 1927 hat Rost über siebentausend Titel zusammengestellt[6]. Erst in den letzten Jahren haben hauptsächlich Referenten unserer Tagung sowie Erwin Ringel und Klaus Thomas auf Grund umfangreicher Untersuchungen Ursachen und medizinisch-psychologische Faktoren aufgedeckt. Den Selbsttötungen liegen innere und äußere Konflikte zugrunde, die vom eingeengten Bewußtsein, einem geschwächten Ich, nicht bewältigt werden können. In Kriegs- und anderen Not-Zeiten sind Suizide seltener. Neurosen, insbesondere reaktive Depressionen, bilden die Hauptursache; seltener Psychosen, Melancholie, Altersdemenz, Alkoholismus und andere Süchte. Daraus ergibt sich, daß nicht äußere, sondern innerseelische Konflikte überwiegen. Schulkinder, die sich fürchten, von schlechten Noten oder Sitzenbleiben zu Hause zu berichten, zählen zu den besonders tragischen Suizidfällen. Fast immer fehlt es an liebender Zu-

---

[5] J. Fischer, Euthanasie heute?, München 1968.

[6] K. Hagenbuchner, Der Selbstmord des alten Menschen, Wissenschaftliches Beiblatt zur Materia Medica Nordmark, Uetersen, Nr. 58, 1967.

wendung im Elternhaus, an Wärme und Verständnis. Bei den Jugendlichen und im mittleren Lebensalter führen überwiegend Liebes- und Ehekonflikte neben Berufsschwierigkeiten zum Suizid. Nicht das Sterben, der Tod, ist das Ziel, sondern die Beseitigung der unerträglichen Lebenssituation. Die sogenannten Bilanzselbstmorde bilden den geringsten Anteil. Zu ihnen zählen Opfer für die Nächsten oder die Gesinnungsfreunde, etwa bei Verhören politisch oder rassisch Verfolgter. Ganze jüdische Familien haben kurz vor der Verschleppung in Konzentrationslager suizidiert. Therapeutisch schwer anzugehen ist die Suizidalität alter Menschen, die bei totaler Vereinsamung, Gebrechlichkeit, chronischer Krankheit, keinen Lebenssinn mehr erkennen. Als Bilanzselbstmord diagnostizierte Fälle führen meist zum Tod, während der weitaus größere Teil jüngerer Jahrgänge in Suizidversuche flüchtet und zu Rückfällen neigt. Intensive psychotherapeutische Behandlung ist hier indiziert. Gelingt es, vom Schicksal schwer belastete Alte zu einer neuen Sinnfindung, zu einem Glaubensdurchbruch zu verhelfen, können sie für die Umwelt eine Quelle innerer Bereicherung werden.

Die Selbstmordziffer steigt mit der Einwohnerzahl der Städte. Unser Tagungsort Berlin hat die höchste Selbstmordziffer der Welt. Nicht nur weil Berlin eine Millionenstadt ist, sondern auch wegen seiner Überalterung (aus der DDR geflüchtete alte Menschen, die nicht selten Angehörige und Freunde zurücklassen mußten) und nicht zuletzt wegen der Mauer, die als sinnfällig präsuizidales Syndrom charakterisiert wird.

Die Komplexität des Suizidgeschehens verlangt ein Sonderstudium für die in erster Linie betroffenen Mediziner, aber auch die Theologen (Krankenhauspfarrer!), Psychologen und Sozialarbeiter. Eine solche Ausbildung würde Ärzte hellhörig machen, wenn sie von suizidgefährdeten Menschen aufgesucht werden, die körperliche Störungen vorgeben und ihre Absicht verschämt verschweigen, wie das bei einem Viertel bis zur Hälfte aller Suizidanten der Fall ist. Auch Angehörige sollten Andeutungen von Selbsttötungsabsichten ernst nehmen. Die in vielen Großstädten — weniger auf dem Lande — eingerichtete Telefonseelsorge und ähnliche Organisationen haben sich zur Verhütung bewährt, sind jedoch meist überlastet. Die Nachfürsorge im Anschluß an die Therapie des Selbstmordversuchs gehört in die Hände gut ausgebildeter Sozialarbeiter und Psychologen.

Zum Schluß einige Bemerkungen über den *Tod*. Die Pflanze — wie alle Vegetation — verblüht. Das Tier verendet. Allein dem Menschen ist es vorbehalten, über den Tod zu reflektieren. Der Tod ist sein Schicksal und seine Würde. Im Mittelalter lag der Schwerpunkt der seelischen Verfassung in der Ausrichtung auf das Jenseits und in einer Geringschätzung des irdischen Lebens. Die Angst vor Fegfeuer und Hölle wurde von der Kirche genährt. Die Aufklärung bereitete den Boden für den Frühkapitalismus und den Marxismus, der die extreme Verherrlichung des Diesseits, die Verwandlung irdischer Verhältnisse durch Natur und Technik anstrebt. Der Fortfall der Jenseitsvorstellung in der Zeit der Aufklärung hat einen Wandel in der christlichen Theologie herbeigeführt: die stärkere Hinwendung zur Welt, zur Erdhaftigkeit, zum Hier und Jetzt. Besonders erwähnt sei der Austausch mit dem Prager Atheisten und Marxisten Milan Machovec [7]. Wie Ernst Bloch das Prinzip der Hoffnung, so verbinden Machovec und der französische Kommunist Gardavsky die Sinnfindung im menschlichen Leben mit dem materialistischen Kommunismus. Bei den genannten Neo-Marxisten wird das Problem von Leben und Tod demnach nicht allein durch die Beseitigung der Klassen gelöst.

Während für diese Materialisten der Tod aus natürlichen Ursachen kommt, also den biologischen Lebensprozeß beendet, glaubt der Christ an das ewige Leben, verbürgt durch die Auferstehung Jesu Christi. »In dem Augenblick, in dem der Mensch im Tode aufhört, sich zu sich selbst und zur Welt verhalten zu können, verhält sich Gott weiterhin zu ihm« (Heinz Zahrnt, S. 165). Angesichts des Todes ist damit die Vertrauensfrage in letzter Zuspitzung gestellt. Wie nach dem Mythos des Sündenfalls alle Menschen in der Nachkommenschaft Adams sterben müssen, so gelangen sie durch die Auferstehung Jesu Christi in seiner Nachfolge zum ewigen Leben. Was aber sagt die Bibel über die Vorstellungen vom ewigen Leben in einer jenseitigen Welt? Mit ihnen verhält es sich nach Zahrnt wie mit den Variationen über das Thema einer Fuge oder wie mit der Kadenz bei einem Klavierkonzert. Es sei jedem freigestellt, wie er das Thema variieren will; ein jeder könne seine Variationen nach seinem eigenen Geschmack spielen. Er muß sich dabei nur an das Thema halten. Dieses ist die von Jesus von Nazareth verkündete Liebe Gottes: Gott ist unser Jenseits. Er wird's wohl machen — auch im Tode. »Das muß uns genügen. Wer mehr haben will, ist ein religiöser Nimmersatt« (Zahrnt, S. 167). Ist er wirklich ein religiöser

[7] W. Bitter (Hrsg.), Evolution. Fortschrittsglaube und Heilserwartung, Stuttgart 1970, S. 249 ff.

Nimmersatt? Seit der Existenz des homo sapiens sind Reflexionen über das Nachher immer wieder angestellt worden. Sie beschäftigen auch den heutigen homo faber lebhafter als in unserer Zeit der Technik und der Überfluß-Gesellschaft angenommen wird (Der Mensch lebt nicht vom Brot allein!).

Die Inkarnationslehre des Fernen Ostens, nach der der Mensch Wiedergeburten zu seiner Reifung erfahren muß, hat in der Anthroposophie, der Lehre Rudolf Steiners, bestimmte Modifikationen erlangt, wie sie in dem Bericht von Lauer im einzelnen dargestellt worden sind. Auch in Primitivkulturen, wie in Neu-Guinea, in Bali, auf den Admiralitätsinseln, herrschen bestimmte Vorstellungen über das Leben nach dem Tode. Margaret Mead hat in ihrem Buch »Hoffnung und Überleben der Menschheit« darüber eine kurze Übersicht gegeben[8].

Der Tiefenpsychologe findet einen Beitrag zum Problem des Todes und des Nachher bei C. G. Jung. In Übereinstimmung mit Edgar Herzog[9] und Erfahrungen anderer analytischer Psychologen, reicht die Seele wenigstens zu einem Teil in die Sphäre relativer oder sogar absoluter Raum-Zeitlosigkeit hinein. Diese raum-zeitlose Seinsform, an der die Psyche teilhat, kann symbolisch als »Ewigkeit« bezeichnet werden. Wie Jung in seinem Aufsatz »Seele und Tod« (1934) ausführt, ergibt sich aus dieser partiellen Ewigkeitsqualität der Seele »... zwar nicht die Gewißheit, jedoch die Möglichkeit eines wie immer gearteten Fortlebens nach dem Tode«. An anderer Stelle bemerkt Jung: »Ich habe gute Gründe, anzunehmen, daß die Dinge mit dem Tod nicht zu Ende sind«.[10] Entscheidend ist für Jung der Selbstverwirklichungsprozeß, die Individuation, die nicht nur eine Schule des Lebens, sondern auch eine Vorbereitung auf den Tod darstellt. Der Prozeß ist identisch mit dem Goetheschen »Stirb und Werde«. Er bedeutet ein vollständiges Loslassen, ein Auslöschen des Ich gegenüber dem als numinos erlebten Willen des transzendierenden Nicht-Ich, von Jung auch das Selbst genannt. Im Sterben wird man in »Gottes Gegenwart aller Dinge beraubt ... die eigene Ganzheit wird gnadenlos erprobt«[11].

In der Aussprache hat Arthur Jores auf Zeichnungen aus dem Un-

---

[8] M. Mead, Hoffnung und Überleben der Menschheit, Stuttgart 1972.

[9] E. Herzog, Psyche und Tod, Studien aus dem C. G. Jung-Institut, 11, Zürich 1960.

[10] C. G. Jung, Briefe II, Zürich 1972, S. 520.

[11] Ebd. S. 64.

bewußten hingewiesen, die Gustav Schmaltz erläutert hat[12]. Jung bezeichnet das Ende des Lebens als eine »zweite Geburt, ... welche nach außen hin als Tod erscheint« (Jaffé, S. 194). Die Wahrscheinlichkeit des individuellen, personhaften Fortlebens nach dem Tode wird von Persönlichkeiten verschiedenster Lebensbereiche angenommen, so von dem Leiter der Raumforschungsstelle in USA, Wernher von Braun und dem Parapsychologen Hans Bender. C. G. Jung hält allerdings das Eingreifen Verstorbener in unser Leben im Sinne des Spiritismus für problematisch. Die Ablehnung des »Spiritismus« ergibt sich auch aus dem Wort des Faust im Gespräch mit Mephisto: »Wenn Geister spuken, geh er seinen Gang.« Andererseits hat sich Goethe in einem Gespräch zum Kanzler Müller über den »Glauben an persönliche Fortdauer« wie folgt geäußert: »Es sei einem denkenden Wesen durchaus unmöglich, sich ein Nichtsein, ein Aufhören des Denkens und Lebens zu denken; insofern trage jeder den Beweis seiner Unsterblichkeit in sich selbst und ganz unwillkürlich.« In diesem Gespräch bestreitet Goethe ebenfalls den wissenschaftlichen Nachweis einer persönlichen Fortdauer. In Übereinstimmung mit der psychologischen Aufgabe der Selbstverwirklichung in diesem Leben läßt Goethe in Faust II, fünfter Akt (Mitternacht), sagen:

Nach drüben ist die Aussicht uns verrannt;
Tor, wer dorthin die Augen blinzelnd richtet,
Sich über Wolken seinesgleichen dichtet!
Er stehe fest und sehe hier sich um;
Dem Tüchtigen ist diese Welt nicht stumm;
Was braucht er in die Ewigkeit zu schweifen!
Was er erkennt, läßt sich ergreifen.
Er wandle so den Erdentag entlang:
...

Alle Wege zur Selbsterfahrung werden von analytischen Therapeuten beschritten. Der protestantische Theologe Adolf Köberle weist in seinem Beitrag auf die wertvolle psychotherapeutische Arbeit im Zusammenhang mit dem Todesproblem auf die Bejahung des Lebens hin, und stützt sich dabei auf den Priesterarzt Gödan, auf Jüngel und andere. Auch die Existenzphilosophie von Kierkegaard bis Heidegger, Jaspers, Sartre und Marcel erfährt in der Einstellung zum Tode durch Köberle ihre Würdigung. Der ungarische Pater Ladislaus Boros (jetzt

[12] W. Bitter (Hrsg.), Mediation in Religion und Psychotherapie, Stuttgart 1958 (1. A.), S. 121 ff.

Zürich) — im katholischen Raum besonders bekannt durch seine Bücher über das Todesproblem — läßt die Lehre vom Fegfeuer in einem, wie mir scheint, neuen Licht erscheinen. »Unser Tod, das heißt der Moment unserer endgültigen Entscheidung für Christus ... (wäre nach unserer Hypothese) zugleich unser Fegfeuer ... keine riesige Folterstadt, kein kosmisches Konzentrationslager ... Gottes Gedanken können nicht so grotesk und unwürdig sein.« (Boros, S. 178—179) Die Schichten und Ablagerungen der Selbstsucht — der Tiefenpsychologe würde vom Schatten sprechen — müssen im Tode durchbrochen werden, »so wird aus dem Unterschied der im Fegfeuer verbrachten Zeit ein Unterschied der Intensität der Läuterung. ... Das Fegfeuer (wäre) ... nichts anderes als die Ermöglichung des ewigen, ungetrübten und glücklichen Mitseins mit Christus ...«. (Boros, S. 179) Die letzte Entscheidung für Christus im Tode ist, wie Boros in der Aussprache bemerkte, für jeden, auch für einen Hitler, möglich. Diese Theologie nähert sich derjenigen der Allversöhnung. Auch die tiefenpsychologische Forderung der Individuation klingt bei Boros an. Während seines irdischen Lebens drängt der Mensch danach, seinem eigentlichen, aber ihm selbst verfremdeten Innern, zum Durchbruch zu verhelfen. Wenn Boros sich von dem Sich-Entfalten und Reifen des Organismus eine fortschreitende Differenzierung verspricht, so kann dieser Prozeß der psychologischen Individuation an die Seite gestellt werden. Besonders bemerkenswert scheint mir die Analogie mit der Geburt zu sein. Nach Boros wird »in der Geburt ... das Kind gleichsam gewaltsam aus der Enge des Mutterschoßes gedrängt und muß das Beschützende, ... verlassen; es wird ausgeliefert und von einem ganzheitlichen Untergang bedroht. Zugleich eröffnet sich ihm eine breite, neue Welt, ein neuer Weltbezug, die Welt des Lichtes, der Farben, der Bedeutungen, des Mitseins und der Liebe. Ähnliches geschieht im Tode mit dem Menschen«. Ich zitiere diese Analogie des Geburtsvorgangs mit dem des Todes ausführlich, weil sie in einer überraschenden Übereinstimmung mit den Äußerungen einer jüngeren Frau steht. Die Gebärende schilderte mir den bewußt erlebten Geburtsvorgang, das Herausstoßen des nasciturus aus der dunklen wärmenden Hülle des Uterus durch die engen Geburtswege in das neue Medium von Licht und Luft unserer Außenwelt. Überwältigend wurde der jungen Frau dieser Eintritt in eine neue Dimension, verbunden mit Urangst und Schmerz bewußt und blieb ihr mit dem Gedanken an Sterben und Tod unvergeßlich in Erinnerung. »... Der Tod ist, wie die Geburt, nur eine Transformation« (Leibniz). C. G. Jung verdanken wir die anschauliche Beschreibung einer Konfrontation mit dem Tode anläßlich seiner eigenen lebensgefährlichen Erkrankung[13]. Auch Eckart Wiesenhütter hat über ähnliche »Selbsterfahrung im Sterben«[14] berichtet. Nach den Schmerzen kommt der Zustand der Aufgabe der Ichheit und eine »Ausweitung, Erlösung und Hingabe«. Diese Erfahrung haben ihm auch andere geschildert. Die Rückkehr ins Bewußtsein wurde von allen als Enttäuschung nach der vorangegangenen Glückseligkeit empfunden. Das eigentliche Todeserlebnis bleibt ein Geheimnis.

[13] C. G. Jung, Erinnerungen, Träume, Gedanken, Zürich—Stuttgart 1962.
[14] Praxis der Psychotherapie, 18, 1973, S. 7—11; 54—63.

PSYCHOSOMATISCHE PROBLEME DES ALTERS

von Arthur Jores

Man ist heute nicht mehr der Ansicht, daß das Altern durch eine bestimmte Substanz hervorgerufen wird. Eine solche Substanz ist bisher nicht gefunden worden und all die Versuche, etwa die Injektionen von Hodenextrakten durch Brown-Sequard, oder die Hodenimplantation von Affen durch Voronoff, oder das Bogomoletz-Serum, haben sich als Fehlschlag erwiesen. Altern ist ein kontinuierlicher Prozeß. So trägt, wie Simone de Beauvoir in ihrem großartigen Buch über das Altern sagt, jeder Organismus schon von Anfang an sein Altern in sich, die unausweichliche Folge seiner Vollendung. Am Ende steht der Tod.

Alle als Alterung bezeichneten Vorgänge sind irreversibel. So hat Max Bürger, dem wir die ersten systematischen Untersuchungen über den Prozeß des Alterns verdanken, definiert: »Altern ist jede irreversible Veränderung der lebenden Substanz als Funktion der Zeit.« Bis heute sind wir noch nicht in der Lage, in diese Prozesse einzugreifen. Rustemeyer weist allerdings auf neuere Forschungsergebnisse hin, die »die theoretische Möglichkeit einer Einflußnahme auf organische Alternsprozesse am Horizont auftauchen lassen«. Man kann die Alterungsprozesse allgemein dahin zusammenfassen, daß die Menge der stoffwechselaktiven Gewebe zurück geht, die der stoffwechselpassiven, in erster Linie des Bindegewebes, zunimmt. Dies ist im wesentlichen die Folge von der durch die arteriosklerotischen Gefäßveränderungen geminderten Durchblutung und einer eingeschränkten Diffusionsfähigkeit der Gewebe. Beide Prozesse zusammen bedingen auch die Veränderungen am Gelenkknorpel, die dann die als Arthrose bezeichneten Gelenkerkrankungen zur Folge haben. Man spricht hier auch gerne von Verschleißkrankheiten, in der Meinung, daß es mit den Gelenken ähnlich bestellt sei, wie mit den von dem Menschen gebauten Maschinen, die sich abnutzen und ausleiern. Der Vergleich liegt nahe, aber ich meine, daß er inadäquat ist. Das Gelenk eines lebendigen Organismus und das einer vom Menschen gebauten Maschine dürfte wohl kaum vergleichbar sein. Die Veränderungen am Kreislaufsystem einschließlich des Herzens stellen die häufigste Todesursache dar. Sie dürfen also als unmittelbare Folge des Alterungsprozesses angesehen werden. Als Todesursache finden wir aber auch das Karzinom, das ja bekanntlich in jüngeren Jahren sehr selten ist und also auch irgendwelche uns aber noch unbekannten Beziehungen zum Alterungsprozeß haben muß. Gegenüber Infektionen jeder Art ist der alte Organismus weniger widerstandsfähig als der junge. Es ist verständlich, daß alte Menschen den Arzt mehr beanspruchen als junge. Pflanz berichtet, daß die 13 % Fünfundsechzigjährigen in der Bevölkerung 40 % der ärztlichen Leistungen benötigen und einen großen Teil der Krankenhausbetten beanspruchen. Die Frauen überwiegen hierbei. Sie haben eine um acht Jahre höhere Lebenserwartung. Man hat auch bei Tieren gefunden, daß weibliche Tiere älter werden als männliche. Bekannt ist auch, daß Unfälle bei alten Menschen häufiger sind, als bei jungen und nicht selten eine Todesursache darstellen. Aber Geschwindigkeit und Intensität dieses Alterungsprozesses sind individuell sehr verschieden. Auch im dieser Lebensspanne gilt immer noch der Unterschied zwischen biologischem und chronologischem Alter.

Im Leben des Menschen unterscheidet man gerne drei Abschnitte. Der erste umfaßt Kindheit und Jugend, der zweite ist die Zeit der geschlechtlichen Reife, des Erwachsenenalters mit Berufsausübung, Gründung einer Familie und Heranwachsen der Kinder, und der dritte ist dann das Alter. Während der Übergang von dem ersten zu dem zweiten Lebensabschnitt mehr allmählich verläuft, ohne eine scharfe Zäsur, ist das für den Übergang zum Alter, biologisch gesehen, zwar ebenso der Fall, aber nicht in soziologischer Sicht, denn das Ende der beruflichen Tätigkeit mit Pensionierung oder Invalidisierung, bedeutet einen recht scharfen und plötzlichen Einschnitt. Für die nur im Haushalt tätige Frau trifft das nicht in dem Maße zu, und auch die verheiratete, berufstätige Frau wird nach Aufgabe ihres Berufes noch die Aufgabe der Sorge für den Haushalt und ihren Mann behalten. Für die Frau liegt aber im Grunde genommen der Einschnitt noch etwas früher, nämlich zu dem Zeitpunkt, zu dem die Kinder das Elternhaus verlassen, der fast immer identisch ist mit dem Beginn des Klimakteriums. Hier wird der Frau recht eindringlich demonstriert, daß nunmehr der generative Lebensabschnitt zu Ende ist. Das Alter wird immer dann besonders gefürchtet, wenn das zurückliegende Leben, insbesondere in der mittleren Periode, unbefriedigend und voller Versäumnisse war. So ist es mir immer aufgefallen, daß klimakterische Beschwerden, die gewiß nicht nur die Folge des Sistierens der Ovarialtätigkeit sind, besonders dann intensiv waren, wenn es keine Kinder gab, vor allem, wenn eine Empfängnis absichtlich verhütet worden war. Diese Zäsur, von der wir sprachen, liegt aber nicht nur im Aufhören der beruflichen Tätigkeit, sondern auch darin, daß ein Mensch jenseits des 65. Lebensjahres im Arbeitsprozeß nicht mehr gebraucht wird. Redensarten wie: »zum alten Eisen geworfen werden«, kennzeichnen diese Situation sehr hart, aber sicher auch sehr treffend. In dieser Redensart kommt auch sehr gut zum Ausdruck, daß ein alter Mensch nicht nur nichts mehr leistet, sondern überhaupt zu einer Randfigur unserer Gesellschaft wird. Er liegt auf dem Abfallhaufen. Gepriesen wird die Jugend, das Alter wird gefürchtet, obwohl alle Menschen den Wunsch nach einem langen Leben haben. Aber wie jeder Lebensabschnitt, so hat auch der des Alters seine besonderen Aufgaben. Er ist spezifisch menschlich. Portmann hat darauf hingewiesen, daß bei den meisten Tieren das Ende der Generationsphase auch das Ende des Lebens bedeutet. Im Alter soll bei dem Menschen das Leben abgerundet und das Wesen der möglichen Vollendung entgegen geführt werden. Aber diese plötzliche Zäsur des Ausscheidens aus dem Arbeitsprozeß kann zu einem wirklichen Krisenpunkt im Leben eines Menschen führen. Solche Krisenpunkte, wie wir sie ja auch gelegentlich zur Zeit der Pubertät kennen, sind aber immer psychosomatisches Gesamtereignis, und so wird es verständlich, warum wir es erleben können, daß dieser Zeitpunkt Ausgangspunkt für die Entwicklung einer Krankheit, ja sogar einer Krankheit zum Tode, werden kann. Der Tod tritt dann ein, wenn die Anpassung an die geänderten Verhältnisse nicht mehr vollzogen werden kann. Das Leben wird inhaltslos, es verliert seinen Sinn. Da es nichts gibt, was die Gesundheit eines Menschen und sein Wohlbefinden mehr fördert als ein sinnvoll erfülltes Leben, ist es verständlich, daß wenn das Leben nicht mehr als sinnvoll erlebt wird und keinen rechten Inhalt mehr hat, die Bereitschaft zur Krankheitsentwicklung, ja sogar zum Tode, ausgelöst werden kann. Es gibt einige kleine, in sich abgeschlossene, von der Zivilisation weit entfernt liegende, einfach lebende Bevölkerungsgruppen, wie die Hunsa, oder gewisse Gruppen im Kaukasusgebiet, in denen sich auffallend viele Menschen finden, die über 100 Jahre alt sind. Die über Hundertjährigen sind alle noch tätig und genießen, was sehr wichtig ist, innerhalb ihres Lebenskreises höchste Achtung. Ein Besucher einer solchen Bevölkerungsgruppe berichtete mir einmal, daß er erlebte, wie ein über Hundertjähriger einen

Raum betrat, und sofort alle Anwesenden sich zu seiner Begrüßung erhoben und ihm den besten Platz freimachten. Wir lernen daraus, daß Tätigsein und Geachtetwerden zwei für den Menschen ganz wichtige, fast möchte ich sagen, unerläßliche Faktoren für seine Gesundheit und für ein langes Leben sind. Alte Menschen sind aber auch dadurch gekennzeichnet, daß sie eine geringere Elastizität, ein geringeres Anpassungsvermögen haben. Ein Sprichwort sagt: »Alte Bäume soll man nicht verpflanzen«. So können plötzliche und einschneidende Wandlungen in den Lebensumständen alter Menschen zu Krisenpunkten werden. Einer französischen Statistik ist zu entnehmen, — eine analoge deutsche Statistik ist mir nicht bekannt — daß nach der Aufnahme in einem Pflegeheim in den ersten acht Tagen 8 %, nach mehreren Wochen 28 % und nach einem Jahr 46 % der alten Menschen verstorben waren. Eine besonders schwere derartige Belastung ist der Tod eines Ehepartners, er hat sehr oft und rasch den Tod auch des anderen zur Folge. Dasselbe kann auch der Fall sein, wenn nahe Angehörige, Bekannte und Freunde sterben oder sich nicht mehr um die alten Menschen kümmern. Diese Vereinsamung, die ein alter Mensch erfährt, ist eine ganz schwere Belastung. Sie führt zur inneren Leere, zur Ziellosigkeit und nicht selten sogar zum Selbstmord. Nach Hedri ist der Tod des Ehepartners die häufigste Ursache des Selbstmordes im Alter. Es ist leider nicht zu leugnen, daß die meisten alten Menschen heute unzufrieden sind und unter ihrem Zustand leiden. Bergener, Schwebke und Thomas haben mit Hilfe eines größeren Fragebogens die Einstellung alter Menschen zu ihrem Zustand geprüft und kommen zu folgendem zusammenfassendem Ergebnis: »Es zeigte sich, daß das Alter nach Meinung der Befragten vor allem durch schlechte Gesundheit, wirtschaftliche Unsicherheit, Einsamkeit, Widerstand gegenüber Neuerungen, sowie das Nachlassen geistiger Kräfte gekennzeichnet ist«. Dies entspricht auch dem Bild, das die Allgemeinheit vom Alter hat. »Alt und gebrechlich«, sind, wie Simone de Beauvoir sagt, fast identische und synonym gebrauchte Begriffe.

Bevor wir uns noch mit den speziellen Krankheiten des alten Menschen beschäftigen, einige Worte zu den Konsequenzen, die aus diesen Beobachtungen gezogen werden müssen. Die erste Frage ist die, ob tatsächlich die Invalidisierung oder Pensionierung, plötzlich und zwangsläufig, mit dem 65. Lebensjahr vollzogen werden muß. Der Übergang sollte langsamer und allmählicher erfolgen. Hierzu hat der Arzt Paul Tournier, in einem sehr lesenswerten Buch mit dem Titel »Erfülltes

Alter« zwei Vorschläge gemacht. Der eine geht dahin, man sollte einige Jahre vor der Pensionierung anfangen, die Arbeitszeit solcher Menschen langsam zu verkürzen, oder man sollte die Urlaubszeit langsam verlängern, um so dem Menschen verhältnismäßig viel Freizeit zu geben, in der er in der Lage ist, eine Umstellung auf eine andere Beschäftigung vorzunehmen. Man kann sich natürlich auch fragen, ob in der heutigen Zeit, in der so viele Menschen das Alter von 65 Jahren noch verhältnismäßig rüstig erleben, es richtig ist, immer und in allen Fällen hier die Zäsur zu machen. Erleben wir doch in den sogenannten freien Berufen von Ärzten und Juristen, von Künstlern oder auch in der Politik, daß sehr oft alte Menschen noch äußerst leistungsfähig sind, bis zum 80. Lebensjahr. Auch Universitätsprofessoren haben das Vorrecht, erst mit 68 Jahren aus ihrem Beruf auszuscheiden, ein Zeitpunkt, der dann gewöhnlich noch um einige Jahre hinausgeschoben wird, da fast in der Regel zu diesem Zeitpunkt der Nachfolger noch nicht zur Stelle ist. Auf Grund der umfangreichen Untersuchungen von Thomae wissen wir, daß es große individuelle Unterschiede in der beruflichen Leistungsfähigkeit von Angehörigen derselben Altersgruppe gibt. Eine flexible Altersgrenze wäre deshalb das beste. Aber eine sinnvolle Handhabung setzt die Schaffung einer Leistungsprognose voraus, die überaus schwierig ist. Jetzt hat man in Deutschland die Möglichkeit geschaffen, daß jemand bereits drei Jahre vor dem 65. Lebensjahr auf eigenen Wunsch in Pension gehen kann. Ich glaube, diese Einrichtung wird in bezug auf das hier erörterte Problem nicht sehr viel bringen, denn man darf es wohl als sicher annehmen, daß nur solche Menschen davon Gebrauch machen, die schon ziemlich feste Vorstellungen davon haben, was sie nach ihrer Invalidisierung anfangen werden. Man sollte also spätestens mit dem 60. Lebensjahr die Menschen auf ihr Alter vorbereiten und mit ihnen besprechen, ob sie nicht schon Vorstellungen haben, wie sie ihren Lebensabend ausfüllen können. Um den alten Menschen in dieser Hinsicht behilflich zu sein, sind heute in vielen Städten Altenwerkstätten, und zwar nicht nur für Männer, sondern auch für Frauen, geschaffen worden.

Ein besonders schwieriges Kapitel ist das Altersheim. Die meisten alten Menschen haben den verständlichen Wunsch, in ihrer Umgebung, in ihrer Wohnung, die sie so oft schon jahrzehntelang innehaben, auch im Alter zu bleiben. Viele Altersheime gestatten es nicht, daß die alten Menschen ihre eigenen Möbel mitbringen. So werden die Alten verhältnismäßig plötzlich in eine ihnen fremde Umgebung versetzt, und besonders schwierig wird das Problem, wenn in dem Heim die Unterbringung nicht in Einzelzimmern, sondern in gemeinschaftlichen Räumen erfolgt. In den meisten heutigen Altersheimen ist auch kaum eine Möglichkeit für eine sinnvolle Beschäftigung vorgesehen. Auf die Erfahrungen in den französischen Pflegeheimen wurde oben schon hingewiesen.

Der biologische Alterungsprozeß ist, wie oben schon gesagt, ein völlig kontinuierliches Geschehen, das im Grunde genommen schon in der Jugend anfängt. Denn bereits bei Zwanzigjährigen sind schon die ersten Anfänge einer Arteriosklerose nachweisbar. Sie schreitet ganz kontinuierlich fort. Aber das Ausmaß, das sie annimmt und auch die Geschwindigkeit ihres Fortschreitens, sind sehr verschieden. Die erwiesene Tatsache, daß es lang- und kurzlebige Familien gibt, spricht für einen Erbfaktor, aber auch hier müssen wir uns von der Vorstellung der völligen Zwangsläufigkeit dieses Prozesses frei machen. Die oben bereits angeführten Gesichtspunkte des erfüllten Lebens, spielen ganz sicher auch für das Ausmaß dieses Prozesses eine Rolle. Man kann auch hier wieder nur feststellen, daß derjenige Mensch, der auch in dem Alter noch eine echte, ihn ausfüllende Lebensaufgabe hat, von den Altersstörungen und Alterskrankheiten sehr viel weniger, oft überhaupt nicht betroffen ist. Es ist ein biologisches Gesetz, daß Funktionen, die nicht genutzt werden, verkümmern, und nach einer gewissen Zeit nicht mehr zur Verfügung stehen. Im Bereich der Bewegungsfähigkeit bedeutet das, alle älter werdenden Menschen dazu anzuleiten, noch zu wandern und Möglichkeiten zu gymnastischen Übungen auszunutzen. Man ist auch oft geneigt, den Abbau der geistigen Fähigkeiten als einen unausweichlichen Alterungsprozeß zu betrachten. Aber warum soll das Gehirn nicht auch jenem Gesetz unterliegen, daß es seine Funktionen behält, wenn es genutzt wird. Sollte nicht vielleicht das Nachlassen des Gedächtnisses für jüngste Ereignisse auch mit daran liegen, daß diese nicht mehr so sehr interessieren, weil der Blick der Alten sich mehr in die Vergangenheit als auf die Gegenwart wendet? Auch bei jüngeren Menschen kann man ja die Erfahrung machen, daß das Gedächtnis für alle Dinge, die den Betreffenden interessieren, gut ist, und weniger gut für Dinge, die ihm nicht liegen, denen er kein Interesse entgegen bringt. Es charakterisiert das Älterwerden, daß die Interessengebiete sich einschränken und damit natürlich auch das Gedächtnis für viele Dinge, die nun kein Interesse mehr finden. Das Nachlassen der geistigen Leistung ist also kein zwangsläufiger Alterungsprozeß. Man macht die Erfahrung, daß je höher das geistige Niveau im voraufgegangenen Leben war, desto geringer auch der Abbau der geistigen Fähigkeiten im Alter ist. Dafür sprechen die vielen Beispiele großer Männer. Denken wir nur daran, daß es offenbar in der Politik keine Altersgrenze gibt. Die Leistungen von Churchill oder Adenauer sind sehr eindrucksvolle Beispiele. Es gibt auch eine ganze Reihe von Dichtern, deren bedeutendste Werke erst im hohen Alter geschaffen wurden. So wird oft Fontane genannt, der einen seiner schönsten Romane, die »Effie Briest«, mit 79 Jahren geschrieben hat. Man denke auch etwa an Picasso, der bis zu seinem Tode im 92. Lebensjahr seine fast ungebrochene Schaffenskraft behalten hatte. Simone de Beauvoir führt aber auch berühmte Sportler auf, die in einem Alter, in dem sportliche Leistungen nicht mehr für möglich gehalten werden, noch dazu fähig waren. So wurde Borota noch mit 56 Jahren Tennismeister. Das alles sind Beispiele, die darauf hinweisen, daß der Alterungsprozeß auch wieder ein echt psychosomatisches Problem ist. Im Grunde genommen stehen wir ja diesem Prozeß hilflos gegenüber. Medikamente sind hier wenig wirksam. Wenn wir uns aber die eben angeführten Erfahrungen zu Nutze machen und frei werden von der Vorstellung der Zwangsläufigkeit dieses Prozesses, den wir Alterung nennen, dann ergeben sich sehr aussichtsreiche Möglichkeiten der Hilfe.

Aber nun müssen wir uns mit den körperlichen Veränderungen, die das Alter so oft begleiten, noch etwas näher beschäftigen. Hier ist sicher, wie Hedri sagt, eine somatopsychische Betrachtungsweise am Platze. Die körperliche Leistungsfähigkeit hat zwischen dem 20. und 30. Lebensjahr ihren Höhepunkt und sinkt dann kontinuierlich ab. Dies gilt insbesondere dann, wenn sich nun auch die nicht so seltenen, das Alter begleitenden degenerativen Gelenkerkrankungen, insbesondere der Kniee und Hüftgelenke, einstellen und vor allen Dingen auch Veränderungen an der Wirbelsäule eintreten. Damit wird nicht nur die Bewegungsfähigkeit eingeschränkt, sondern gleichzeitig treten mitunter auch nicht unerhebliche Schmerzen auf. Es ist gewiß ein großer Segen, daß wir heute die Arthrose der Hüftgelenke so erfolgreich operativ behandeln können, denn diese Erkrankung hat früher die Menschen an das Zimmer und an den Rollstuhl gefesselt. Die häufigste Todesursache alter Menschen sind die Erkrankungen des Herz- und Kreislaufsystems. So bedürfen bei alten Menschen Herz und Kreislauf besonderer Beachtung. In jüngster Zeit wird sehr empfohlen, allen Menschen über 65 Jahren ständig eine kleine Dosis Digitalis zu verabfolgen, um einer Herzinsuffizienz vorzubeugen. Auch die Krebserkrankungen sind eine häufige Todesursache im Alter. Da die modernen Methoden der Anästhesie und der operativen Nachbehandlung heute ohne Schwierigkeiten auch die Operation alter Menschen ermöglichen, muß die Entwicklung eines Tumors ebenso sorgfältig beachtet werden wie bei jüngeren. Die Frühsymptome wollen erkannt, und eventuelle Kontrolluntersuchungen müssen durchgeführt werden. Daß eine Operation wegen einer Krebserkrankung vorgenommen wird, wird man den alten Menschen kaum verbergen können, aber gleichzeitig ist es überaus wichtig, ihnen jetzt Mut zuzusprechen, daß Krebs bei alten Menschen, rechtzeitig operiert, heilbar ist und daß eine Operation vor allen Dingen auch subjektive Beschwerden, etwa bei einem den Magenausgang verlegenden Karzinom, beseitigen wird. Der Schlaf pflegt im Alter schlechter zu werden. Etwa 50 % aller alten Menschen klagen über Einschlafstörungen. Ganz frei von Schlafstörungen sind nur ungefähr 20 %. Es ist schwer zu sagen, womit dies zusammenhängt, denn nicht immer pflegen die unverkennbaren Zeichen einer Zerebralsklerose vorzuliegen, die praktisch immer mit einer Schlafstörung einhergeht. Das Nachlassen des Gedächtnisses wurde oben schon erwähnt. Es betrifft, wie bekannt ist, jüngere Ereignisse, es betrifft vor allen Dingen auch die Schwierigkeit, noch Namen zu behalten. Eine besondere Belastung bedeutet im Alter die Einschränkung der wichtigsten Sinnesorgane, des Auges und des Ohres. Der Altersstar ist durch eine Operation heilbar, und man erlebt immer wieder, wie beglückt die Menschen sind, wenn eine solche Operation vorgenommen wurde und ihnen mit einem Male wieder ein Sehvermögen, ja sogar die Fähigkeit, wieder lesen zu können, gegeben wird. Aber es gibt nicht nur den Altersstar, sondern es gibt auch den durch Glaukom bedingten Star, der dann weniger gut zu beeinflussen ist und zur Erblindung führt.

Das Nachlassen der Fähigkeit, hohe Töne zu hören, ist ein im Alter als normal anzusprechender Vorgang. Aber dieser Prozeß kann auch weiter fortschreiten und kann bis zur völligen Ertaubung führen. Die modernen Hörgeräte haben zweifellos hier eine ganz wichtige Funktion, aber trotz Hörgerät können auch die Verständigungsschwierigkeiten mit den Mitmenschen erheblich werden und bedeuten eine weitere Einschränkung und Eingrenzung der Lebensmöglichkeiten überhaupt.

Auch in psychischer Hinsicht zeigen alte Leute oft sehr wesentliche Veränderungen. Das emotionale Erleben ist weniger beeinträchtigt, aber gemindert ist zweifellos die Regulierung durch den Verstand und die Kritikfähigkeit. So findet man, daß gewisse Charaktereigenschaften, die in den voraufgehenden Jahren vielleicht auch schon von der Umwelt als etwas unangenehm registriert wurden, viel schärfer und jetzt völlig uneinsichtig und unkontrolliert hervortreten. So wird etwa ein leicht aggressiver Mensch nun völlig unverträglich, der Sparsame geizig, ohne diese Wandlung selbst zu bemerken, oder sie abstellen zu können. Ein fast als normal zu betrachtender Alterungsprozeß ist die Ausbildung von Kalkeinlagerungen in den großen Gefäßen. Aber auch hier ist das Ausmaß sehr verschieden und vor allen Dingen auch die Lokalisation von Bedeutung. Nur die Lokalisation in der Peripherie, das heißt in den Arterien etwa der unteren Extremitäten, in den Koronararterien, in den Zerebralarterien oder in den Nierenarterien, führt zu Erkrankungen. Sollte nicht die Starre des Alters, die Unelastizität, ihr körperliches Gegenspiel in der Starre der Gefäße haben? Die Zerebralsklerose führt zu Kopfschmerzen, Ohrensausen, Schlafstörung, Schwindel und erhöhter Reizbarkeit. Es kann zum Schlaganfall kommen. Für jeden sechsten Menschen ist das die Todesursache. Er kann verschiedene Ursachen haben. Entweder ist er die Folge einer Embolie oder einer Thrombose, oder insbesondere bei erhöhtem Blutdruck die Folge einer Massenblutung mit plötzlichem Beginn und meist schlechter Prognose. Im ersteren und zweiten Falle sind weitgehende Rückbildungen möglich, im letzteren seltener. Sehr oft führt der Schlaganfall nicht unmittelbar zum Tode, aber solche Patienten stellen dann, auch wenn weitgehende Rückbildungen der Lähmungen stattgefunden haben, eine schwere pflegerische Aufgabe dar. Auch wenn die Bewegungsfähigkeit wieder erreicht wird, sind fast immer geistige Defekte vorhanden. Es gibt im Alter auch echte Psychosen, so in erster Linie die senile Demenz, die oft mit den oben angeführten Charakterstörungen beginnt. Als besonders typisch für diese Erkrankung, gilt die Vorstellung, bestohlen worden zu sein. Weiter sind charakteristisch, Affektinkontinenz, Nachlassen der geistigen Fähigkeiten, insbesondere des Gedächtnisses, Störung des Denkens und des Urteilens und schließlich ein völliger Verwirrtheitszustand, der dann die Einweisung in eine psychiatrische Klinik unabwendbar macht.

Rustemeyer macht den sehr wichtigen Unterschied zwischen den Leiden des Alterns und dem Leiden am Altern. Da wir zu der Erkenntnis kamen, daß fast alle Leiden, die mit dem Alterungsprozeß zusammen hängen, von uns allenfalls nur symptomatisch beeinflußt werden können, besteht also die Hauptaufgabe des Arztes darin, dem alten Menschen zu helfen, seine durch Altersprozesse bedingten Behinderungen und Beschwerden zu ertragen. Das kann schon mit dem 60. Lebensjahr beginnen, wenn der Mensch noch im Arbeitsprozeß steht und bemerkt, wie er von den jüngeren überrundet wird und nicht mehr so mithalten kann. Aber besonders wichtig und sicher auch schwierig ist die Aufgabe, wenn der alte Mensch echte körperliche Beschwerden hat, so bei einer Arthrose, und wenn er weiß, daß dies ein irreversibles Leiden ist. In der Jugend erwartet man bei jeder Krankheit Gesundung, im Alter nicht mehr. Das Alter hat, wie Simone de Beauvoir so eindrücklich betont, keine Zukunft. Körperliche Beschwerden werden eher schlechter als besser. Besonders hart ist die Situation, wenn das Sehen erlischt und damit Lesen unmöglich wird oder auch Ertaubung eintritt. Der Arzt, der seine Besuche im Altersheim macht, hat keine Zeit, er schreibt nur Rezepte auf und verschwindet. Hier liegt wohl die große Aufgabe eines neuen Berufes, des Altenpflegers. Er bedarf aber sicher einer besonderen Ausbildung gerade für diese Aufgabe, das Leiden am Alter zu lindern, eine Aufgabe, die Zeit, Geduld und wirkliche Liebe erfordert.

Wie jeder Lebensabschnitt, so hat auch dieser letzte seine besondere Aufgabe in der Abrundung und Vollendung und im weiteren Fortschreiten zu einer immer besseren Ausprägung seines eigenen Wesens. Die Wirklichkeit sieht leider für viele alte Menschen sehr viel anders aus. Das mag daran liegen, daß diese drei Lebensabschnitte, von denen im Anfang gesprochen wurde, miteinander im kontinuierlichen Zusammenhang stehen und der dritte nur wirklich glücken kann, wenn die voraufgehenden Lebensperioden auch geglückt sind. Tournier zitiert in seinem oben erwähnten Buch C. G. Jung, der gesagt hat, daß »nicht alt werden können« ebenso törich ist, wie wenn man sich nicht von der Kindheit lösen kann. Was der Mensch am Mittag des Lebens außen fand und finden mußte, soll der Mensch des Nachmittags innen finden. Hierfür bietet der Ruhestand die nötige Zeit und die nötige Muße. Aber wir müssen solchen Menschen auch helfen, dieses Ziel zu erreichen.

Literatur

S. de Beauvoir, Das Alter. Essay. Reinbek bei Hamburg 1972.

M. Bergener, A. Schwebke u. K. Thomas, Altersstereotypien, Arbeitsmed., Sozialmed., Arbeitshygiene 7 (1972), S. 194.

J. Finke, Zur Differentialdiagnose und Therapie des Schlaganfalls, Arbeitsmed., Sozialmed., Arbeitshygiene 7 (1972), S. 187.

A. Hedri, Seelischer Gesundheitsschutz im Alter, Gesundheitspolitik 15 (1973), S. 203.

W. Schulte, Psychotherapie bei Störungen vor und nach der Altersgrenze, Arbeitsmed., Sozialmed., Arbeitshygiene 7 (1972), S. 204.

H. Thomae, Psychologische Gesichtspunkte zur Forderung nach einer flexiblen Altersgrenze, Arbeitsmed., Sozialmed., Arbeitshygiene 7 (1972), S. 203.

M. Pflanz, Medizinische Betreuung alter Menschen — Gesundheitsversorgung einer Minoritätengruppe?, actuelle gerontologie 3 (1973), S. 487.

J. Rustemeyer, Die Leiden des Alters — Das Leiden am Alter, actuelle gerontologie 3 (1973), S. 469.

P. Tournier, Die Jahreszeiten unseres Lebens, Hamburg 1967.

Ders., Erfülltes Alter, Bern 1973.

SOZIOLOGISCHE ASPEKTE DES ALTERS

von Karl-Gustav Specht

I. Zunächst hat sich die Soziologie — wie manch andere wissenschaftliche Disziplin — schuldig zu bekennen, daß es lange, eigentlich fast zu lange gedauert hat, ehe sie sich der Problematik des Alters und — was nicht weniger bedeutsam ist — der Problematik des Alterns anzunehmen begann. Dann aber wurde sehr plötzlich die Größe und Dringlichkeit der gesamten Fragestellung wie auch ihrer Bestandteile erkennbar, als nämlich nun schon einzelne quantitative Daten und Fakten bekannter wurden. Glücklicherweise, muß man heute sagen, wurden aber auch bald darauf die mehr qualitativen Phänomene mit nicht minderem Nachdruck herausgestellt und diskutiert.

Was dann darauf folgte, wir alle haben es in den letzten Jahren sehr deutlich erleben können, war eine Art Erscheinung, die nicht ganz zu unrecht mit dem zwar ein wenig abgedroschenen und oft auch mißbrauchten Begriffe des Stillens eines Nachholbedarfs bezeichnet wird. Viele, mitunter vielleicht zu viele, glaubten nun, nicht nur die Möglichkeit, nein auch die Verpflichtung zu haben, sich an der Lösung der Altersproblematik zu beteiligen, wobei ich mich nicht immer ganz des Eindruckes erwehren kann, es sei dabei so manchem nicht einmal die Breite des damit Umschriebenen so recht eingegangen.

Hinsichtlich der Größenverhältnisse haben dabei zwei Fakten eine besondere Rolle gespielt, die bis auf den heutigen Tag durchaus erkennbar ist. Einmal die mittlere Lebenserwartung der Neugeborenen. Um die Jahrhundertwende lag sie bei rund 46 Jahren; heute für das weibliche Geschlecht bei rund 73, beim männlichen bei etwa 70 Jahren.

Die zweite, kaum weniger eindrucksvolle Zahl ist die des prozentualen Anteils der über 60jährigen an der Gesamtbevölkerung. Um die Jahrhundertwende lag der Prozentsatz bei 7, heute nähert er sich der Zahl 20.

Eine gewisse Begründung für das späte Gewahrwerden des in solchen Zahlen enthaltenen gesellschaftspolitischen Sprengstoffes ist ohne Zweifel, daß diese Entwicklung sich in einer Zeit vollzogen hat, die in allen Lebensbereichen, sei es die Wirtschaft, die Kultur, das geistige

Leben, das politische Leben, mehr einschneidende Veränderungen und Umschichtungen gebracht hat, als dies in irgend einem vergleichbaren Zeitraum vorher der Fall gewesen ist. Die Vielfalt des Miterlebten und des zu Bewältigenden war so groß, daß nur einzelne Komplexe in einem unregelmäßigen Nacheinander aufgegriffen und ausgeglichen werden konnten, so daß sich eine Art zufälliger Abfolge von Einwirkungen nicht selten ergab. Dementsprechend gab und gibt es in der öffentlichen Anteilnahme wie in der wissenschaftlichen Arbeit eine Aneinanderreihung von Schwerpunkten, die einzelne Bereiche über eine gewisse Zeit in den Vordergrund rücken, währenddessen andere nicht minder gravierende Tatbestände und Vorgänge sich mehr oder weniger selbst überlassen bleiben.

Gerade unsere Jahre sind ein recht anschauliches Beispiel dafür, daß auch die Generationsfrage, oder anders: die Einschätzung der einzelnen Altersgruppen in ihrem Verhältnis zueinander wie auch ihrer Beziehung zur Gesamtgesellschaft sehr raschen Veränderungen unterworfen ist. Es kommt noch hinzu, daß wir — aus welchen Gründen auch immer — mehr und mehr an ein Argumentieren mit schlagwortartigen Formulierungen gewöhnt werden; so kann es nicht ausbleiben, daß der Wirklichkeit mehr als einmal Gewalt angetan wird durch eine Schwarzweiß-Betrachtung, eine Übung, die vielleicht zu den bemerkenswertesten negativen Erscheinungen unserer Zeit zu rechnen ist.

II. Ohne Zweifel wird heute dem Einfluß der Gesellschaft auf den Vorgang des Alterns aufmerksame Betrachtung gewidmet, die freilich nicht in jedem Falle zu einer Klärung der in der Tat recht komplizierten Zusammenhänge führt. Anhand historischer Vergleiche kann man zumindest belegen, daß in der Beurteilung des Alters und des Alterns gerade in den letzten zwei bis drei Jahrhunderten ein ganz erheblicher Wandel sich vollzogen hat. Wertvorstellungen und soziale Normen veränderten sich. Wurde früher dem Alter Autorität und Prestige ohne lange Vorüberlegungen zuerkannt, so wird heute wohl nicht zu Unrecht von einer Idealisierung der Jugend gesprochen.

Ließen sich früher junge Männer einen Bart wachsen, so geschah dies nicht aus Protest gegen bestimmte soziale Werte und Normen wie heute, sondern ganz im Einklang mit den in der Gesellschaft herrschenden normativen Vorstellungen, um möglichst früh möglichst alt und damit auch entsprechend würdig auszusehen. Auf diese Weise konnte man an dem Prestige, das dem Alter zuerkannt wurde, teilhaben. Heute kann man dagegen allenthalben fast krampfhaft und hysterisch anmutende Bemühungen älterer Menschen, möglichst jung und vital zu erscheinen, beobachten.

Vor allem in den Industrienationen, in denen sowohl die medizinischen Voraussetzungen gegeben sind, als auch starke gesellschaftliche Wandlungen sich vollzogen haben und auch weiterhin ablaufen, tritt noch ein zusätzlicher Umstand auf, der die sich zwar verlangsamende zum Teil sogar stagnierende Anhebung des Sterbealters stimuliert: Gemeint ist die gegenüber früheren Zeiten immer später sich bemerkbar machende »psychische Disposition zum Sterben«. Populär gesprochen: Wie man sich im Vergleich zu vorangegangenen Generationen später alt fühlt, so beginnt man heute auch später, sich auf den Tod vorzubereiten. Welche Bedeutung aber einer solchen psychischen Disposition — dem Lebenswillen — zukommt, ist jedem Arzt bekannt, der versucht, einen lebensgefährlich Erkrankten zu heilen. Es erscheint nun durchaus plausibel, daß eine so geartete Disposition durch die geänderten Wertvorstellungen in der Gesellschaft hervorgerufen wird und dann mit dazu beiträgt, das durchschnittliche Lebensalter weiter ansteigen zu lassen.

Wir sehen uns heute einer Situation gegenüber, die durch eine höhere Lebenserwartung und ein längeres »Jungsein« der Menschen gekennzeichnet ist. Damit sind, wie bereits angedeutet, zum Teil recht erhebliche Schwierigkeiten verbunden, die dadurch weiter kompliziert werden, daß es noch weitgehend an adäquaten sozialen Regelungen für diese Situation fehlt. Dementsprechend besteht eine der vordringlichsten Aufgaben für die Gesellschaft darin, solche Regelungen zu entwickeln.

III. Ein weiterer Ausgangspunkt sozialwissenschaftlicher Bemühungen liegt in der medizinischen Problematik, was heißen will, in der Frage nach dem Zusammenhang von Alter und Krankheit. Ausgeweitet wurde dieser Komplex sehr bald auf eine breitere sozialpolitische Ebene, auf der man sich um die anderen Beschwerden der alten Menschen zu kümmern begann, wie etwa die oft unangemessene wirtschaftliche Versorgung, die Wohnung u. ä.; hierauf folgt schließlich das Aufgreifen der vollen Breite der Altersfrage, was sich z. B. in der lapidaren Formulierung »Stellung und Funktion der älteren Menschen in unserer Gesellschaft« bemerkbar zu machen sucht.

Die ersten Forschungsergebnisse erwiesen, vom eigentlichen Inhalt erst einmal abgesehen, etwas außerordentlich Interessantes, nämlich eine erhebliche Differenz zwischen den Vorstellungen und Meinungen zur gesamten Altersfrage, zu manchen ihrer Teilbereiche und den empirisch erhobenen Tatbeständen. Und hier zeigte sich denn auch, daß nicht wenige der bisherigen sozialpolitischen Aktivitäten auf einer recht fragwürdigen Basis standen.

Ein wichtiges Beispiel ist das der Flexibilisierung oder vielleicht besser Dynamisierung der beruflichen Altersgrenze. Obwohl in der letzten Zeit hier auf dem Gesetzeswege Neuerungen eingetreten sind, so wissen wir doch recht gut, daß das Gesamtthema damit keineswegs erschöpfend diskutiert ist.

Aus der sozio-gerontologischen Sicht ist dieses Thema ja nur ein Teilproblem des sehr viel breiteren Bereiches der Berufstätigkeit der älteren Menschen überhaupt. Und eben dieser Bereich ist wie kaum ein anderer durch Voreingenommenheiten, vorschnelle, allzu schlagwortartige Formulierungen, durch Stereotype und Leerformeln besetzt. Aber wenden wir uns zunächst zur Statistik. Diese zeigt, daß die Zahl der in höheren Jahren noch Berufstätigen inzwischen so erheblich angewachsen ist, daß in der Tat wohl kaum noch von einer kleineren Gruppe, sondern von einer anteilmäßig höchst beachtlichen Schicht gesprochen werden kann. Denn immerhin zählen wir mehr als 1 Million Erwerbspersonen in einem Alter von über 65 Jahre.

Noch eindrucksvoller werden solche Angaben dann, wenn die künftige Entwicklung des Anteils der älteren Berufstätigen aufgewiesen wird. Hier ergeben sich folgende Zahlen: Der Anteil der Arbeitnehmer zwischen 45 und 65 Jahren wird von gut 28 % im Jahre 1968 auf 30,5 % im Jahre 1980 steigen.

Bei solchen zunächst recht allgemeinen Aussagen müssen freilich mehrere Punkte Berücksichtigung finden; einmal sollte eine besondere Betrachtung der unterschiedlichen Situationen bei Selbständigen und in abhängiger Stellung Tätigen gewidmet werden. Zum anderen erfordern die Abweichungen von Wirtschaftszweig zu Wirtschaftszweig Aufmerksamkeit, und schließlich erbringt die Differenzierung nach Geschlechtszugehörigkeit eine wesentliche Unterscheidung.

Es ist nachweisbar nicht nur in Deutschland erkennbar, daß bei den Selbständigen der Anteil der älteren Berufstätigen erheblich höher ist als bei den in abhängiger Stellung Arbeitenden. Die Gründe hierfür sind vielfältig: Bei den Selbständigen, seien es Unternehmer jeder Art, seien es Angehörige der Freien Berufe oder andere, ist die Stellung und

Funktion der beruflichen Tätigkeit im gesamten Leben eine andere. Ihr Berufsrisiko ist in einem unmittelbaren Sinne schlechthin Lebensrisiko. Die Bemühungen um Minderung dieses Risikos wie etwa die Sicherung gegen Beeinträchtigungen aller Art, gegen Krankheit, Invalidität und Tod, die Vorsorge und Versorgung der Angehörigen, all das vollzieht sich bei den Selbständigen ohne oder mit nur beschränkter Unterstützung staatlicher Institutionen. Damit wächst die wirtschaftliche, aber auch die psychische Belastung. Die in den letzten Jahren intensivierte Diskussion einer möglichen Beteiligung der Selbständigen an staatlichen Versorgungswerken hat inzwischen zu ersten Ergebnissen geführt; es kann dies wohl nicht in erster Linie als Indiz für das Sinken der Bereitschaft der Selbständigen, das volle Berufsrisiko weiterhin zu tragen, angesehen werden; es scheint mir vielmehr ein Zeichen dafür zu sein, daß die mit diesem Risiko verbundenen Lasten die Grenze des Tragbaren erreicht haben.

Mit diesem Tatbestand einher geht und ist auch zu einem großen Teile seine Folge, daß die Berufstätigkeit der Selbständigen nicht an eine Zeitspanne gebunden ist, die in der Erreichung der gesetzlichen Altersgrenze ihre Begrenzung findet. Hier handelt es sich im wahren Sinne um einen lebenslangen Beruf. Deshalb fehlt bei den Selbständigen auch das Empfinden einer Altersschwelle. Daß der Unternehmer noch weit über das fünfundsechzigste Lebensjahr hinaus die Fabrik leitet, daß der Arzt noch »hoch in den Siebzigern« praktiziert oder der Musiker in den Achtzigern noch konzertiert, wird durchaus als »normal« empfunden.

Freilich, die Entwicklung läuft in unseren Jahren in eine andere, entgegengesetzte Richtung: Die Durchdringung der privaten Lebenssphäre mit beruflichen Problemen nimmt zu; steigende Qualifikationsanforderungen erhöhen die Beanspruchung und so auch das Risiko. Heute noch faktisch unterscheidbare Kriterien der selbständigen und abhängigen Berufstätigkeit werden immer mehr aufweichen und sich einander annähern. Die wirtschaftliche Notwendigkeit, die heute noch den Selbständigen veranlaßt oder gar zwingt, länger tätig zu sein als der in abhängiger Position Arbeitende, wird — soweit das heute schon abzusehen ist — geringer werden.

Es hat in den letzten fünfzehn Jahren aber auch einige empirische Erhebungen gegeben, die zeigten, daß trotz aller vermeintlicher Kenntnis der Wünsche und Erwartungen der älteren Menschen, die Zahl derjenigen, die die berufliche Altersgrenze vorgezogen sehen möchte, erheblich größer ist, als derjenigen, die aus den oben genannten und anderen Gründen, bereit wären, über das 65. Lebensjahr hinaus tätig zu sein. Das trifft sowohl auf die der Altersgrenze unmittelbar vorgelagerten Jahrgänge, wie auf die noch jüngeren zu.

Aus all dem ergibt sich eine doppelte Schlußfolgerung, nämlich: 1. Bei der weiteren Diskussion dieses Themas selbst so flexibel zu sein, daß nicht nur fast ausschließlich von der Vorverlegung der Altersgrenze gesprochen wird, sondern daß gleichermaßen auch die Möglichkeiten der Weiterarbeit ventiliert werden. 2. Jede Regelung sollte — soweit das irgendwie durchführbar ist — der Mannigfaltigkeit der betroffenen Gruppen der Berufstätigen entsprechen.

IV. Diese kurz umrissene Situation und deren meines Erachtens sich aufdrängenden Schlußfolgerungen führen uns aber in unserer Betrachtung noch ein Stück weiter, nämlich hin zu einer grundsätzlichen Diskrepanz. Immer mehr Berufstätige werden von der Altersgrenze sozusagen überrascht zu einem Zeitpunkt, in dem sie sich selbst noch durchaus leistungsfähig fühlen; dieses subjektive Empfinden wird oft durch objektive Befunde erhärtet. Ihr biologisches Alter entspricht also keineswegs dem kalendarischen. Auf der anderen Seite aber erfahren wir tagtäglich Hintansetzungen der älteren Jahrgänge in mannigfachen Formen. Aufgrund der Stellenangebote beispielsweise kann gesagt werden, daß die Jahreszahl 50 praktisch eine obere Grenze der Einstellungen ist, die nur in Ausnahmefällen überschritten wird. Zu lesen und zu hören ist weiterhin immer wieder, daß gerade durch die seit Jahren steigende berufliche Arbeitsanspannung die Belastbarkeit mit steigendem Alter überproportional abnehme und der Leistungsabbau entsprechend beschleunigt werde.

Solche Voreingenommenheiten wie auch deren praktische Konsequenzen haben nicht erst in den letzten Jahren zu zum Teil emotionell und ideologisch sehr belasteten Auseinandersetzungen geführt, in denen die Erkenntnisse und Forschungsergebnisse einzelner wissenschaftlicher Disziplinen erst nach und nach überhaupt Berücksichtigung fanden. Dann jedoch begann sich eine Gegenströmung bemerkbar zu machen, die zunächst einmal zu erreichen vermochte, daß allzu vorschnelle Generalisierungen einzelner Feststellungen abgebaut wurden, die aber auch die allzu einseitige Betrachtung von beruflicher und allgemeiner Leistungsminderung der Älteren aufhob zugunsten von Tatbeständen sozialer, ökonomischer und auch psychischer Provenienz. Hier eben wurde die Fragwürdigkeit der bloßen Altersangabe nach Lebensjahren deutlich, als man sich mit dem für den Soziologen so wesentlichen Rollenwechsel und Rollenverlust der älteren und alten Menschen zu beschäftigen begann, der dadurch eintritt, daß sie in einer weitgehend auf dem Leistungsprinzip beruhenden Gesellschaft keine Leistungen mehr erbringen dürfen oder können und angewiesen sind, sich auf ein Dasein zu beschränken, das ihnen eine Art Außenseiterrolle zuweist. Aus welchen Gründen auch immer ist dieser Tatbestand in der zurückliegenden Zeit entweder bewußt überspielt oder schamvoll unterdrückt worden. Daß für die meisten Älteren, die das Berufsleben verließen, früher fast übergangslos ein Rollenverlust eintrat, gehört sicherlich zu den großen Sünden von Staat und Gesellschaft der vergangenen Jahrzehnte und Jahrhunderte. Es fehlte und fehlt auch heute noch vielfach die vorsorgende Planung neuer Rollen, neuer Aufgaben und gesellschaftlicher Funktionen durch die alten Menschen, die diesen ihre soziale Anerkennung und ihr soziales Ansehen bewahren, ja möglicherweise neu festigen sollen und können.

Hatte es bislang den Anschein, als sei die ersatzlose Aufgabe der innegehabten Rolle ein Stück der Tragödie des Alterns, so haben uns Forschung wie Praxis inzwischen belehrt, daß sich hier manche Aktivitätsfelder anbieten, um die scheinbare Unabdingbarkeit dieses Vorganges abzuschwächen. Ehe aber diese Möglichkeiten wirklich aufgegriffen werden können, bedarf es zunächst der exakten Ermittlung der Vorgänge selbst wie der ihrer Folgen.

Damit ergibt sich erst einmal die Aufgabe, festzustellen, welchen Verlauf die altersbedingten Modifizierungen der Berufsrolle im einzelnen nehmen. Hierzu kommt die Eruierung der sozialen und psychischen Folgen, die insgesamt — und soviel zeigen die Forschungsergebnisse heute schon — sowohl sehr breit gefächert wie im einzelnen von großer Intensität sind.

Daß in solchen Zusammenhängen hier und da von einer Quasi-Entmündigung der Betroffenen gesprochen wird, ist sicherlich nicht übertrieben gesagt; auch durch andersartige Vorgänge bedingte soziale Desintegration und Statusverlust führen häufig zu einer psychischen Desorganisation mit manchen frustrierenden und leistungshemmenden Konsequenzen, deren letzte oft die physiologisch nachweisbare Krankheit ist. In diese Reihung gehört auch der zwar schockierende, darum aber nicht weniger berechtigte Begriff des Pensionierungstodes.

V. In den Diskussionen um Leistung und Leistungsgesellschaft, die in den letzten Jahren sich erneut zugespitzt haben, hat verständlicherweise auch diese Problematik des Rollenverlustes oder, gelinder gesagt, der Rollengefährdung und die des Leistungsabbaues bei den älteren Menschen einen wesentlichen Platz eingenommen, und es sieht so aus, als ob das Thema weiterhin im Vordergrund bleiben wird. Auch hier haben inzwischen wissenschaftliche Untersuchungen nachgewiesen, daß die Annahme eines schnellen und nachhaltigen Leistungsabbaues, der mit der Alterung einhergehe, in solch genereller Form nicht aufrecht erhalten werden kann. Nicht zuletzt sozialwissenschaftliche Studien zeigten, daß die soziale und ökonomische Sicherung, der Gesundheitszustand, die familiale Geborgenheit und die Wohnunterbringung für Leistungsbereitschaft und Leistungsmöglichkeit der alten Menschen von hoher Bedeutung sind. Vergessen werden darf — wie schon kurz angedeutet — freilich nicht, daß man mit einer solchen Erkenntnis auch Möglichkeiten schaffen muß für solche Leistungen. Vielleicht liegt hier sogar — um es noch einmal zu sagen — einer der Angelpunkte der gegenwärtigen Situation der älteren Menschen, daß nämlich die Bereitschaft zur Leistung in einem Mißverhältnis steht zur Möglichkeit, diese zu erbringen. Im übrigen sei nicht unerwähnt, daß selbst die besten Leistungsmöglichkeiten effektlos bleiben müssen, wenn sie nicht bekannt sind.

Hinter dieser besonderen Problematik steht verständlicherweise der Gesamtkomplex der Überlegungen, wie man die Vorbereitung auf das Alter erleichtern und gleichzeitig intensivieren könne. So wesentlich es auch sein mag, im Laufe des Lebens selbst eine Einstellung zum Altern und zum Alter zu entwickeln, so wird dies in vielen Fällen erschwert werden, wenn nicht entsprechende Hilfen, und seien sie nur in Form von vorsichtigen Fingerzeigen, gegeben werden.

Als erstes Denkergebnis wird sich mit einer gewissen Wahrscheinlichkeit auch die Einsicht einstellen, daß Altern ein Dauerprozeß ist, der nicht erst unmittelbar vor oder mit Erreichen der beruflichen Altersgrenze einsetzt. Hier hat man bislang wohl zu wenig auf die diesbezüglichen Äußerungen unserer medizinischen Kollegen gehört.

Und ein zweites sollte bei diesen Bemühungen um eine Einstellung zu dem Prozeß des Alterns wie auch zur Gruppe der älteren und alten Menschen sich herauskristallisieren: die nicht immer realistische, deshalb aber um so notwendigere Einschätzung der alten Menschen als eine unmittelbar in den gesamtgesellschaftlichen Zusammenhang einbezogene Gruppe, die sich ebenso wenig wie die Jugend in einer Randposition befindet. Viel mehr Augenmerk und entsprechende Aktivität sollte man darauf legen, daß die älteren und alten Menschen die jüngeren Gruppen umschließen. Begründungen und Belege hierfür können aus dem Alltagsgeschehen ebenso wie aus dem kulturellen Leben in jeder Zahl unschwer beigebracht werden.

Wenn gerade in der letzten Zeit vor allem in der Wirtschaft darauf hingewiesen wird, es mache sich ein »Stimmungsumschwung« bemerkbar im Hinblick auf »Nützlichkeit und Brauchbarkeit« der älteren Beschäftigten, so geht das ein wenig einher mit der zwar vorsichtig und leise, aber dennoch unüberhörbar sich wieder erneuernden Anerkennung der Erfahrungen und der Weisheit des Alters in der Politik, im geistigen Leben, im sozialen Leben — vielleicht sogar bald wieder in den Familien und in den Konfessionsgemeinschaften. Die mitunter heftig geführten Auseinandersetzungen über die Notwendigkeit der Verjüngung hier und dort dürfen ihrerseits aber auch nicht heruntergespielt, sollten vielmehr immer wieder in ausgleichender Absicht überprüft werden. Es ist keineswegs erforderlich, bei jeder Gelegenheit vom Alter als der Krönung und Erfüllung des menschlichen Lebens zu sprechen; das Alter ist in unserem Leben eine Lebensphase wie die anderen, und die alten Menschen sind — um auch das zu wiederholen — eine Gruppe der Gesellschaft wie jede andere.

Doch wieder zum Konkreten: Dem aus dem Berufsleben ausgeschiedenen alten Menschen steht mehr Zeit zu solchen Beschäftigungen zur Verfügung, die nach einem häßlichen Sprachgebrauch als Freizeitaktivitäten bezeichnet werden. Es kann aber nur in wenigen Fällen festgestellt werden, daß sich neue Betätigungen im Alter durchsetzen, weder im Austausch zu den früheren, noch in deren völliger Verdrängung. Vielmehr ist auch hier eine Kontinuität gegeben. Das gibt der Forderung, man müsse das, was man im Alter tun wolle, schon früh beginnen, eindeutig Recht. Voraussetzung dafür ist freilich, um es hier nur zu erwähnen, daß die gesundheitlichen und sozialökonomischen Gegebenheiten dies wirklich ermöglichen. Wenn etwa nachzuweisen ist, daß der Besuch von Unterhaltungs- und Bildungseinrichtungen wie Kino, Theater, Konzerten oder Vorträgen und Volkshochschulen durch über Fünfundsechzigjährige nicht stärker, sondern eher schwächer ist als der durch jüngere Gruppen, so sollte das endgültig mit der Überzeugung aufräumen, man müsse mit dem Eintritt in die Alterssphäre neue Interessen und Aktivitäten erwecken und entwickeln. Selbst die Vorverlegung solcher Bemühungen um einige Jahre vor diese Grenze kann nur wenig nützen. Wir glauben sehr wohl nachweisen zu können, daß im allgemeinen das, was nicht vor dem fünfzigsten Lebensjahr begonnen, auch nach dem Berufsausscheiden nicht mehr neu aufgenommen wird. Es gibt also, um es in einem Wort zu sagen, kein altersspezifisches Verhalten, sondern allenfalls nur eine stärkere Betonung der einen oder anderen Betätigung.

Auch die in den letzten Jahren in verschiedener Form experimentierte und praktizierte Organisierung einer neuen Art Altenhilfe sei hier erwähnt: der Altenklub in den verschiedenen Formen der Ausprägung. Es erweist sich sehr deutlich, daß das Problem des sich einsam fühlenden alten Menschen nicht dadurch zu lösen ist, daß man ihn mit anderen sich ebenfalls einsam fühlenden Angehörigen seiner Altersgruppe zusammenbringt und hofft, es könne nun die Einsamkeit überwunden werden. Auch hier gilt wiederum zu beachten, daß alle bewußt oder unbewußt auf Isolierung zielenden Bemühungen, und zwar Isolierung im Sinne einer Absplitterung von den anderen Altersgruppen, manche Gefahren in sich tragen. Die alten Menschen selbst drängen nicht in eine Sondersituation, sondern wünschen vielmehr in der bisherigen Umgebung räumlicher wie auch sozialer Art zu bleiben. Die Altengemeinschaften können und dürfen nicht zum Ersatz der bisherigen Lebensumwelt werden; sie können allenfalls eine Art ergänzender Hilfe sein.

Ermutigend sind die seit einiger Zeit aufgenommenen Bemühungen um eine phantasievolle Vorbereitung auf das Alter. Wenn wir auch noch am Anfang stehen, so kann nicht verkannt werden, daß sich hier ein Betätigungsfeld für Menschen aller Altersgruppen, aller Schichten und aller Tätigkeiten darstellt, in dem wieder einmal das Wort von der Hilfe zur Selbsthilfe angebracht ist. Der Sozialforschung wächst hierbei ebenfalls eine wesentliche Aufgabe zu, die sie aber nicht erfüllen kann ohne die kollegiale Mithilfe der Geisteswissenschaften und auch der Medizin.

Zusammenfassend möchte ich einige Sätze wiederholen, die ich vor langen Jahren einmal als Grundbestand von Forderungen und Notwendigkeiten geschrieben habe, die aber m. E. heute und sicherlich auch noch in Zukunft gelten werden:

1. Es sollte wie bei allen anderen Fragekomplexen peinlich jeder Gebrauch von Phrasen und Leerformeln vermieden werden, wozu ich rechnen möchte ebenso die Devise vom sinnvoll verbrachten Lebens-

abend wie die so oft zu Mißverständnissen führenden Auslassungen über die Überalterung und Vergreisung, die Altersbelastung des Staates und der Gesellschaft, die Aufrufe, der Vereinsamung des Alters zu begegnen. Wie wenig hört man dagegen von der uns allen zugute kommenden Erfahrung der gereiften alten Menschen, die mehr als jemals zuvor der Jugend und den Angehörigen der mittleren Altersgruppen mit ihrem Rate und mit ihrer Lebensüberschau zur Seite stehen könnten.

Alles sollte getan werden, um jeder Geringschätzung des Alterns wie des Alters zu wehren; das spricht keineswegs dagegen, daß der Jugend Chance und Aufgabe gegeben werden, und zwar so früh wie eben möglich. Alter wie Jugend gehören beide zum Leben der Gesellschaft; sie sind beide nicht von ihr, durch welche Manipulationen auch immer, abzutrennen.

2. Wenn wir heute von sozialer Sicherung vorzüglich auch der alten Menschen sprechen, so sollten wir uns damit auch bewußt sein, daß dies nicht nur wirtschaftliche Sicherung sein darf. Leider fehlt jeder Anlaß, darauf hinzuweisen, das sei doch als selbstverständlich nicht besonders hervorzuheben. Zweifellos ist die Sicherung der wirtschaftlichen Situation der Alten nicht nur Existenzsicherung im engen Sinne, sondern sie ermöglicht ihnen auch, sich mancher Betätigung hinzugeben, die ihnen Zufriedenheit und Wohlbefinden vermittelt. Aber soziale Sicherung bedeutet, im gesellschaftlichen Dasein und in der Gesellschaftsordnung einen festen Platz zu haben, anerkannt und geschätzt zu sein. Betuliches Mitleid und allenthalben fürsorgerische Betreuung scheinen mir hierzu recht unbrauchbare Wege zu sein.

3. Alle sich auf die alten Menschen beziehenden öffentlichen und privaten Maßnahmen, Hilfen und Fürsorge sollten die tatsächlich von diesen Menschen gehegten Hoffnungen, Wünsche und Bestrebungen einzubeziehen trachten. Das aber setzt deren Feststellung voraus. Hier kann die Sozialforschung mit ihren entwickelten Methoden und Verfahrensweisen gute Dienste erweisen. Die gewonnenen Erkenntnisse zwingen freilich recht oft dazu, bisher verbreitete Vorstellungen revidieren oder gar aufgeben zu müssen. Forschungsergebnisse haben zeitlich und örtlich begrenzte Aussagekraft; deshalb ist geboten, sie in Intervallen zu überprüfen.

4. Alle Hilfe für die alten Menschen sollte, wenn eben möglich, Hilfe zur Selbsthilfe sein, das heißt, sie sollte die Eigeninitiative dieser Menschen anspornen, sie unterstützen und wirkungsvoller machen. Nie

sollte die Hilfe in falsch verstandener Pädagogik zur Bevormundung werden. Individuelle Ansprache ist meist fruchtbarer als institutionelle. Nicht alles sollte der öffentlichen Initiative überlassen werden; gerade durch private Aktivität, und sei es nur durch Hausbesuche, kann viel getan und erreicht werden.

5. Unser gesamtes Erziehungs- und Bildungswesen (Aus-, Fort- und Weiterbildung) sollte bemüht sein, ständig geistige Anregungen zu vermitteln und vorhandene Interessen zu fördern. Solche Interessen und die entsprechenden Betätigungen werden dem alten Menschen viele Möglichkeiten geben.

6. Die öffentliche Wohnungspolitik und der private Wohnungsbau sollten die Wohnwünsche der alten Menschen stärker berücksichtigen, als dies bislang geschehen ist. Die überwiegende Mehrzahl der alten Menschen beiderlei Geschlechts strebt nicht nach Altenwohnhäusern und -heimen, sondern nach der Einzelwohnung. Auch der Wunsch, mit Kindern und Enkeln zusammenzuleben, wird nur von rund einem Viertel der alten Menschen geäußert.

EINSTELLUNGEN ZU TOD UND STERBEN IN DER GEGENWART

von Joachim-Ernst Meyer

Wer sich mit den Themen dieser Tagung beschäftigt, wird rasch bemerken, daß diese Fragen — mit Ausnahme der Suicids — in unserem Lande wenig behandelt worden sind, jedenfalls im Vergleich mit den angelsächsischen Ländern. Vor allem in den Vereinigten Staaten hat man schon am Anfang der fünfziger Jahre begonnen, in psychologischen, soziologischen und psychiatrischen Studien die Einstellung des Einzelnen und der Gesellschaft zu Sterben und Tod zu untersuchen, während in Deutschland erst in allerletzter Zeit das Interesse dafür auch in der breiteren Öffentlichkeit zu wachsen beginnt. Das ist deswegen erstaunlich, weil wir wie kein anderes Volk in diesem Jahrhundert durch die beiden Weltkriege, besonders aber durch Konzentrationslager und die sogenannte Euthanasie im Nationalsozialismus mit dem Problem von Sterben und Tod konfrontiert wurden und daran Anteil hatten. Man muß sich fragen, ob das erschreckende Ausmaß von Todeserfahrungen dazu beigetragen hat, eine gründliche, wissenschaftliche Auseinandersetzung mit diesen Problemen zu lähmen. Vielleicht gehört in diesen Zusammenhang auch, daß dieses Jahrhundert gerade im europäischen Raum mit der »Todesphilosophie« des Existentialismus und der Reduzierung des Todes im dialektischen Materialismus auf eine nur noch »technische Grenze menschlicher Freiheit«[1] so polare Positionen eingenommen hat, wie sie krasser kaum denkbar sind. Es kommt noch hinzu, daß im etwa gleichen Zeitraum die entscheidende Abkehr des Christentums vom Unsterblichkeitsglauben ganz bewußt vollzogen wurde.

Sterben und Tod haben für das Individuum viele Aspekte, die als Ganzes hier nicht dargelegt werden können. Wir konzentrieren uns im folgenden vielmehr auf die drei entscheidenden Phänomene:

[1] H. Marcuse, Triebstruktur und Gesellschaft, Frankfurt a. M. 1968.

Die Ungewißheit über den Zeitpunkt des Todes,
das Allein-Sterben,
das »Danach«.

Die Ungewißheit über den Zeitpunkt des Todes bedingt, daß wir, wie Sartre[2] es ausgedrückt hat, auf den Tod nicht zu warten vermögen, sondern uns nur auf ihn gefaßt machen können. Die Ungewißheit über den Zeitpunkt macht den Tod zu unserem ständigen Begleiter, wie man sagt, sie schafft die sonderbare Qualität des Todes im menschlichen Leben als *absent présence*[3], als abwesende Anwesenheit; die Ungewißheit der Todesstunde steht aber auch in Beziehung zu der immer wieder hervorgehobenen Feststellung, daß wir uns unseren eigenen Tod nicht vorstellen können. Umgeben von täglichen, mittelbaren Todesnachrichten und von Zeit zu Zeit, unerwartet oder auch darauf gefaßt, mit dem Tode Nahestehender konfrontiert, hilft uns dies doch offenbar nicht, uns den eigenen Tod zu vergegenwärtigen. »Das Ich kann sich nicht gestorben denken«, wie Franz Rosenzweig[4] die Widersprüchlichkeit der Todeserfahrung formuliert. Antizipation des persönlichen Todes ist dem Menschen verwehrt.

Das Allein-Sterben zielt unmittelbar auf die Befindlichkeit des Sterbenden. Es ist aus psychologischer und psychopathologischer Sicht dasjenige Element am Sterben, welches — jedenfalls im Vorausschauen — am schwersten wiegt. Für den Umgang mit unheilbar Kranken und Sterbenden und deren Angehörigen muß es unser Handeln entscheidend beeinflussen.

Daß als dritter entscheidender Todesaspekt die Frage des *»Danach«* genannt wird, mag verwundern, weil diese Frage, was Leib und Seele im Sterben und im Tode widerfährt, offensichtlich in den allgemeinen Diskussionen aber auch am Sterbebett kaum eine Rolle spielt. Bedeutet die Beseitigung der Lehre von der Unsterblichkeit der Seele, disqualifiziert als irrational, als heidnischen Ursprungs oder auch als magisch-neurotisches Wunschdenken, nicht eine ungeheuere Zumutung für den Menschen, nämlich eine Verschärfung der Sinnfrage des Daseins, der Sorge um Möglichkeiten eines Welt-immanenten Fortexistierens? Muß man nicht der Unmöglichkeit, sich den eigenen Tod zu vergegen-

---

[2] J.-P. Sartre, Das Sein und das Nichts, Hamburg 1952.
[3] H. Feifel, The meaning of death, New York, Toronto, London 1959.
[4] F. Rosenzweig, Der Stern der Erlösung, Heidelberg 3. A. 1954.

wärtigen, die Unmöglichkeit des ganzen (Leib und Seele umfassenden) Todes an die Seite stellen? Oder noch direkter formuliert: Kann das Individuum, dem die Antizipation seines eigenen Lebensendes verwehrt ist, von einem wie immer gearteten persönlichen Fortexistieren im Tode überhaupt abstrahieren? Ärzte und Psychologen wissen wenig darüber. Wenn alte, aber auch junge Menschen im Sterben Jenseitsphantasien, etwa die von der Wiedervereinigung der Liebenden, vorbringen, so bieten sich andere psychodynamische Erklärungen an. Bloch[5], der sich so intensiv mit den Problemen des Fortwirkens auf Erden, der Werküberdauer abmüht, bemerkt, daß wir die Verdrängung des ganzen Todes heute noch recht gut praktizieren können, weil hinter dem Tod »ein neues Leben versteckt worden, d. h. ausgeträumt und hineingeglaubt worden war«, also jene satteren Wunschbilder, wie er sagt, die es dem Menschen erlauben, »den Schlund nicht zu sehen, der unaufhörlich um ihn ist und ihn zuletzt so sicher verschlingt«. Damit ist das Stichwort »Verdrängung des Todes« gefallen. Es fehlt auf keiner Diskussion zu diesem Thema und vereint Kulturkritiker aller Provenienz. Schon daran mag man erkennen, daß die Bezeichnung viel zu pauschal zur Anwendung gelangt und nur sinnvoll ist, wenn man sich im einzelnen klar wird, was damit gemeint ist und auf welche individuellen und gesellschaftlichen Phänomene der Ausdruck zutrifft. Mit Recht hat Fuchs auf diesen Tatbestand besonders eindringlich hingewiesen. Auch hier muß ich mich auf die Hervorhebung einzelner Gesichtspunkte beschränken. So lasse ich unerörtert die viel zitierten Hinweise auf den Wandel der Sterberiten, auf die Euphemismen in den Todesanzeigen[6], auf die Entfernung von Sterben und Tod aus dem Blickfeld der Lebenden[7].

Nur zwei Bereiche sollen hervorgehoben werden: die kindliche Einstellung zum Tode und das Trauern.

Wir wissen aus sozial-empirischen Untersuchungen über die Einstellung von *Kindern,* daß der Tod zwischen 1 und 3 Jahren Verschwinden, Abreise, eine Existenz an anderem Ort und unter anderen Bedingungen bedeutet, daß zwischen 5 und 9 Jahren der Gedanke des

---

[5] E. Bloch, Das Prinzip Hoffnung, Frankfurt 1959.

[6] K. Dirschauer, Der totgeschwiegene Tod, Bremen 1973; W. Fuchs, Todesbilder in der modernen Gesellschaft, Frankfurt a. M. 1969.

[7] A. Hahn, Einstellungen zum Tod und ihre soziale Bedingtheit, Stuttgart 1968; vgl. auch Ch. v. Ferber, Der Tod. Ein unbewältigtes Problem für Mediziner und Soziologen, Kölner Z. f. Soziologie 22 (1970), S. 237.

individuellen Todes auftaucht und — das ist bedeutsam — das Sterben prinzipiell nicht als ein natürlicher, etwa krankheits- oder altersbedingter Vorgang gesehen wird, sondern als Folge von Gewalt und Feindseligkeit; auch wird zwischen Tod und Toten in diesem Alter noch nicht sicher unterschieden. Für beides, die Gewaltsamkeit und die Unschärfe in der Beziehung zum Tode und zum Toten, gibt es erstaunliche Parallelen bei den Naturvölkern, gibt es Ähnlichkeiten in den Phantasien erwachsener Neurotiker.

Um das 8./9. Lebensjahr nun beginnt das Kind den Tod als irreversibles Geschehen zu sehen — eine Einsicht, die mit 12 Jahren etwa abgeschlossen ist. Dies bringt die Übernahme der Denk- und Sprachgewohnheiten des Erwachsenen mit sich: Vermeidung des Themas und sprachliche Verharmlosung. Die im Kindesalter eher nüchterne Einschätzung des Todes und die Neugier für den Vorgang des Sterbens haben, wie oft hervorgehoben wurde, viel Ähnlichkeit mit der kindlichen Einstellung zur Sexualität. Während sich hinsichtlich der Sexualität inzwischen ein deutlicher Wandel vollzogen hat und weiter fortschreitet, scheint sich in der Einstellung der Erziehungspersonen zu Sterben und Tod noch keine Veränderung anzudeuten.

Ein besonders markantes Beispiel für den Umgang mit Sterben und Tod im modernen Leben betrifft das *Trauern.* Trauern wird hier als die Möglichkeit verstanden, dem Verlust, von dem wir betroffen sind, sichtbaren Ausdruck zu verleihen, und zwar in einer Weise, welche sozial akzeptabel ist. In der heute scheinbar selbstverständlichen Annahme, es handele sich hier nur um Äußerlichkeiten, sind fast alle jene Merkmale aus dem Bild der Öffentlichkeit verschwunden, welche zur Rolle des Trauernden gehörten. Wie das Sterben im Krankenhausbett ist auch die Trauer zu einer rein privaten Angelegenheit geworden [8]. Der Trauernde hat, wie Gorer [9] in seiner Untersuchung über die Verhältnisse in England aufzeigen konnte, ganz allein zu entscheiden, ob und in welcher Form er seine Trauer nach außen hin sichtbar werden läßt. Befreit von einem für alle verbindlichen Zwang zum Trauerritus gibt es keinen Status des Trauernden mehr, welcher von denen, die dem Trauernden nahestehen, wahrgenommen wird und ihr Verhalten zu ihm reguliert. Damit aber ist in der Regel jene natürliche Geborgen-

[8] A. E. Christ, Attidudes towards death among a group of acute geriatric psychiatric patients, J. Gerontol. 16 (1961), S. 56—59.

[9] G. Gorer, Death, grief and mourning in contemporary Britain, London 1965.

heit des Betroffenen verloren gegangen, die Gorer als *privacy and companionship* charakterisiert hat. Durch diese wurde jener äußere Rahmen geschaffen, in welcher die Trauerarbeit sich am ehesten ungestört vollziehen kann, analytisch gesprochen die Zurückziehung der Libido von dem Objekt, die Überwindung des Objektverlustes. Dabei hat die Psychoanalyse, wohl auch ungewollt, dazu beigetragen, die selbstverständliche Beziehung zwischen Trauer und Tod aufzulösen, indem sie Trauer zunehmend als Terminus technicus verwandte. In Bowlbys [10] grundlegender Arbeit über die Trennungsangst des Kindes von der Mutter, wird von der Möglichkeit des Todes der Mutter nirgends gesprochen, obwohl auch noch bei älteren Kindern, wenn man ihnen zuhört, immer wieder die Sorge auftaucht, die Eltern könnten jetzt sterben. Ein anderes Beispiel ist A. und M. Mitscherlichs Buch von der »Unfähigkeit zu trauern« [11], in dem die Beeziehung zum Tode und zu den Toten der jüngsten deutschen Vergangenheit in keiner Zeile auftaucht.

Ohne vorschnelle Verallgemeinerung kann man also feststellen, daß es uns heute zunehmend verwehrt ist zu trauern, diesem Gefühl sichtbaren Ausdruck zu verleihen. Im Trauern vollzieht sich aber auch — besonders in ritualisierter Form — nacherlebend ein Stück Todeserfahrung, also eine Möglichkeit, nach Heidegger ein Ersatzthema für eine Antizipation des Todes. Das Gebet am Grabe für den Nächsten, den es trifft, ist ein Beleg für diese andere Funktion des Trauerns, als ein Stück lebensbegleitender Vertrautheit mit dem Sterben. Dazu noch abschließend ein Zitat von Horkheimer und Adorno [12]:

»Was allen Gefühlen widerfährt, die Ächtung dessen, was keinen Marktwert hat, widerfährt am schroffsten ... der Trauer. An den Toten lassen die Menschen die Verzweiflung darüber aus, daß sie ihrer selbst nicht mehr gedenken.«

Seul mourir, die eigentliche Not des Sterbens. Schon lange vor dem wichtigen Buch von Frau Kübler-Ross [13] haben krankenhaus-soziologische Untersuchungen und eine zunehmende praktische Erfahrung von Psychiatern und Psychologen im Umgang mit unheilbar Kranken deut-

---

[10] J. Bowlby, Die Trennungsangst, Psyche 15 (1961/62) S. 411 ff.

[11] A. und M. Mitscherlich, Die Unfähigkeit zu trauern, München 1968.

[12] M. Horkheimer und Th. W. Adorno, Dialektik der Aufklärung, Frankfurt a. M. 1969.

[13] E. Kübler-Ross, On death and dying, London 1969, deutsch: Stuttgart 1971.

lich gemacht, daß in unseren medizinischen Institutionen das Verlassensein schon vor dem Sterben beginnt. Das beruht einmal darauf, daß unsere übliche ärztliche Einstellung, die ganze, die »ungeschminkte« Wahrheit den Angehörigen, zu einer vorzeitigen inneren Ablösung vom scheinbar ahnungslosen Kranken führt. Diese Diskrepanz in der Information des Betroffenen und seiner nächsten Umgebung, welche die Beziehung zur Familie belasten muß, könnte weniger groß sein, wenn der Arzt berücksichtigt, daß er über den Zeitpunkt des Todes, über die noch verbleibende Lebensfrist im Einzelfall ehrlicherweise nur sehr ungenaue Angaben machen kann. Der Ungewißheit des Patienten über die Heilbarkeit würde dann die Ungewißheit der Angehörigen über die Lebensdauer entsprechen, und das vermag mehr Verbundenheit zu erhalten, als dies gegenwärtig die Regel ist. Die Verlassenheit des Sterbenden beruht aber auch darauf, daß alle, die mit seiner Behandlung und Pflege zu tun haben, sich zumeist innerlich von ihm zurückziehen, wenn sie erfahren, daß er unheilbar krank ist. Dies Zurückziehen geschieht weitgehend unbemerkt, oft maskiert durch ein Mehr an pflegerisch-medizinischer Zuwendung [14]. Der technisch so imponierende Aufwand einer modernen Intensivmedizin erleichtert die mitmenschliche Distanz oder — genauer — macht mitmenschliche Nähe zwischen dem Patienten und denen, die ihn pflegen und behandeln, nahezu unmöglich. — Mit einer fast unglaublichen Verzögerung beginnt man jetzt auch in Deutschland, diesen Problemen Aufmerksamkeit zu widmen.

Hinsichtlich des Sterbens alter Menschen wird man davon auszugehen haben, daß mit Erreichen des Greisenalters der Tod unausweichlich eine persönliche Angelegenheit wird [15], nicht wie in früheren Lebensabschnitten, wo er zu jenen Fakten gehört, mit denen man, wie es heißt, »ohnehin« zu rechnen hat. Das Nachlassen der vitalen Kräfte, die Zunahme körperlicher Beschwerden und Behinderungen, die Abhängigkeit von der Hilfe anderer und der Tod von Altersgenossen erlauben es nicht mehr, den Gedanken an den Tod zu verdrängen. Nur Verleugnung, oft verbunden mit einer antiphobischen Überbetriebsamkeit, oder eine akzeptierende Haltung sind möglich. Dabei ist es offenbar so, daß alte Menschen ihre Gedanken über das Sterben nur

[14] B. G. Glaser and A. L. Strauß, Awareness of dying, Chicago 1965.

[15] E. Jaques, Death and the mid-life crisis, Intern. J. Psychoanal. 46 (1965), S. 502 ff.; M. A. Lieberman und A. S. Coplan, Distance from death as a variable in the study of aging, Developm. Psychol. 2 (1970) S. 71 ff.

selten dem Arzt, den Angehörigen oder überhaupt jüngeren Menschen verraten. Unter Gleichaltrigen dagegen ist das Thema nicht tabuiert, im Altersheim kann es sogar in einer sehr direkten, gelegentlich fast brutal erscheinenden Form ausgesprochen werden. Auch im Alter gibt es die Angst vor dem Allein-Sterben. Herr Gössling[16], der Leiter eines Frankfurter Alten- und Pflegeheimes schreibt dazu:

»Der Wunsch eines oder mehrerer Mitbewohner des gleichen Zimmers, einen Sterbenden durch Herauslegen in ein Einzel- oder Isolierzimmer zu entfernen, wird nur selten geäußert. Häufig dagegen habe ich das gegenteilige Verlangen gehört, nämlich die ausdrückliche Bitte, keine Verlegung vorzunehmen und den sterbenden Mitbewohner bis zu seinem Tod im Zimmer zu belassen ...« Eine Absonderung würde »als unnatürliches Verhalten empfunden, dem man selbst einmal auch nicht ausgesetzt sein möchte«.

Für viele, vielleicht für die meisten Menschen hat das Sterben auch im hohen Alter seinen Schrecken nicht verloren[17], auch wenn wir weniger darüber hören. Vor kurzem berichtete in der Sprechstunde ein fünfundachtzigjähriger Biologe von einfach unerträglichen Zuständen, welche er auf sein Herz bezog. Er habe dann das Gefühl, als ob das Blut aus seinen Fingern rinnen würde, bis die Arme und schließlich der ganze Körper eiskalt würden. Diese Stunden währenden Attacken seien so schlimm, daß er sogar schon an Selbstmord gedacht habe. Die Frage, ob er fürchte, es könne einmal in solch einem Zustand mit ihm zu Ende gehen, wurde rasch und sehr forciert verneint. Angesichts solcher Beobachtungen, die vielleicht weniger selten sind, als sie berichtet werden, müssen sich unsere Zweifel am natürlichen, angstfreien Alterstod noch verstärken. Der natürliche Tod, den das Individuum nach einem erfüllten Leben zu einem Zeitpunkt seiner Wahl zu sterben vermag — so etwa Marcuse — ist, als gesellschaftspolitisches Ziel propagiert, vielleicht wiederum nur eine euphemistische Verharmlosung und Ausdruck einer Verdrängungstendenz: der Tod wird in das Alter — weit fort, so scheint es — abgeschoben und im Alter bagatellisiert. Noch ein Wort zu dem Gedanken, der Mensch solle den Zeitpunkt des Todes selbst bestimmen dürfen. Das kann man wohl nur ernstlich erörtern, wenn man die durchgehende Sorge alter Menschen um »the burden to the family«, also anderen zur Last zu fallen, nicht kennt. Was würde hier vom alten Menschen und seinem

[16] S. Gössling, Der Tod — ein ständiger Gast, unveröffentlicht.
[17] A. E. Christ, a. a. O.

Arzt erwartet, wenn eine Gesellschaft daran denkt, Möglichkeiten vorzusehen, straffreies Töten auf Verlangen gesetzlich zu regeln?

Die Effektivität der modernen technischen Medizin hat das Problem einer sinnvollen Behandlung alter Menschen noch erschwert. Das folgende Beispiel zeigt, wie außerordentlich schwierig es sein kann, die Einstellung eines Kranken zum Sterben auch nur annähernd richtig zu beurteilen.

Vor einigen Monaten wurde in die Göttinger Klinik ein fünfundvierzigjähriger Mann eingeliefert, der beim Auftreten von Blasenstörungen bei einem Rektum-Karzinom einen Suicidversuch unternommen hatte. Es stellte sich die Frage, ob man ihn wegen Selbstgefährdung zu einer Aufnahme überreden solle, sie gesetzlich sogar erzwingen müsse, oder ob der Kranke angesichts seiner hoffnungslosen Lage nicht ein Recht habe, sich zu töten. Er ließ sich dann überraschend leicht zur Klinikaufnahme überreden. Als ich ihn drei Tage später wieder sah und ihm zu seiner Bequemlichkeit und leichteren Pflege ein Einzelzimmer anbot, erwiderte er sogleich: nein, er wolle gern mit jungen Leuten zusammenliegen und brauche im übrigen nur gut wirkende Schmerzmittel. Dann werde er zu Hause wieder mit seinem Leben zurechtkommen, vormittags mit seinem Hund spazierengehen, am Nachmittag sei dann seine Frau bei ihm. Alle Versuche, mit dem Patienten für die Zeit Vorsorge zu treffen, wo er nicht mehr würde gehen können, wies er ab. Wenige Tage der Betreuung und einige erfreuliche Besuche durch seine Kinder hatten also genügt, den bevorstehenden Tod wieder seinem Blick zu entziehen, das vorübergehend zusammengebrochene Abwehrsystem der Verdrängung oder Verleugnung wieder herzustellen.

Diese Beobachtung führt auch zu der Frage, ob nicht die »Derealisierung« der Todesgewißheit für einen Sterbenden eine notwendige Voraussetzung dafür darstellt, daß er sich schrittweise mit seinem Schicksal vertraut machen kann — schrittweise, d. h. unter dem unabweislichen Eindruck der Progredienz seines Leidens. Zum gegenwärtigen Zeitpunkt trifft dies für die meisten Menschen sicherlich zu. Es ist wohl so, daß ein Verhalten des Kranken, wie es die anderen oder die Institution Krankenhaus von ihm erwarten, nämlich Selbstbeherrschung und Kooperation, nur durch eine solche weitgehende Verleugnung der Realität erreicht und aufrecht erhalten werden kann. Ich meine damit, daß möglicherweise die Verdrängung nicht nur aus der Angst des Kranken vor Sterben und Tod entsteht. Vielleicht gäbe es Wege zu einer mehr adäquaten Einstellung zur eigenen Krankheit, wenn auch offene Verzweiflung und eine als Regression zu bezeichnende kindliche Anklammerung von seiten der Pflegenden und Behandelnden zugelassen würden — eine Änderung des Umgangs mit dem Kranken, die an das Personal hohe Anforderungen stellt.

Damit soll natürlich nicht bezweifelt werden, daß die Verdrängung auch in Zukunft der wichtigste Abwehrmechanismus für den unheilbar Kranken bleiben wird. Erwähnenswert sind in diesem Zusammenhang Untersuchungen bei Krebskranken, die an sehr großen Patientenzahlen ergaben, daß 45 % um mindestens 3 Monate, 17 % um über 1 Jahr die diagnostische Klärung der von ihnen selbst bemerkten Krankheitszeichen herauszögerten[18] — wohl in vielen Fällen, vor allem beim Brustkrebs, aus Angst vor der Gewißheit und den unbekannten medizinischen Konsequenzen.

Schließlich ist auf die individuelle Verdrängung der Sterblichkeit des Menschen zu verweisen, welche große Bedeutung für die *Neurosengenese* besitzt. Besonders bei jüngeren Neurotikern läßt sich dies in Phobien, Zwangsneurosen und Hypochondrien nachweisen[19]. Was hier die Verdrängung im Sinne der Psychoanalyse bewirken kann, soll skizzenhaft noch an einem Beispiel verdeutlicht werden.

Es handelt sich um eine, schon früher psychosomatisch anfällige achtundfünfzigjährige Patientin, bei der nach einem Herzinfarkt des Ehemannes und im Anschluß an eine eigene Operation heftige herzphobische Attacken aufgetreten waren. Dies geschah erstmals, als sich die Patientin (noch im Krankenhaus) von einer Schwägerin, bei der es, wie sie sagte, Krankheiten nicht gibt, zu einem größeren Spaziergang überreden ließ. Die Zustände waren durch ausgesprochene Vernichtungsangst, Absterben der Füße und eine übergroße Übelkeit ausgezeichnet. Sie sagt davon: »Ich habe dadurch eine komische Angst vor dem Sterben bekommen; die sitzt wie eine Faust im Nacken und nimmt mir die Lebensfreude. Ich möchte noch nicht«. Auf die sich an diese Bemerkung anschließende Frage nach unerfüllten Erwartungen, berichtet die Kranke, sie habe sich mit der seit dem Infarkt bestehenden Impotenz ihres Mannes nur sehr schwer abfinden können.

Zusammenfassung

Bei der Einstellung zu Sterben und Tod in der Gegenwart muß man von dem ausgehen, was als öffentliche Meinung sichtbar wird. Hierzu gehört etwa die Lehre vom natürlichen Tod, von der sogenannten Altersgarantie, oder negativ die Ausklammerung des Todes aus dem Leben der Gemeinschaft und die Privatisierung der Trauer.

---

[18] J. Aitken-Swan und R. Paterson, The cancer patient: delay in seeking advice, Brit. Med. J. 1955 I, S. 623 ff.

[19] J. E. Meyer, Tod und Neurose, Göttingen 1973.

Von diesen gesellschaftlichen Haltungen zu unterscheiden, ist der Umgang des Sterbenden mit dem Tode, eine Einstellung, bei der aktive Verdrängung oder Verleugnung des auf ihn zukommenden Endes jedenfalls heute noch die natürliche emotionale Antwort auf sein Schicksal darstellt. Dabei sind diese Abwehrformen als eine — meist nur temporäre — Hilfe anzusehen, sich schrittweise mit dem Unausweichlichen abzufinden.

Schließlich gibt es in der Neurosenlehre noch wenig beachtete individuelle Verdrängungen der Todesangst, welche thematisch, aber auch genetisch in der Entstehung von Neurosen von großer Bedeutung sind.

Es liegt auf der Hand, daß zwischen der zuletzt genannten echten Verdrängung in der Neurose, der aktiven Verdrängung oder Verleugnung des chronisch oder unheilbar Kranken und der öffentlichen Bagatellisierung und Depotenzierung des Todes vielfache Wechselbeziehungen bestehen.

BEDINGUNGEN EINER STERBENSHILFE IM KRANKENHAUS

von Josef Mayer-Scheu

Weit über die Hälfte aller Sterbenden in der Bundesrepublik verbringen ihre letzte Lebensphase im Krankenhaus. Ist ihnen diese Phase ihres Lebens — vor ihrem Tod — der Mühe wert, gelebt zu werden?

Die Antwort auf diese Frage hängt in den meisten Fällen davon ab, *ob* und *wie* in unseren Krankenhäusern eine den medizinischen Möglichkeiten äquivalente Sterbenshilfe möglich ist. Eine humane Sterbenshilfe aber muß sich zunächst dem Problem der Wahrheit am Krankenbett[1] stellen.

Die Wahrheit des Sterbens

Konkret ausgedrückt lautet die entscheidende Frage: Sind *Sie* bereit, mit einem Sterbenden die Wahrheit des Sterbens zu teilen?

Dagegen gibt es schließlich viele Einwände:

1. Von seiten der *Angehörigen:* Der Patient würde die Wahrheit nicht verkraften!

2. Von seiten des *Arztes:* Man darf ihm nie die Hoffnung nehmen, denn den Tod ankündigen, heißt: ihn geben!

3. Oder: Mit diesem Problem muß jeder letztlich allein fertig werden!

4. Von seiten der *Krankenschwester* oder des Krankenpflegers: Dafür ist der Arzt zuständig, denn er ist verantwortlich für die Therapie. Eine offene Mitteilung würde die Therapie unweigerlich negativ beeinflussen.

5. Der Arzt zum *Pfarrer:* Das ist ein Fall für Sie! Der Patient weiß natürlich nicht, wie es um ihn steht. Aber der arme Kerl braucht Ihren Trost!

---

[1] Vgl. dazu vor allem: P. Sporken, Menschlich sterben, Düsseldorf 1972; H. Gödan, Die sogenannte Wahrheit am Krankenbett, Darmstadt 1972; E. Ansohn, Die Wahrheit am Krankenbett, Salzburg 1969.

6. Aber auch der Pfarrer weicht aus, fühlt sich unzuständig und unsicher. Auch ihm fällt die Kommunikation leichter mit Hilfe der Bibel oder des Gebetbuches als in der Ohnmacht vor den möglichen Fragen und dem Schweigen des Patienten.

7. Schließlich weichen viele diesen Problemen mit folgender Begründung aus: Ich weiß einem Sterbenden nichts zu sagen, ich habe keine Erfahrung, um ihm antworten und raten zu können.

Diese Einwände bedürfen einer genaueren Prüfung!

1. Es ist zutreffend, daß viele Patienten die Mitteilung ihrer aussichtslosen Lage nicht verkraften, wenn sie mit einem solchen Satz allein gelassen werden, auch wenn der Mitteilende diese entscheidenden Sätze mit »leider« einleitet und sein ausdrückliches Bedauern äußert. Denn das Problem der Wahrheit am Krankenbett ist kein Problem eines diagnostisch und prognostisch richtigen Satzes!

Die »Wahrheit am Krankenbett« entscheidet sich vielmehr an unserer Fähigkeit, mit dem Patienten so in Kommunikation zu treten, daß er in der Lage ist, Informationen über seinen Zustand und seine Therapie selbst zu erbitten, anzuhören und zu verarbeiten. Zu Recht scheuen wir uns davor, eine Todesankündigung auszusprechen. Ohne Kommunikation und Solidarität zwischen dem Sterbenden und seinem Begleiter wird eine geäußerte Diagnose oder Prognose über den bevorstehenden Tod meistens als Wahrheit überhaupt nicht begriffen. Von dem Begleiter eines Sterbenden wird nichts geringeres erwartet als die Fähigkeit, mit den eigenen Ängsten umgehen zu lernen, um das wahrzunehmen und auszuhalten, was den Patienten zutiefst bewegt[2]: die Verleugnung der Wirklichkeit, die Wut über die eigene Ohnmacht, der Neid gegenüber den Lebensmöglichkeiten der anderen, seine Resignation einerseits, seine Hoffnung andererseits (auf Überleben), die Sorgen wegen der nicht bewältigten Lebensaufgaben (Kinder, Ehepartner u. a.), die Fragen nach dem Sinn der Vergangenheit und der Zukunft!

Solche Konfrontationen nötigen uns zunächst das Eingeständnis der eigenen Ohnmacht ab. Aber gerade dadurch wird der Begleiter des Sterbenden zu einem Gegenüber, der wirklich versteht und mitgeht. Denn die Wahrheit des Sterbens besteht ja, wie gesagt, nicht in der

[2] Vgl. dazu E. Kübler-Ross, Interviews mit Sterbenden, Stuttgart 1971.

Richtigkeit der Prognose über den Zeitpunkt des Todes. Vielmehr liegt sie im gemeinsamen Aushalten jener beschriebenen Zustände des Sterbens, sofern sie in Offenheit und Solidarität geteilt werden. Das Problem der Wahrheit gegenüber Sterbenden ist also genauso ein Problem der Wahrheit für den Sterbebegleiter selbst (im Umgang mit seiner eigenen Todesangst und seiner Unfähigkeit zu sterben) wie für den Todkranken.

2. Es stimmt auch, daß man niemandem die Hoffnung nehmen darf. Aber eine beachtliche Zahl fundierter Untersuchungen hat gezeigt, daß Sterbende nie ohne Hoffnung sind! Vielmehr zeigen gerade sie eine Hoffnung wider alle Hoffnung, wenn alle Hoffnungen des Alltags zuschanden werden[3]. Das Wort vom »hoffnungslosen Fall« spiegelt weitmehr die Lage des behandelnden Arztes als die des Patienten wieder. Die bloße Mitteilung des Zustandes und die Prognose der Ausweglosigkeit kann in der Tat gleichbedeutend sein mit einer Todesankündigung, die den Tod gibt. Aber als Alternative dazu bleibt ja nicht nur die unverblümte Täuschung des Patienten oder jene verschwiegene Verlogenheit, die dem Patienten verbietet, seine Gefühle auszuleben und seine Fragen zu äußern. Denn damit wird er alleine gelassen in dem erdrückenden Widerspruch zwischen der geheuchelten Hoffnung des Therapeuten und seiner wachsenden Angst angesichts des ausbleibenden Erfolges. Das grundsätzliche und gezielte Verschweigen und Umgehen der Wahrheit ist niemals eine Hilfe für die Hoffnung des Patienten.

Wie befreiend sich die »mitgeteilte« (!) Wahrheit am Krankenbett auswirkt, zeigen Berichte über diesen Vorgang[4].

Diese Erfahrung ist nur deshalb so selten anzutreffen, weil dieser Vorgang von uns allen — von Ärzten, Schwestern, Pflegern, Pfarrern

---

[3] So H. C. Piper, Die Unfähigkeit zu sterben, in: Wege zum Menschen, 1972, S. 15 ff., unter Hinweis auf H. Plügge, Über die Hoffnung, in: A. Sborowitz — E. Michel, Der leidende Mensch, Düsseldorf—Köln 1960, S. 436; E. Kübler-Ross, a. a. O., S. 122 ff.

[4] Bezeichnend ist der Bericht von H. C. Piper, a. a. O., S. 15 ff., von jener Frau, die es als befreiend erlebte, daß sie über ihren Zustand nicht im unklaren gelassen wurde: »Ich brauche mir nicht auf mein stummes Fragen hin die gewiß gutgemeinten, aber heuchelnden Tröstungen der Schwester anzuhören ... Es blieb mir erspart, daß man zu mir im Zimmer anders sprach als draußen vor der Tür ... Das Wort ›Krebs‹ wurde ausgesprochen, auch vor mir. So wurde mir die Erniedrigung erspart, von taktlosen Tröstern aufgemuntert zu werden ... So blieb mir die Menschenwürde, die unlöslich zum

und Angehörigen — so selten in der Begleitung eines Sterbenden gewagt wird, aber nicht, weil die Wahrheit am Krankenbett dem Sterbenden die Hoffnung nähme [5].

Sporken hat die Wahrheitsmitteilung an den Sterbenden in einem für sich sprechenden Bild dargestellt: Die Wahrheit am Krankenbett gleicht einem Block, den ich dem Sterbenden so in den Weg stelle, daß er ihn klar wahrnehmen kann, aber nicht wahrnehmen muß [6]. Es wird meist auf seine Begleitung ankommen, ob er sich dieser harten Realität seines Lebens stellen lernt oder ob er meint, mit geschlossenen Augen daran vorbeizukommen.

3. Es ist unbestreitbar, daß jeder letztlich alleine mit diesem Problem fertig werden muß. Aber um dahin zu gelangen, bedarf jeder Mensch — zumindest in bestimmten Phasen [7] — anderer Menschen, die ihn begleiten und aushalten wenn er sich und seine Gefühle so weit wie möglich ausleben möchte, um zu jener Reife zu kommen. Denn *mensch-*

Menschen gehört, erhalten. Ich konnte als Mensch weiterleben. Das wichtigste dabei war wohl, daß mir und meinen Angehörigen das traurige Versteckspiel erspart blieb ... So ist keine Schranke zwischen uns entstanden. Wir sind zusammengeblieben, was gerade jetzt so nötig war, und sind uns nähergekommen.« (Siehe den Originalbericht von T. und J. Tibbe, Leben an der Grenze des Todes, Neukirchen 1971.)

[5] Vgl. dazu die bei Piper, a. a. O., entnommenen Beispiele der Literatur: Simone de Beauvoir hat es eindrucksvoll formuliert, was sie empfand, als sie (unter dem Druck des allgemeinen Schweigegebotes) der sterbenden Mutter Rede und Antwort verweigerte: »Wenn die Gewißheit die Mutter erdrückte und es ihr gutgetan hätte, sich durch Worte Luft zu machen, verurteilten wir sie zum Schweigen, zwangen sie, ihre Ängste zu unterdrücken und ihre Zweifel zu verdrängen: wie so oft in ihrem Leben fühlte sie sich zugleich schuldig und unverstanden.«

Leo N. Tolstois Erzählung »Der Tod des Iwan Iljitsch« ist an dieser Stelle eine unüberhörbare Mahnung an alle, in deren Nähe ein Mensch mit seinem Sterben beschäftigt ist: »Das, was Iwan Iljitsch am meisten quälte, war die Lüge — jene aus irgendeinem Grunde von allen verbreitete Lüge, daß er nur krank sei und keineswegs auf den Tod darniederliege und daß er sich nur ruhig verhalten und sich kurieren lassen müsse, damit etwas Schönes dabei herauskomme ... Und ihn quälte diese Lüge, es quälte ihn, daß jene nicht eingestehen wollten, was alle wußten und was auch er selber wußte, sondern daß es ihr Wille war, ihn angesichts seiner entsetzlichen Lage zu belügen, und daß sie nicht nur wünschten, er solle selber an dieser Lüge teilnehmen, sondern, daß sie ihn sogar dazu zwangen.«

[6] Vgl. P. Sporken, a. a. O., 56 f.

[7] Vgl. dazu vor allem E. Kübler-Ross, a. a. O., S. 41 ff., 50 ff., 77 ff., 80 ff., 99 ff.

lich sterben heißt: in der letzten Phase des Lebens die Möglichkeiten der je eigenen Lebensentfaltung voll ausschöpfen[8]. Gerade in einer Gesellschaft, in der der Tod und die Vorbereitung darauf in einem so verstandenen Sterben zu einem Tabu geworden ist, stehen die meisten Menschen hilflos in dieser letzten, großen Auseinandersetzung ihres Lebens, die sie um so verzweifelter, der Wirklichkeit entfremdeter antrifft, je weniger das Sterben in allen seinen Formen (Abschied nehmen, Trennung, Trauer, Schmerz) ihrem bisherigen Leben vertraut war. Die immer anonymer werdende, technisierte Welt unserer Krankenhäuser trägt noch ein gerütteltes Maß dazu bei, daß das Sterben von vielen als völlig unbegreifliches, böses Schicksal erlebt wird, das gerade ihnen aufoktroyiert ist. Um so mehr braucht heute der Mensch den Mitmenschen, damit die intensiven Erlebnisse und Auseinandersetzungen in dieser Lebensphase einen Adressaten haben und nicht in den Wahn abgleiten, vielleicht sei alles nur Einbildung und Täuschung, was ihn bedrückt und bedrängt. Im Angehörtwerden, in der Erfahrung des Mitfühlens, der Zustimmung, aber auch des Widerstandes, der Auseinandersetzung und — nicht zu früh und vorschnell — der Deutung, reifen viele Sterbende erst zu der Fähigkeit, letztlich ihr Sterben alleine zu akzeptieren.

Dem Recht auf Leben müßte so gesehen das Recht zu sterben entsprechen, dem Recht auf Lebenshilfe ein Recht auf Sterbenshilfe, bis hin zu seiner intensivsten Form: dem Sterbebeistand, das heißt der ganz persönlichen Begleitung eines Sterbenden in all seinen Nöten. Ziel einer solchen Sterbenshilfe müßte es sein, einem Sterbenden zu helfen, daß er auch die letzte Phase seines Lebens — so weit das seinen Lebensumständen (entspricht) — möglichst sinnvoll akzeptieren und gestalten kann.

4. Wer ist für die Sterbenshilfe zuständig? Dieses Problem stellt sich insbesondere im Krankenhaus. In den meisten Fällen wird diese Aufgabe zwischen den Beteiligten ohne Auseinandersetzung schweigend aufeinander abgeschoben: zwischen Angehörigen, Ärzten, Schwestern, Pflegern und Pfarrern. Jeder hat vor allem gute Gründe, warum gerade er nicht in Frage kommt. In Wahrheit hat jede dieser Gruppen ihre Vorzüge und ihre Nachteile für diese Aufgabe[9].

a) Die *Angehörigen* haben meistens die größte innere Nähe zum Patienten und häufig sein stärkstes Vertrauen. Nur selten bringen sie

[8] So vor allem P. Sporken, Menschlich sterben, Düsseldorf 1972, S. 26 ff., 66 ff., 80 ff.; ähnlich bei E. Kübler-Ross, a. a. O.

[9] Vgl. zu folgenden vor allem P. Sporken, a. a. O., S. 57—62.

aber den Überblick und das Verständnis für den Verlauf der Krankheit auf. Fast immer fehlt ihnen die innere Distanz von dem eigenen Erleben des Geschehens, so daß sie fürchten, von der eigenen Angst (insbesondere des Verlustes) fortgerissen zu werden. Nur selten kann ein Sterbender seine Nöte mit ihnen teilen, weil er sich fürchtet, sie auch noch mit seinen Gefühlen zu belasten und sie womöglich dadurch zu verlieren. Viele Sterbende haben außerdem gerade gegenüber ihren Angehörigen starke Schuldgefühle, weil sie nicht für sie sorgen können und ganz auf sie angewiesen sind.

Auf jeden Fall müssen die Angehörigen in die Sterbenshilfe und den Sterbebeistand integriert werden, weil sie sonst die oft mühsam aufgebaute Beziehung zwischen dem Patienten und seinen Vertrauenspersonen in der Sterbenshilfe stören.

b) Der *Arzt* hat einerseits den Vorteil der medizinischen Information über den Zustand des Patienten. Auch ist er der Hauptverantwortliche für alle Maßnahmen der Therapie, die den Sterbeprozeß entscheidend beeinflussen können. Andererseits fühlt er sich häufig für diese persönliche Form der Sterbebegleitung in der heutigen Spezialisierung des Arztberufes wenig kompetent und ausgebildet. Er hat selten genügend Zeit, sich einem Patienten so intensiv zu widmen, und muß zwischen den besonderen Bedürfnissen einzelner Patienten und denen der ganzen Station abwägen. Vor allem konfrontiert ihn das Sterben des Patienten mit der Grenze seiner Kunst und mit seinem eigenen Sterben[10].

c) *Schwestern und Pfleger* haben meist den Vorteil der größeren Nähe zum Patienten in seiner Krankheit. Sie sind sozusagen dauernd für ihn zuständig in seinen großen wie in seinen kleinen Sorgen. Die unmittelbare Körperpflege, die Abhilfe gegen Schmerzen, die Möglichkeiten der Erfüllung vieler kleiner Wünsche, das alles eröffnet ihnen leichter das Vertrauen als dem Pfarrer und dem Arzt. Aber sie empfinden mitunter die Verantwortung des Arztes als Hemmschuh der eigenen Initiative für den Sterbebeistand. Sie fühlen sich nicht genügend dafür ausgebildet und sind vor allem zeitlich von ihren vielfältigen Aufgaben so in Anspruch genommen, daß vielen eine Entscheidung für einen ausgesprochenen Sterbebeistand schwerfällt. Auch bei ihnen fällt die nicht bewältigte Angst vor dem Tod entscheidend ins Gewicht. Das Sterben des Patienten konfrontiert auch sie häufig mit der Vergeblichkeit ihrer Pflege.

---

[10] Vgl. dazu P. Sporken, a. a. O., und H. C. Piper, a. a. O., 15 ff.

d) Der *Pfarrer* ist von Berufs wegen am stärksten auf das Gespräch mit dem Kranken angelegt. Auch gehört es zu seinen vorrangigen Aufgaben, sich der Auseinandersetzung mit den Lebenskrisen und ihrer Deutung zu stellen. Aber diese Vorteile werden häufig durch seine Ahnungslosigkeit über die medizinischen Vorgänge und die Welt des Krankenhauses wettgemacht. Schließlich ist nicht zu übersehen, daß er keineswegs kraft Amtes schon Vertrauensperson des Patienten ist. Im Gegenteil: Mitunter muß er erst Vorurteile gegenüber der Kirche und seinem Amt abbauen, ehe er als vertrauter Gesprächspartner in Frage kommt.

Wenn seine Gespräche nicht oberflächlich oder rituell abgesichert bleiben, wird auch er durch das Sterben des Patienten mit seiner eigenen Todesangst konfrontiert, die Zweifel am eigenen Glauben auslösen kann.

Wer ist der ideale Sterbebeistand?

Die Schwestern, die Pfleger, die Ärzte, die Pfarrer, die Angehörigen? Alle diese Gruppen haben — wie wir sahen — Vor- und Nachteile für diese Aufgabe. Keine kann sich davon grundsätzlich dispensieren. Jede ist auf die Kooperation mit der anderen angewiesen: auf die Information des Arztes, auf die Beobachtungen der Schwestern und Pfleger, auf die Hinweise der Angehörigen und die Erfahrungen des Pfarrers.

Nach welchen Kriterien sollte also entschieden werden, wem diese so wichtige Aufgabe mit dem Sterbenden zufällt? Das zu entscheiden sollte primär Sache des Patienten sein, soweit er sich direkt oder indirekt äußern kann.

Er spürt am besten, wer von den Beteiligten eine korrespondierende Einstellung zu ihm gefunden hat, wer seine Gefühle, seine Ängste und Hoffnungen am besten zu teilen in der Lage ist, wem er sich mitteilen und wichtige Fragen stellen wird. Diese Entscheidung sollte in der Regel von den übrigen Beteiligten respektiert und der Betreffende kooperativ unterstützt werden, ob es nun eine Schwester, ein Pfarrer, ein Arzt, ein Pfleger oder ein Angehöriger ist, der damit im weiteren Sinn zum Team der Station gehören sollte. Es ist zu wünschen, daß die Verantwortlichen im Ärzte- und Pflegeteam die Sorge haben, daß sich wenigstens eine in Frage kommende Person um einen Sterbenden als Sterbebeistand bemüht.

Da uns also allen diese Aufgabe durch den direkt oder indirekt geäußerten Wunsch eines Patienten zufallen kann, stehen wir alle vor dem Problem, ob wir bereit sind, uns der eigenen Todesproblematik zu stellen, um mit einem Sterbenden überhaupt in jene tiefere Kommunikation zu treten, die nötig ist.

Preisgabe von Sicherheiten

Dabei gibt jeder seine Sicherheiten und ein Stück seiner Rolle preis: Arzt und Schwester ihre scheinbare Macht über den Tod, der Pfarrer seine scheinbare Unangefochtenheit im Glauben. Es ist entscheidend, ob wir bereit sind, uns unserer eigenen Angst überhaupt bewußt zu werden, sie nicht zu leugnen und damit umgehen zu lernen.

Denn es gibt sogar eine *nicht verbale Kommunikation der Angst,* in der man, ohne daß man sich dessen bewußt wird, Signale der Angst, der Hilflosigkeit und Hoffnungslosigkeit abgibt und auffängt[11], so z. B., wenn plötzlich im Krankenzimmer nur noch flüsternd gesprochen wird, wenn wir regelmäßig nur noch auf Zehenspitzen das Krankenzimmer betreten, wenn am Krankenbett nur noch *über* den Patienten gesprochen wird, ohne ihn einzubeziehen ...

Die sich in solchem Verhalten äußernde Abwehrhaltung bleibt gerade dem Sterbenden nicht verborgen, wie sehr man sich auch darum bemüht, oder gerade weil man sich so darum bemüht! Er spürt es auf einer anderen Kommunikationsebene, nimmt die wachsende Hoffnungslosigkeit um sich herum wahr, merkt, wie man sich allmählich von ihm zurückzieht, wodurch die eigene Angst und Not um so mehr zunimmt[12]. Nicht selten empfindet der Kranke solches Verhalten als Signale, aufgegeben, ja sozial schon tot zu sein.

Wie wenig wir uns selbst unserer eigenen Ängste und unserer Abwehr bewußt sind, belegt ein in der einschlägigen Literatur häufig angeführtes Beispiel[13]:

Leshan berichtet aus einem Krankenhaus in New York, in dem ein Psychologe sich mit einer Stoppuhr auf den Flur einer Station setzte. »Er hatte sich über den Zustand der Patienten in den einzelnen Zimmern und deren wahrscheinliche Lebenserwartung informiert und maß nun die Zeit, die zwischen dem Rufsignal der einzelnen Patienten und dem Eintreffen der für sie ver-

---

[11] Vgl. M. Bowers, Wie können wir Sterbenden beistehen, Mainz 1971, S. 61.

[12] H. C. Piper, a. a. O., S. 17.

[13] Hier zitiert nach H. C. Piper, a. a. O., S. 15.

antwortlichen Schwestern verstrich. Er fand heraus, daß die Schwestern regelmäßig zu den Patienten eilten, die auf dem Weg der Besserung waren, während sie ebenso konsequent mit schleppenden Füßen dem Ruf derer folgten, die an der Schwelle des Todes standen. Die eigentliche Überraschung ergab sich, als der Psychologe den Schwestern das Ergebnis seiner Untersuchung mitteilte. Sie waren davon ganz und gar überrascht und wehrten sich gegen eine derartige ›Unterstellung‹ — ihr Verhalten war offensichtlich ein unbewußter Ausdruck ihrer Abwehr des Todes. Die Vermutung liegt nahe, daß diese Schwestern derartige unbewußte Abwehrhaltungen mit allen teilen, die mit Sterbenden zu tun haben: mit Ärzten, Pfarrern und Angehörigen. Man wird weiter darauf gefaßt sein müssen, daß auch bei ihnen diese Abwehrhaltung sich in ihrer Beziehung zu den Sterbenden niederschlägt.«

Möglichkeiten der Selbsterfahrung

Es geht also letztlich um *meine Einstellung zu meinem eigenen Tod.* Man könnte sie etwas vereinfacht so umschreiben: In 100 Jahren sind wir alle Staub — ja, wir alle — nur ich nicht! Denn wir alle kennen zwar den Tod, aber wir kennen ihn meist nur als einen »gewußten« und nicht: als einen »bewußten« [14], als zu meinem Leben gehörig, als einen, auf den ich mich einlassen kann.

Und doch kann ich mitten im Leben diese Erfahrung machen: Wenn ich unaufmerksam eine Hauptverkehrsstraße überquere und ein Lastzug rast knapp vor mir vorbei, dann kann ich *augenblicklich* den Tod als einen bewußten erfahren. Wenn ich in der Lage bin, mir dieses Erlebnis bewußt werden zu lassen, dann bin ich tief betroffen von meiner Ohnmacht, vielleicht in einem Augenblick ausgelöscht zu sein, von der Wut, mich nicht wehren zu können, von dem Schrecken, daß beinahe alles »aus« gewesen wäre, von dem aufkommenden Schmerz, daß ich mich nicht einmal hätte verabschieden können ...

Nach solchen Augenblicken sieht das Leben völlig anders aus. Ich bekomme vielleicht Schuldgefühle, weil ich plötzlich spüre, wen ich vergessen habe, für wen ich dasein wollte ... Wahrscheinlich bin ich nach einem solchen Erlebnis dankbar und froh, noch zu leben, und viele Sorgen sind für kurze Zeit vergessen. Ich habe dann eine Ahnung davon, was Sterbende in ihrer letzten Lebensphase durchmachen — natürlich je in ihrer Art: zumeist viel umfassender und länger im Erleben und in der Heftigkeit der Reaktion: in Angst und Vertrauen, in Verzweiflung und Hoffnung, in Wut und Ergebung, in Resignation und

[14] Vgl. Hofmeier, Vom gewußten zum gelebten Tod, in: StdZ 1970 (11), S. 338 ff., 345 ff.

Tapferkeit. Es ist nur eine Ahnung, aber wer bereit ist, sich solchen Erfahrungen zu stellen, hat die Chance, sein Leben vollständiger zu sehen. Vor allem vermag er an sich selbst wahrzunehmen, daß das Sterben — also das Leben in der letzten Lebensphase — durchaus seine erlebnismäßigen Parallelen im ganzen Leben hat. Wenn wir es begreifen als das Zu-Ende-Gehen aller Möglichkeiten, so verstehen wir, daß auch in einem Abschied, in einer Trennung, im Verlust elementarer Lebensmöglichkeiten das letzte Sterben eines Menschen vorgebildet sein kann. Je umfassender wir uns selbst solchen Lebenssituationen stellen und sowohl den Schmerz des Verlustes oder Abschieds in allen seinen Formen aushalten, also Trauerarbeit leisten, desto eher sind wir in der Lage, uns dem eigenen Sterben zu stellen.

Dann ist es uns eher möglich, jene dreifache Ohnmacht zu ertragen, die uns in der Begleitung eines Sterbenden immer wieder überfällt: die Ohnmacht gegenüber der Wahrheitsmitteilung (über seinen bedrohlichen Zustand), die Ohnmacht, Sterben und Tod gerade bei diesem konkreten Patienten einen positiven Sinn zu geben, und die Ohnmacht vor seinem Wunsch nach aktiver Euthanasie[15].

Gerade jene Gefühle der Ohnmacht sind es ja, die uns immer wieder die Geduld nehmen, das Erlebnis der Auswegslosigkeit mit dem Patienten zu teilen. Die Geduld ist jedoch die entscheidende Eigenschaft, durch die wir einem Sterbenden helfen können, daß seine letzte Lebensphase der Mühe wert ist, gelebt zu werden[16].

Wer einem Sterbenden zu einem wahrhaften Begleiter wird, wird selber zu einem Zeichen, durch das dem Sterbenden eine vielleicht entscheidende *Transzendenzerfahrung* möglich wird. Hier liegt die theologische Dimension eines Sterbebeistandes, ja prinzipiell einer jeden Kommunikation von Menschen in der Krise! Die eigentlich neue und wegweisende Gotteserfahrung Israels geht im Zeugnis der Bibel auf Abraham (Gen. Kap. 12, 1 ff.) zurück, der Gott in einer für die Religionsgeschichte fundamental neuen Weise erfährt: nicht Gott als allmächtigen Verursacher, sondern als wegweisenden Begleiter, als einen, in der Härte der Realität zu neuen Wegen veranlassenden »Mitgeher«, der Abraham gegen aller Vernunft mit 75 Jahren noch einmal von vorne anfangen läßt.

Dieser mitgehende Gott offenbart sich seinem Volk immer wieder als der, der Durststrecken seines Volkes mitgeht, bei dem der Schrei

[15] So P. Sporken, a. a. O., S. 75 ff.
[16] Vgl. P. Sporken, a. a. O., S. 63 ff., 66 ff., 69.

in der Wüste nicht im Sande verhallt, ein Gott, der sich das Murren seines Volkes, das Hadern mit den Grenzen der Ausweglosigkeit anhört! Das ist die notwendige — aber oft vergessene — Vorstufe dafür, daß sich seine Verheißung erfüllt: daß sein Volk die Wüste besteht, daß es gegen übermächtige Feinde wunderbar überlebt, daß es gespeist wird und Quellen findet.

Dieser Gott wird besonders an den Grenzen erfahren als einer, der zur Grenzüberschreitung, zur Transzendierung, veranlaßt oder der die Akzeptation an der letzten und endgültigen Grenze des Lebens ermöglicht. Gerade an dieser Grenze erweist sich der Gott Israels auch als der Gott Jesu Christi: in der Verwandlung seines Todes zu unbegrenztem Leben.

Zugleich aber müssen wir feststellen:

Die *Auferstehungserfahrungen der Jünger* sind immer auch *Grenzerfahrungen mit ihrem eigenen Sterben.* Gerade dort, wo sie mit der eigenen Trauerarbeit über den Verlust ihres Meisters beginnen, werden ihnen die Augen für die umfassendere Wirklichkeit des Lebens geöffnet, *da erfahren sie, daß er lebt.*

Wegweisend hierfür ist die bei Lukas (24, 13—35) überlieferte Emmausgeschichte: Die Trauernden hielten die Wirklichkeit Jerusalems, das in jenen Tagen von dem Gekreuzigten geprägt ist, nicht aus. Sie können in der Bitterkeit und im Schmerz ihrer Enttäuschung in dem Begleiter auf dem Weg nach Emmaus nur einen *Fremden* erkennen, der sich noch die Vorwürfe seiner Verständnislosigkeit anhören muß. Im ersten Teil berichten nur die Jünger. *Er hört zu, geht mit und versteht! Dann erst* kann er sie in die ganze Wirklichkeit einführen: daß der Messias leiden und sterben mußte. *Dann erst* gehen ihnen die Augen auf und sie kommen zum *Begreifen, daß er lebt!* Nach dieser Erfahrung kehren sie *alleine zurück* an den *Ort seines Todes,* zu ihren Brüdern: Die anderen, die am Ort des Todes getrauert und ausgehalten hatten, erfuhren schon vorher, daß er lebt!

In dieser Geschichte wird uns vor Augen geführt, wie aus trauernden, das Sterben erfahrenden Begleiteten, Menschen werden, die zur Fähigkeit kommen, selbst Begleiter, Mitgehende zu werden. Der Christ, der das Glaubensbewußtsein des Neuen Testamentes erfährt, steht in seinem Leben heute auf dieser, morgen auf jener Seite: heute erfährt er Gott als den mitgehenden Begleiter, z. B. in der Gestalt mitgehender Menschen, die ihn zur Grenzüberschreitung seiner vermeintlichen Kräfte ermutigen oder zur Selbstannahme in der Grenze helfen. Morgen ist er z. B. bei einem Kranken oder einem Sterbenden in die Rolle des fremden Begleiters gerufen, der den Schmerz und die Trauer aushalten muß und durch seine Begleitung dem Patienten zur Selbstannahme und darüber zu einer neuen, vielleicht entscheidenden Sinnerfahrung verhelfen kann.

STERBEN UND TOD, EINE BEDINGUNG DES LEBENS

von Erich O. Haisch

Sieht man von der Erörterung rein biologischer Fakten ab, so weiß ich nicht, ob es überhaupt möglich ist, über Sterben und Tod »wissenschaftlich« zu sprechen. Nach Heidegger ist unser Leben »ein Sein zum Tode«. Der Tod ist ein einmaliges, auf einen jeden von uns mit Sicherheit zukommendes, letztes Erleben, für das es trotz seiner Allgegenwart keinen Zeugen gibt; denn kein Toter vermag etwas anderes, als eben tot zu sein. Um so mehr sind Sterben und Tod mit besonderen Vorstellungen, Ahnungen, religiösen oder auch religionsverneinendem Glaubensgut befrachtet, sie nehmen in unserer Seele eine Sonderstellung ein. Ein Blick in die Vergangenheit zeigt, was ich meine: Wir wissen von der irrationalen Einstellung der Naturvölker, die »den natürlichen Tod« nicht kennen, er ist für sie stets die Folge eines Zaubers, eine Strafe, eine Folge magischer Einwirkungen, oder ein Mord. Die Seele eines Toten lebt stets weiter, wofür neben anderem das Erscheinen von Verstorbenen im Traum als Beweis gilt. Und bei uns? Im Glauben an die Unsterblichkeit einer persönlichen Seele, ein christliches Versprechen, hat man den Tod noch im 18. Jahrhundert nicht verschwiegen und verdrängt. Man hat mit ihm gelebt, die Darstellung des Todes war auch im künstlerischen Leben gang und gäbe; mit einem Totenschädel hat man niemanden erschrecken können, wie alte Gravuren uns zeigen. Die Hoffnung auf ein ewiges Leben im Jenseits war eine sehr realistische Vorstellung, im buchstäblichen Wortsinn ausgemalt, wie etwa in den Fresken zu Dantes Inferno im Dom von Orvieto.

Auf dem Heimweg von einem sonntäglichen Kirchgang richtete meine junge Tochter an mich die Frage: »Warum, meinst Du, daß alle diese Leute in die Kirche gehen?« Als eines der Motive dieser Kirchgänger stellten wir in der folgenden Diskussion fest: die Furcht vor der letzten Stunde, oder der Wunsch, einmal in guter Hoffnung sterben zu können.

In der Gegenwart erscheint vielen das Wunder der Auferstehung als fragwürdig, zumindest als eine allein religiöse Angelegenheit. Naturwissenschaft und Biologie ermöglichen uns Menschen von heute eine sogenannte vernünftige, realistische Betrachtungsweise. Dabei wird leicht übersehen, daß de facto das Wunder der Menschwerdung aus Erde bereits realisiert ist; das Problem beschränkt sich also allein auf den Rückweg dieses wunderbaren Ereignisses.

Aber gerade in dieser radikal säkularisierten Welt, in der nur noch die Frage zu interessieren scheint, wovon der Mensch zu befreien ist, müssen wir uns daran erinnern, daß die absolute Grenze aller menschlichen Freiheit der Tod ist. »Freiheit ohne Autorität?« hieß das Thema eines anderen Kongresses dieser Gesellschaft; es lief darauf hinaus, anzuerkennen, daß es eine Freiheit nur insoweit gibt, als wir bereit und in der Lage sind, die uns gesetzten Grenzen unserer Möglichkeiten, also die Autorität auch von anderem als dem eigenen Ich, anzuerkennen und sich zu fügen: Der Tod ist der absolute Herr über unser Leben.

Ich ziehe den Schluß, daß es unvermeidbar, oder zumindest, daß es zulässig sein muß, über dieses Thema, in bekenntnishafter Weise zu sprechen, seine eigene Erfahrung und Einstellung auszudrücken. Wir alle sind Wanderer auf Wegen, die zu demselben Ziele führen. Daher möchte ich ein Erlebnis schildern, das mir vor etwas mehr als zwanzig Jahren, 1941 während des ersten, heißen Sommers im Rußlandfeldzug widerfahren ist. Vorausgegangen waren jene ersten Begegnungen mit dem blutigen Sterben auf dem Schlachtfeld, was man gemeinhin »die Feuertaufe« nennt, vorangegangen waren Augenblicke jener persönlichen, äußersten Bereitschaft, wo man in Granatüberfällen mit den Händen in den warmen Boden einer Wiese gekrallt und angepreßt darauf wartet, getroffen zu werden. Und dann kam jener Traum, von dem ich hier berichten will. C. G. Jung hätte ihn einen »großen Traum« genannt, eine jener schicksalhaften Offenbarungen, wie sie wohl vielen Menschen einmal zuteil wird, und die unvergänglich im Gedächtnis haften bleibt. In jenem Traum ist der Tod mir in Person gegenübergetreten.

Wir lagen in der Ukraine vor dem russischen Festungswall südlich von Kiew in einem Urwald, der von den vielen Armen des Dnjepr-Stroms durchzogen wird. Auf diesem Strom dampften russische Kanonenboote auf und ab, denen unsere Stellung vor den russischen Bunkern genau bekannt war, während sie selber nicht zu fassen waren, so daß sie uns von stets wechselnden Standorten aus mit genau gezielten Granatüberfällen eindecken konnten, mit Aufschlagzündern, die bereits in den Baumkronen krepierten, uns daher mit weitgestreuter Splitterwirkung faßten und zahlreiche Opfer forderten. Wir halfen uns, indem wir metertiefe Deckungslöcher gruben, die Form und Ausmaß von Gräbern hatten, denn wir schliefen ja auch darin, jeder für sich allein in seinem möglichen Grab. In einer dieser Nächte träumte ich:

Ich lag in meinem Loche auf dem Rücken und blickte nach oben in die Bäume. Am Fußende, am Rand des Grabes, stand eine Gestalt, in eine Art dunkelgrauer Toga gehüllt. Eine genaue Beschreibung vermag ich nicht zu geben; um Einzelheiten etwa des Gesichts zu erkennen, war es zu dunkel. Ich weiß jedoch, daß es nicht jener apokalyptische Totenkopf gewesen ist, und daß ich mich überhaupt nicht und in keiner Weise gefürchtet habe. Was von jener Gestalt ausging, während sie mich eine lange Zeit hindurch schweigend und reglos ansah, war eine unbeschreibliche Ruhe und Würde. Dabei war ich mir vollkommen darüber im klaren: Dieses ist der Tod, der vielleicht hier ist, um mich zu holen. Ich erwiderte seinen Blick. Endlich wandte er sich ab und ging weg. Sofort wachte ich auf, erfüllt von einem unbeschreiblichen, von Glück erfüllten Frieden und von der Gewißheit, daß mir hier in diesem Wald, und vielleicht auch im weiteren Krieg, nichts tödliches geschehen würde.

Was mir von diesem Traum geblieben ist, das ist — wenn ich es so sagen darf — ein besonderes, gleichsam persönlich vertrautes Verhältnis zum Tod, das mich seit jenen Jahren vor Ängsten bewahrt hat, die andere vielleicht erleiden; und dieses besondere Verhältnis ist wohl auch eine der Voraussetzungen dafür gewesen, daß ich mich während meiner Zugehörigkeit zum Welt-Gesundheits-Amt (WHO) in Südostasien ungewöhnlich leicht in die dortige Mentalität eingelebt habe.

»Der Tod hat Heimatrecht in unserer Mitte«, sagte Walter Schulte auf dem Kongreß dieser Gesellschaft 1970 in Salzburg, ohne zu ahnen, daß er selbst als einer der nächsten es bestätigen sollte. In einem anderen Gedanken vermag ich Schulte nicht ebenso zu folgen, er sagte nämlich: »Die Gesellschaft bedarf der Altersgeneration als einer Schutzschicht«, das heißt, die Alten ersparen den übrigen die direkte Konfrontation mit dem Tod, denn natürlicher Weise liegt ja zwischen jedem Menschen und seinem Tod noch das Alter. Diese Auffassung ist mir zu resignativ; sie setzt voraus, den Tod als ein bloßes Übel anzusehen. Das aber ist er, in dieser allgemeinen Form, auf gar keinen Fall, sondern im Gegenteil, er ist eine faire Bedingung unseres Lebens, nicht weniger als das Geborenwerden. Es ist schlechthin unweise, das eine zu feiern, das andere aber aus unserem Bewußtsein zu verdrängen. Mit dem Tod ist es doch etwas gänzlich anderes als mit der Krankheit. Die Fortschritte der modernen Medizin verführen uns dazu, in Krankheiten nur noch so etwas wie Störungen apparativer Funktionen zu sehen, reparierbare und zunehmend vermeidbare Pannen. Denkt man dies jedoch zu Ende, so lautet der Schluß: Auch wenn es gelänge, die letzte Krankheit auszurotten, so würde dies an unserer Sterblichkeit nichts ändern; sie wird allenfalls hinausgeschoben, aber sie bleibt.

Und das ist wohl auch gut so. Die bloße Vorstellung von etwas Unveränderbarem, Unsterblichem auf dieser Erde widerspricht der Natur, von der wir ein Teil sind. Der Asiate hat gegenüber dieser Natur, man kann sie auch Kosmos nennen, ein viel besser entwickeltes Bewußtsein der Zugehörigkeit und Einordnung. Ja, er fühlt sich eigentlich überhaupt nur im Einssein mit dem Kosmos geborgen, während das Leben mit seinem wechselhaften Auf und Ab ihm eher als eine auferlegte Frist der Prüfung erscheint, so daß — im Gegensatz zu uns — oft mehr die Geburt als leidvoll angesehen, vielleicht sogar als eine strafweise Wiederkehr verstanden wird, der Tod hingegen als das Wiedereinswerden mit der Ruhe des Alls. Ich gestehe, nicht recht zu begreifen, warum das Vorhandensein eines »Todestriebs«, einer auf Zerstörung und Destruktion gerichteten Aggression von manchen Psychologen bezweifelt wird. Er ist ein notwendiger und unvermeidbarer Teil Natur, ebenso elementar gegeben wie der Trieb zu zeugen, zu gebären und zu leben. Diese umfassende Philosophie wird zum Beispiel durch den Hindugott Shiva verkörpert, jenen doppelgesichtigen, vielarmigen, tanzenden Gott, der zugleich Lebensspender, Veränderer und Tod ist.

Richtigerweise müßte der Tod ein friedliches Verlöschen sein, eine aktiv geleistete Vollendung, ein freiwilliges Einwilligen in das Gesetz der Natur, nach einem biologisch und seelisch erfüllten Leben. Gewiß gibt es auch den scheinbar sinnlosen Tod junger Menschen, doch als sinnlos erscheint er nur für die davon Betroffenen. Die Menschheit als Ganzes überlebte die Jahrmillionen ihres Bestehens allein durch ihre Zeugungskraft, sozusagen statistisch. Die Griechen hatten dafür den Spruch: »Solange einer von uns lebt, leben wir alle.« Von fünf Menschen sind drei oder mehr allein zum frühen Sterben geboren worden. Das ist grausam, aber es ist so, und nur aus diesem Grunde sind Menschen auch freiwillig den gefräßigen Göttern geopfert worden, bezeichnenderweise weiblichen Muttergottheiten, wie der punischen Göttin Tinnit; ich möchte hier auf die vielsagende Wortbeziehung zwischen Mater und Materialismus aufmerksam machen.

Man könnte darauf hinweisen, daß im abendländischen, christlich geprägten Kulturkreis von Erlösung die Rede ist, Erlösung von Leiden, und vom Beginn eines besseren neuen Lebens. Immer aber, und darin liegt doch ein grundlegender Unterschied, ist dieses eventuelle Leben nach dem Tode individuell gemeint, ein erhofftes ewiges Fortbestehen des vergänglichen Ichs. Daher sind es auch wir Abendländer, die überhaupt die Einmaligkeit eines jeden Ichs, den Individualismus erfunden und zum Ideal erhoben haben, zum Unterschied von anderen Kulturen, die den Begriff eines *Ich* nicht einmal als ein Wort in ihrer Sprache kennen. Nehmen wir dazu noch die schwere Fracht archaischer Todesvorstellungen, die uns Abendländer belastet, das freudlos entleerte Weiterleben im Orkus, fortdauernd als christliches Strafgericht mit Fegfeuer oder Hölle: Nicht im irdischen Dasein, sondern im jenseitigen Weiterexistieren erwartet uns die Wahrheit, und mindestens durch die vergangenen Jahrhunderte hindurch war es dieses, das Jüngste Gericht, was mit »den Schrecken des Todes« vor allem gemeint war. Es ist konsequent, daß die marxistische Philosophie Tod und Jenseits für den einzelnen entwertet, um ihn für das gesellschaftliche Wirken im Diesseits zu motivieren. An die Stelle eines vom Diesseits ablenkenden Glaubens tritt die Politik, an die Stelle einer ewig persönlichen Seele tritt die den einzelnen überdauernde Gattung.

Jede übertreibende Einseitigkeit liegt mir fern. Ich weiß wohl, daß auch die Asiaten diesseitige Freuden kennen und daß sie dabei sind, sich in unfreiwilliger Angleichung an uns die Natur zu unterwerfen. Und ich weiß andererseits, daß auch in vielen unserer eigenen Häuser irgendwo ein sogenannter Stammbaum an der Wand hängt, bei dem sich jedes Mitglied der Sippe durch ein Blatt an einem gemeinsamen Baum des Lebens darstellt. Dieses Bild scheint tiefsinniger zu sein als nur eine illustrative Darstellung der familiären Zusammenhänge: Es macht den einzelnen Abkömmling in seiner Abhängigkeit und in seiner Verwurzelung sichtbar. Man erlaube mir noch einmal den Ausblick nach dem Fernen Osten mit seinem traditionellen Ahnenkult. Es geht dabei ja wirklich um mehr als nur um einen Achtungserweis, oder gar um die Besänftigung übelwollender Ahnengeister durch vorgeschriebene Zeremonien. Vielmehr liegt dieser Kultur — der Ahnenkult ist, wie der Name es sagt, außer Zweifel eine Kultur — ein tiefes Wissen um die Zugehörigkeit des einzelnen zu seinen Vorfahren zugrunde. Auch »Zugehörigkeit« ist solch ein vielsagendes Wort, es hat etwas mit »hörig sein« zu tun. Mit seinen Vorfahren »versöhnt« zu sein — und dieses Wort kommt von »Sohn« — bedeutet nicht weniger, als sein inneres Erbe zu erkennen und es anzunehmen, sein eigenes Wesen und Verhalten von dorther leiten zu lassen, nur ein Glied in einer Kette zu sein, gemäß der eingeborenen Bestimmung. Ich bin nicht außenseiterisch veranlagt und möchte daher auch nicht der Zürcher Schule von Leopold Szondi das Wort reden, der die Vererbungslehre in die Psychologie eingeführt hat. Sicherlich aber hat er damit Recht, daß neben den sonst oft überwertig beachteten sozial-ätiologischen Fakten auch »Ahnenansprüche« auf einen jeden von uns einwirken, die auf dem Weg der Selbstfindung richtungweisend und hilfreich, aber auch feindlich sein können. In den psychiatrischen Krankengeschichten findet sich unter dem Titel »Familienanamnese« hin und wieder noch ein weniges davon, aber wird es nutzbar gemacht? Nur die Weisheit unserer Sprache hat es längst erkannt: Die Ahnen haben etwas mit ahnen und mit Ahnung zu tun.

Das letzte Rundschreiben dieser Gesellschaft erinnerte an den Tod von Jean Gebser, der heute hier hätte anwesend sein sollen, und an jenen früheren Kongreß, der der Auseinandersetzung von uns Abendländern mit der Mentalität des fernen Ostens gewidmet war: »Das Abwesende ist nur eine andere Form des Anwesenden«. Lassen Sie mich daher noch einen anderen Zeugen zu diesem Thema zitieren, den Schweizer Psychiater H. Walther-Büel, der sich in einem bereits im Jahr 1956 publizierten Traktat wie folgt geäußert hat:

»Während unser Dasein im Westen einerseits mehr und mehr durch die Angst vor der Stille und vor dem Nichts charakterisiert ist, bekämpft mit einer hektischen Überaktivität in Arbeit, Zerstreuung, Lärm und Reizen aller Art, mit einer Überproduktion an Erfindungen, Publikationen und Nachrichten in Wissenschaft und Technik, außerdem mit einem Überschätzen der intellektuellen Fähigkeiten und Leistungen, andererseits durch eine Entwertung der Qualitäten von Seele und Gemüt, durch den Verlust an Glauben, religiöser Kraft, Tradition und Gefühl von Lebenssicherheit, existiert in der orientalischen Mentalität ein Gegengewicht, das die Frage rechtfertigt, ob es wirklich der Westen ist, der die größeren Werte nach Osten zu vergeben hat, oder ob man mit ebensoguten Gründen das Umgekehrte vertreten könnte.«[1]

[1] H. Walther-Büel, Hygiène mentale-science?, limites?, Schweiz. Arch. f. Neurol. u. Psychiat. 77 (1956), S. 91—95.

Heute wissen wir davon mehr, nicht zuletzt Dank einer Hilfe von ganz unerhoffter Seite. Wir wissen um die — ich bin versucht zu sagen: abgrundtiefen und zugleich tröstlich-versöhnlichen — Erkenntnisse der modernen Physik, die sich ja mit den uralten Menschheitsahnungen und mit den Erkenntnissen der Tiefenpsychologie zusammenfinden, und die in uns ein ganz neues, integrales Bewußtsein von einer totalen Geborgenheit und Unverlierbarkeit im Kosmos heranreifen läßt, das sicherlich das Lebensgefühl der Generationen im kommenden Jahrtausend von der Zugehörigkeit zu einem umfassenden All prägen wird, das keine Materie mehr kennt, sondern nur noch eine wandelbare, stets bewegte Energie. Ich bin mir dessen bewußt, daß sich auch von hierher Aspekte für das heute wieder so aktuelle Thema der Sterbehilfe ergeben können.

STERBEHILFE

von Irene Stübler

Obwohl der Sterbende durch den Sterbevorgang isoliert wird von seiner Umwelt, so ist doch Sterben auch ein *soziologischer Vorgang*, der nie nur den Sterbenden selbst betrifft, sondern immer eine Gruppe von Menschen.

Sterbehilfe hat es also nicht nur mit dem Sterbenden zu tun, sondern wesentlich auch mit den Hilfeleistenden.

Zweierlei im *Verhalten des Sterbenden* sollten wir dabei beachten:

1. Der auf den Tod zugehende Mensch ist meist sehr *egozentrisch* eingestellt. Ich denke an eine Kollegin, die, obwohl sie vorher ganz in ihrem Beruf und ihrem Freundeskreis aufging, nach einer Mamma-Amputation mit ungewissem Erfolg erschüttert feststellte: »Ich hätte nie geglaubt, wie egoistisch ein solcher Zustand macht, wie gleichgültig man wird gegenüber dem Ergehen anderer.«

2. Für die Umgebung schwer zu ertragen ist die oft sehr *schwankende Haltung gegenüber der Zukunft.* Auch der Patient, der um seinen Zustand weiß, wird immer wieder in der Hoffnung auf Genesung, auf Besserung, auf Lebensverlängerung, auf ein Wunder leben. Hoffnung geht der gegenwärtigen Situation immer um einen Schritt voraus. Je nach dem gegenwärtigen Befinden, der derzeitigen Stimmungsphase, gestaltet sich die Hoffnung. Sie reicht vom Nullpunkt — der Depression — bis zu kleinen und großen Wunschträumen: »Nur ein paar Tage noch nach Hause«; nach dem ersten erfolgreichen Aufstehen: »Vielleicht kann ich doch wieder eine leichte Arbeit tun.« Das kann von Woche zu Woche, ja von Tag zu Tag wechseln.

Diese beiden Besonderheiten müssen die Menschen um den Sterbenden im Auge behalten und darin die Sterbehilfe durchhalten.

Was die *Menschen um den Sterbenden* betrifft, so sind zu unterscheiden:

Angehörige: Bei Sterbenden im mittleren Lebensalter ist es wohl eine besonders schwere Erfahrung, daß ein Mensch, der bisher für andere Hilfe, Halt und Stütze war, diese Funktion nicht mehr ausüben kann, dagegen zunehmend abhängig und hilflos, auch auf geistigem Gebiet Hilfe-bedürftig, wird. Dies ist für beide Teile schwer zu ertragen, wird aber den Angehörigen oft schmerzlicher bewußt als dem Sterbenden selbst. Die Familie empfindet die Trauer des Verlusts schon vor dem eigentlichen Sterben. Die Stadien des Sich-Lösens (Kübler-Ross) müssen ja auch von der Familie durchgestanden werden. Darüber sollten sie mit irgendjemanden reden können.

Es kann auch zum Konflikt kommen zwischen dem Wunsch, dem Sterbenden nahe zu sein und vor ihm zu fliehen. Dabei wird den Angehörigen ihr eigenes Leiden oft wichtiger als das des Sterbenden. Es sollte versucht werden, die Angehörigen zu einer ehrlichen Beziehung, zu einem echten Gedankenaustausch mit dem Sterbenden zu bringen. Die Täuschung des Kranken über seinen Zustand kann diese Verständigung sehr erschweren. Es ist hilfreicher, offen zu reden, auch wenn man nicht auf alle Fragen eine Antwort weiß, sondern sich gemeinsam mit dem Kranken darum bemüht, eine zu finden. Auch bei der Entscheidung über Lebensverlängerung bzw. Therapie suchen wir oft die Entscheidung von der Familie zu erhalten. Dabei braucht diese selbst Hilfe.

Ärzte: Der Arzt ist Vertrauensperson Nr. 1. Was er sagt, hat fast absolute Gültigkeit. Halbheiten, etwas verschwommene Auskünfte, werden nach allen Seiten hin gewendet, betrachtet und interpretiert. Er muß sich deshalb für das Gespräch mit diesen Kranken viel Zeit und Geduld nehmen, und es braucht viel Einfühlungsvermögen.

Schwestern: Sie können den Fragen des Patienten oft noch schwerer ausweichen als der Arzt, da sie ständig um den Kranken herum sind. Dennoch werden auch hier manche Fluchtversuche unternommen, sei es in die Betriebsamkeit hinein und den Mangel an Zeit, sei es in Beruhigung durch Medikamente, vor allem Betäubungsmittel. Schwestern verstehen es oft sehr geschickt, schwierigen Fragen vorzubeugen, indem sie auf kleine positive Zeichen hinweisen, Mut machen, Fortschritte überstark bewerten.

Pfarrer: Es ist sehr gefährlich, den Pfarrer erst zu holen, wenn es zu Ende geht (»Steht es so mit mir?«) oder dann erst zum Abendmahl aufzufordern. Dann kommt er wirklich als Todesbote. Schwer wird es für den Pfarrer, wenn er vom Patienten mit der Wahrheitsfrage konfrontiert wird, da Arzt und Schwester vielleicht ausgewichen sind. Vom Pfarrer erwartet der Kranke völlige Aufrichtigkeit.

Der Pfarrer muß deshalb unbedingt wissen, wieweit der Patient über seinen Zustand informiert ist.

Mitpatienten: Sie können bei der Begleitung eine wesentliche Rolle spielen. Manche kennen vielleicht die Sterbeklinik St. Christopher's Hospice in London. Dort sind alle Patienten ungefähr in der gleichen Lage. Darum kann auch untereinander offen gesprochen werden. Bei uns ist das selten der Fall. Oft macht die Frage den Schwestern große Not: Wieweit und wie lange kann man den anderen Patienten die Gegenwart der Sterbenden zumuten? Für den Sterbenden selbst kann die Gegenwart der andern sowohl Not (Besuchszeit!) als auch Hilfe bedeuten (man ist nie allein). Hier gilt es ganz besonders, daß kein allgemein gültiger Grundsatz aufgestellt werden kann, sondern im Einzelfall sehr sorgfältig abgewogen werden muß. Dies zeigt, daß nicht nur das Gespräch im Krankenzimmer, sondern auch das Gespräch außerhalb wesentlich ist.

Das Ziel wäre ein *therapeutisches Team um den Sterbenden,* bestehend aus Arzt, Seelsorger, Schwester, wozu die Angehörigen auch hinzugezogen werden sollten. Da müßte besprochen werden, was der Kranke fragt, wissen will oder mit was er offenbar umgeht. Auch die Reaktionen der Mitglieder der Gruppe auf das Verhalten des Sterbenden müssen geäußert und kritisch beleuchtet werden. Dabei dürfte nie der Eindruck einer Verschwörung entstehen, die den Kranken umgeht, doch wird es nur in sehr wenigen Fällen in unseren Krankenhäusern möglich sein, solche Gespräche mit dem Kranken zu führen, wie es etwa Frau Kübler-Ross tat. Ziel sollte es sein, von einer gemeinsamen Basis aus in möglichst großer Offenheit und in unbedingtem gegenseitigen Vertrauen mit dem Sterbenden zu sprechen.

Diese Zusammenarbeit ist vor allem im Blick auf die jungen Mitarbeiter im Krankenhaus (Schwesternschülerinnen) sehr wichtig. Für sie ist das Miterleben des Sterbens einerseits eine schwere Belastung, es kann aber bei rechtem Geleit auch zu einer echten Lebenshilfe werden. Wir haben es wohl alle schon erlebt, wie verschieden gestorben wird, wie jedes Sterben für uns Anstoß werden kann. Wie eindrücklich und hilfreich kann es auch für uns sein, einen im Glauben an Gott gegründeten Menschen auf dem Weg zum Tod zu geleiten. Dies kann für uns selbst zur Lebens- und Sterbehilfe werden.

DAS VERHALTEN STERBENDER[1]

von Lothar Witzel

Wenige Untersucher beschäftigen sich mit dem Verhalten der Patienten vor dem Tod. »Sterben erschüttert den Arzt aufs Tiefste, denn er fühlt sich im selben Moment entmachtet« schreibt der Kölner Kinderkliniker Bennholdt-Thomsen. Keinem Arzt bleibt aber das Miterleben des Sterbens und des Todes erspart. So darf er sich wichtigen Fragen nicht entziehen: Wie verhält sich der Patient vor dem Tod? Hat er Angst, Schmerzen, fühlt er das herannahende Ende?

Unser Versuch, zur Klärung dieser Fragen beizutragen, basiert auf klinischen Beobachtungen von 110 sterbenden Patienten, die persönlich miterlebt wurden. Die Untersuchungen wurden vor 2½ Jahren abgeschlossen und sind vor 2 Jahren in der Zeitschrift »Medizinische Klinik« veröffentlicht worden.

110 Patienten im Alter von 24—86 Jahren wurden in den letzten 24 Stunden vor dem Tod beobachtet. Es waren 64 Männer und 46 Frauen mit einem Durchschnittsalter von 72,4 Jahren. 9 verstarben plötzlich, der Tod war nicht vermutet worden. Diese Patienten konnten nur kurze Zeit beobachtet werden. 16 waren komatös, 12 geistig verwirrt. Die übrigen 73 Patienten — also 70% — waren 24 Stunden vor dem Tod zeitlich und örtlich voll orientiert. Von diesen waren 29 bis 15 Minuten vor dem Tod voll ansprechbar.

Über die Hälfte gab an, daß sie das herannahende Ende fühlte. 8% litten an Schmerzen, die mit Analgetika behandelt werden mußten.

73 der moribunden Patienten — die plötzlich Verstorbenen, die Komatösen und die geistig Verwirrten fielen naturgemäß aus — und 73 Kranken gleichen Alters und Geschlechts mit chronischen Leiden, die aber nicht zum Tode führten, wurden in einer Unterhaltung mehrere Fragen gestellt: Mit dem Leben zufrieden waren von den Sterbenden 56, nur 2 waren aber bereit, dasselbe Leben nochmals zu

[1] Erweiterte Fassung des Referats, zuerst erschienen in: Medizinische Klinik 66 (1971), Nr. 15 u. Medizinische Klinik 68 (1973), Nr. 42.

leben. Ähnlich antworteten die Patienten der Kontrollgruppe. Angst vor dem Tod hatten 2 der Sterbenden, 35 der Kontrollgruppe. An ein Weiterleben nach dem Tod glaubten 61 der Sterbenden, 24 der Kontrollgruppe. Die Unterschiede sind statistisch signifikant, wobei $p < 0{,}005$ ist.

Was kann man aus diesen Untersuchungen schließen?

Nur 25 % der Patienten sind während der letzten Stunden ihres Lebens zeitlich und örtlich nicht orientiert. Die meisten Menschen erleben das Sterben bewußt mit, wobei über 25 % bis 15 Minuten vor dem Tod noch voll ansprechbar sind. Über die Hälfte fühlt das herannahende Ende. Im Vergleich hierzu glauben nur 4 der chronisch Kranken, daß sie sterben müssen.

In unseren Untersuchungen erkundigten sich nur zwei sterbende Patienten nach ihrem Zustand, während bei der Vergleichsgruppe 52 nach ihrer Krankheit in allen Einzelheiten fragten. Auch von denen, die nicht spontan oder auf Befragen zugeben, daß sie sterben müssen, scheinen viele den Tod doch zu ahnen: sie schweigen.

Interessant — nicht nur in religiöser Hinsicht — ist die unterschiedliche Beantwortung der Frage nach dem Weiterleben. Sucht der Sterbende Halt oder sieht er mehr als andere Patienten? Diese Frage konnten wir nicht beantworten.

Sind bereits ähnliche Untersuchungen gemacht worden?

In der Literatur gibt es über das Verhalten von sterbenden Patienten wenige, z. T. widersprüchliche Angaben. Der Engländer Grant glaubt, daß nur wenig Sterbende den nahenden Tod fühlen. Der Kölner Kinderkliniker Bennholdt-Thomsen zeigt in einem kasuistischen Beitrag von zwölf sterbenden Kindern, daß die meisten von ihnen den Tod erahnten. Der emeritierte Hamburger Ordinarius Jores vermutet ebenfalls, daß die meisten Menschen ein so wesentliches Ereignis wie den eigenen Tod spüren. Exakt sind die Untersuchungen von Hinton an 102 moribunden Kranken: 50 % gaben beim ersten Gespräch und 25 % im Laufe weiterer Gespräche an, daß sie sterben müssen.

Aufschlußreich ist, daß bei den Sterbenden nur zwei Patienten

Angst vor dem Tod hatten, bei der Vergleichsgruppe 35. Nach Jores stirbt die Mehrzahl aller Menschen ohne Angsterlebnisse oder Todeskampf. In der Untersuchungsreihe von Hinton litten allerdings von 102 moribunden Kranken 38 an Angstzuständen. Die Patienten wurden aber ein halbes Jahr vor ihrem Tod untersucht. Auch bei unseren Kranken mit chronischen Leiden, die aber nicht zum Tode führten, hatten von 73 Patienten 35 Angst. Es scheint die Beobachtung zu stimmen: Je näher der Tod kommt, desto mehr weicht die Furcht.

Interessant hierzu sind auch die Selbstversuche des englischen Arztes Barcroft. Er legte sich in einen Tiefkühlraum. Hierzu schreibt er:

»Als ich nackt in dem kalten Raum lag, bekam ich zunächst Schüttelfrost, und meine Glieder bogen sich vor Anstrengung. Ich fühlte die Kälte ganz genau. Dann kam ein Moment, in dem ich meine Arme und Beine ausstreckte. Das Kältegefühl wich weg, es durchströmte mich ein wunderbares Gefühl der Wärme. Das Wort sich sonnen beschreibt am besten diesen Zustand. Ich sonnte mich in der Kälte. Ich glaube, mein Nervensystem hatte den Kampf gegen die Kälte aufgegeben. Die Gefäße weiteten sich jetzt wieder, das Blut kehrte zurück in meine Haut. Es war ein wunderbares Gefühl. Ich verspürte keinerlei Lust mehr, den Versuch zu beenden. Wenn ich diesen Versuch jetzt aber nicht abgebrochen hätte, wäre ich gestorben.«

Kollegen, die den Selbstversuch durch ein Glasfenster beobachtet hatten, beschrieben das Verhalten von Dr. Barcroft wie das eines Patienten in der Agonie.

Wie verlaufen solche Gespräche mit Sterbenden?

Ich erinnere mich an eine 64jährige Patientin, die sagte: »Ich danke Ihnen für alles, aber ich muß sterben«. Auf die Frage, wie sie darauf komme, antwortete sie: »Ich spüre es in mir«. — Auf meine weitere Frage, ob sie denn an ein Weiterleben nach dem Tod glaube, sagte sie: »Ich glaube es nicht nur, ich weiß es.«

Ein 76jähriger ehemaliger Bankbeamter antwortete auf die Frage, ob er mit seinem Leben zufrieden gewesen sei: »Ja, ich habe viel daraus gemacht, aber nochmals leben möchte ich dieses Leben nicht.« »Warum«? »Es gab viele Tiefpunkte. Diese machen zwar einen Menschen reifer, aber ich weiß nicht, ob ich das alles nochmals durchstehen könnte.«

Ein 34jähriger mit metastasierendem Hodenkrebs sagte, es gehe nun zu Ende. Auf meine Frage, ob er denn Angst vor dem Tod habe, antwortete er: »Sie werden sich wundern, aber ich habe keine Angst. Warum ich keine Angst habe, weiß ich selbst nicht.«

Ein 72jähriger Mann sagte mir: »Herr Doktor machen Sie nichts mehr, ich fühle, es geht zu Ende. Lassen Sie mich sterben. Ich bin mit meinem Leben zufrieden, ich habe keine Angst vor dem Tod.«

Einige Beispiele aus den Beobachtungen an Kindern, die der Kölner Ordinarius Bennholdt-Thomsen in seinem Beitrag »Sterben und Tod des Kindes« in der Deutschen Medizinischen Wochenschrift vor vierzehn Jahren veröffentlicht hat.[2]

Das 4 Jahre und 11 Monate alte Kind (Diagnose: bösartiger Tumor) sprach oft vom Sterben. Es sagte dann plötzlich: »Muß ich sterben?« und beantwortete seine Frage selbst: »Ja, ich sterbe bald.« Es bat um einen kleinen Spiegel, schaute sich an und sagte: »Nein, ich kann nicht mehr leben, ich muß sterben.« Und dann: »Macht mich doch tot.« — Hier bei einem noch nicht 5jährigen Kind das sichere Empfinden des Sterbenmüssens. Andererseits das Ablesen seiner Prognose aus dem Spiegel (es hatte schwere Veränderungen durch Schädelknochenmetastasen) und auch die Bitte um Erlösung.

Der 8jährige Junge mit einem inoperablen Ependymom sagt im letzten Jahr vor seinem Tode mehrfach zur Mutter: »Ich bin anders als die anderen Kinder, ich spiele nicht so gern, ich bin lieber allein.« Als die Krankheit Fortschritte machte, sagte der Junge einen Monat vor seinem Ende: »Bringt mich in die Klinik, zu Hause könnt ihr mir nicht mehr helfen, aber ich weiß, daß ich bald auf den Friedhof komme, wo ich mit der Tante spazieren gegangen bin.« 24 Stunden vor dem Tod sagte er zu der Stationsschwester: »Heute, heute ... heute!« und später »heute muß es kommen.«

K. war ein sehr intelligentes, 9 Jahre und 7 Monate altes Mädchen. Es litt an Paramyeloblastenleukämie, einer bösartigen Bluterkrankung. Die Mutter saß stets am Bett des Kindes. — Als es vom Fenster aus einen Leichenwagen sah, machte es die Mutter auf ihn aufmerksam und meinte: »Nicht wahr, Mutti, solch einen schönen großen Wagen holst du bald auch für mich, wenn ich tot bin.« — Bewußtsein des Unheilbar-Krankseins.

Das 9 Jahre und 11 Monate alte Mädchen mit der Diagnose: Tuberkulöse Meningitis sagte öfter bei der Lumbalpunktion: »Ich weine nicht, das will der Schutzengel nicht.« An einem anderen Tag: »Ich

[2] Deutsche Mediz. Wschr. 84 (1959), S. 1437—1442.

will ganz brav sein, dann hat die Mutter Gottes mich gern. Sie holt mich bald in den Himmel. Ich freue mich so.« Zwei Tage später war das Kind tot.

Alter 12 Jahre und 6 Monate (Diagnose: Inoperable Sarkomatose des Bauches, Zustand nach Probeoperation). Das Mädchen wurde jeweils über Samstag/Sonntag nach Hause »ausgeliehen«. Bislang war es zuversichtlich gewesen (insbesondere schien es unter der Leitung seines Geistlichen an eine Heilung zu glauben), dann aber klagte es: »Ich muß doch alles haben, wäre ich nur schon tot.« Am Todestag selbst morgens auffallende Gesprächigkeit. Bei Verabfolgung der Spritze bat es: »Lassen Sie mich doch in Ruhe, Herr Doktor, es nützt ja doch nichts.« Nachmittags zu den Eltern: »Ich möchte vor euch sterben, was mache ich nur allein, wenn ihr nicht mehr da seid?« Gegen 16 Uhr schickte das Mädchen die Eltern fort, wurde aufgeregt, da die Mutter bleiben wollte. Als dann die Eltern das Zimmer verließen, konnte es nicht mehr sprechen, sondern winkte nur noch. Es klingelte nach der Schwester, wenige Minuten später trat der Tod ein.

Der sehr intelligente 14 Jahre und 8 Monate alte Junge (Diagnose: Chronische myeloische Leukämie) war stets mißtrauisch gegen die ihm gegenüber genannte falsche Diagnose. Er rief unter falschem Namen im Laboratorium nach seinem Blutbild an. Der Junge sprach selbst nie über Art und Prognose seiner Krankheit. Aber in der letzten Nacht, wenige Stunden vor seinem Tode, fragte er die Nachtwache: »Muß ich in dieser Nacht sterben?«

Wir haben bisher das Verhalten von sterbenden Patienten in der letzten Phase, in den letzten Stunden vor dem Tod untersucht. Dieses ebenfalls statistisch ausgewertet und mit Einzelbeispielen belegt.

An der Universität von Chikago werden Sterbende von Theologen, Medizinern und Psychologen unter der Leitung von Frau Professor Kübler-Ross betreut. Diese Arbeitsgruppe fand, daß Patienten mit chronischen Leiden in den letzten Monaten vor dem Tod fünf Phasen durchlaufen. Die Untersuchungsergebnisse sind interessant, nur etwas einseitig, da fast ausschließlich Krebskranke beobachtet wurden. Folgendes sind die fünf Phasen:

1. Das Nichtwahrhabenwollen
2. Der Zorn
3. Das Verhandeln
4. Die Depression
5. Die Zustimmung und Hoffnung.

Die Untersuchungen sind in dem Buch »Interviews mit Sterbenden« 1971 beschrieben. Nicht statistisch exakt, wissenschaftlich trokken, sondern an Hand von Einzelbeispielen werden sie dort aufgeführt. Ich darf auf die fünf Phasen genauer eingehen (nach Kübler-Ross).

Die 1. Phase: Nichtwahrhabenwollen und Isolierung.

»Eine krebskranke Frau behauptet, die Röntgenaufnahmen seien vertauscht.« Mit solchem gequälten Nichtwahrhabenwollen reagiert ein Patient besonders dann, wenn er unvermittelt und zu früh durch jemand informiert wird, der ihn und seine Aufnahmebereitschaft nicht wirklich kennt oder der es schnell hinter sich haben will. Das Nichtwahrhabenwollen schiebt sich wie ein Puffer zwischen den Kranken und sein Entsetzen über die Diagnose. Trotzdem ist der Kranke bereit, ja erleichtert und befriedigt, wenn er mit einem anderen Menschen über sein bevorstehendes Ende sprechen kann. Das Nichtwahrhabenwollen ist eine vorübergehende Phase, die bald durch wenigstens teilweise Akzeptierung abgelöst wird.

Die 2. Phase: Der Zorn.

Auf die erste Reaktion: »Nein, nein mit mir kann es nichts zu tun haben«, folgt die zweite Phase, in der dem Patienten aufgeht: »Oh doch, es betrifft mich, ich bin es selbst.« Auf das Nichtwahrhabenwollen folgen meistens Zorn, Groll, Wut, Neid. Dahinter steht die Frage: »Warum denn gerade ich?« Ein Patient formulierte in einem Gespräch: »Ich nehme an, daß fast jeder in meiner Lage irgend einen anderen Menschen im Sinn hat und sich fragt, warum denn nicht der? Mir ist das mehrmals durch den Kopf geschossen. Da ist zum Beispiel ein Mann, den ich seit meiner Kindheit kenne. Er ist 82, und soweit es ein Sterblicher beurteilen kann, zu nichts in der Welt mehr nütze. Rheumatisch, verkrüppelt, schmutzig. Keiner möchte an seiner Stelle sein. Ich mußte mir immer wieder sagen: Warum trifft es denn nicht diesen Alten.« In dieser 2. Phase haben es Familie und Krankenhauspersonal schwer mit dem Kranken. Denn der Zorn ergießt sich ohne sichtbaren Anlaß in alle Richtungen. Die Ärzte taugen nicht! Was die Schwester anfaßt, ist falsch! Will sie die Kissen aufschütteln und die Laken glattstreichen, heißt es, daß sie aber auch niemals Ruhe gibt. Läßt sie den Kranken allein, wird sie sofort wieder alarmiert: »Das Bett soll gemacht werden!« Der Besuch der Familie wird zu einem Alpdruck, auf den die Angehörigen mit Tränen, mit Schuld und Schamgefühl reagieren, den sie nach Möglichkeit vermeiden. So vermehren sie Unbehagen und Groll des Patienten noch mehr.

Woher stammt der Zorn des Patienten? Wir müssen uns in seine Lage versetzen. Andere Leute bauen jetzt seine Häuser fertig. Sein schwer erarbeitetes Geld kann ihm nicht mehr die paar Jahre Ruhe und Vergnügen verschaffen, die er sich davon versprochen hat. Wir würden den Zorn ebenso an den Leuten auslassen, die alles noch genießen können, die so betriebsam herumlaufen, während wir uns nicht mehr auf den Füßen halten können. Wir würden genauso voller Groll und Abneigung auf die Leute sehen, die uns stillzuliegen befehlen, damit die Infusion oder Transfusion nicht noch einmal angelegt zu werden braucht. Wohin der Patient auch blickt, er findet Anlaß zum Zorn. — Der Patient wird laut, er stellt immer neue Ansprüche, beklagt sich, will beachtet werden: »Ich bin noch am Leben, vergeßt das ja nicht. Ihr könnt meine Stimme noch hören, ich bin noch nicht tot.« — Wenn der Patient Verständnis findet, wenn man ihm Zeit und Aufmerksamkeit widmet, wird er bald wieder ruhiger werden und weniger fordern. Wir müssen den begründeten oder unbegründeten Zorn des Patienten tolerieren. Wir müssen lernen zuzuhören.

Die 3. Phase: Verhandeln.

Die 3. Phase ist meist nur flüchtig. Wenn der Moribunde in der 1. Phase nicht im Stande ist, die Tatsachen anzuerkennen und in der 2. mit Gott und der Welt hadert, versucht er in der 3., das Unvermeidliche durch eine Art Handel hinauszuschieben. Der Patient feilscht immer um einen Aufschub. Oft wird ein Handel mit Gott geschlossen, streng geheim gehalten, höchstens dem Seelsorger gegenüber angedeutet. Andere versprechen Teile ihres Körpers oder auch den ganzen der Wissenschaft zu vermachen.

Die 4. Phase: Depression.

Wenn der Todkranke seine Krankheit nicht länger verleugnen kann, kann er seinen Zustand nicht immer mit einem Lächeln abtun. Erstarrung, Wut weichen bald dem Gefühl eines schrecklichen Verlustes. Die Patientin mit Brustkrebs grämt sich über das veränderte Äußere, die Patientin mit Uteruskrebs fühlt sich nicht mehr als Frau. Mütter und Ehefrauen müssen die Familie ernähren. Der Vater verliert den Arbeitsplatz. — Häufig hilft ein Kompliment für eine Patientin, die sich nach einem Eingriff nicht mehr als Frau fühlt. Große Hilfe bedeutet es auch, wenn sich jemand um die Umstellung des Haushaltes kümmert, vor allem dann, wenn Kinder oder hilflose alte Leute versorgt werden müssen. Die Depression bessert sich rasch, wenn solche lebenswichtigen Fragen gelöst werden. — Unsere Reaktion auf den Kummer anderer Menschen ist meistens der Versuch, sie aufzuheitern und ihnen zu erklären, daß sie die Dinge nicht grau in grau sehen sollen. Wir fordern sie auf, die schönen Seiten des Daseins zu beachten. Oft aber gehen wir damit nur unserem eigenen Bedürfnis nach, weil wir nicht fähig sind, längere Zeit hindurch ein trauriges Gesicht in unserer Umgebung zu ertragen. Häufig sind Aufheiterung und Ermunterung nicht am Platze. Der Patient muß trauern dürfen. Wer den Patienten jetzt immer wieder auf das Schöne hinweist, verbietet ihm, über sein nahes Ende nachzudenken. Wer seinen Schmerz ausdrücken darf, kann sich leichter mit seinem Schicksal abfinden. Er ist denen dankbar, die in diesem Stadium der Depression ruhig bei ihm bleiben, ohne fortwährend zu wiederholen, daß er doch nicht traurig sein soll.

Die 5. Phase: Zustimmung.

Es ist die Phase der Einwilligung. Schmerz scheint vergangen, Kampf ist vorbei. Es kommt »die Zeit der letzten Ruhe vor einer langen Reise«, wie es ein Patient ausdrückte. In dieser Periode braucht die Familie meist mehr Hilfe, Unterstützung und Verständnis als der Patient. Er hat ein gewisses Maß an Frieden und Einverständnis erreicht.

In jeder Phase ist die Hoffnung vorhanden. Auch die Patienten, die sich mit ihrem Schicksal abgefunden haben, rechnen immer noch mit der Möglichkeit einer besonderen Heilung, mit der Entdeckung eines neuen Medikamentes, »mit dem Erfolg eines Forschungsprojektes in letzter Minute«, wie es ein Patient formulierte. Es ist die Hoffnung, daß sich alles am Ende als ein Alptraum herausstellen wird. Die Hoffnung hilft dem Todkranken, bei Verstand zu bleiben und alle Untersuchungen über sich ergehen zu lassen. Ein Patient, der immer noch von einem Wunder gesprochen hatte, empfing uns eines Morgens mit den Worten: »Das Wunder ist geschehen, ich bin bereit, ich fürchte mich nicht mehr!« — Kranke, die sich in solcher Art äußerten, starben innerhalb 24 Stunden.

Man muß jedem Patienten bis zum Schluß die bestmögliche Therapie zuwenden und nicht jeden Schwerkranken als Todgeweihten aufgeben. Man darf überhaupt niemals einen Patienten aufgeben. Gerade derjenige, dem man medizinisch nicht mehr helfen kann, braucht mindestens soviel Aufmerksamkeit wie ein anderer, der auf seine Entlassung nach Hause wartet. Es wäre sicher gut, wenn man allgemein mehr über Tod und Sterben als untrennbar mit dem Leben verbundene Fakten sprechen würde, wie man ja auch ohne Zögern über ein erwartetes Kind redet.

Wir haben ebenfalls das Verhalten von 250 sterbenden Patienten in den letzten Tagen und Wochen vor dem Tod untersucht. Diese Untersuchungen — 1965 am Kreiskrankenhaus Nordenham begonnen und 1959 an der Medizinischen Universitätsklinik fortgesetzt — werden zur Zeit abgeschlossen. Die 5 Phasen konnten wir hauptsächlich bei chronisch Kranken, vor allem bei Krebskranken und dort auch nur zu einem Teil beobachten. Das sind 25 % aller Sterbenden. Interessant ist, daß wir diese 5 Phasen auch bei Patienten mit chronischen Leiden, die nicht zum Tode führten, sahen. Zum Beispiel bei Patienten, die plötzlich an Zucker erkrankt waren. Trotzdem ist es wichtig, diese Phasen zu kennen. Nach Kübler-Ross können hier schon klärende Gespräche helfen.

Nach unseren Untersuchungen kann man vier Gruppen von Sterbenden unterscheiden:

1. Die aus scheinbar völliger Gesundheit, innerhalb von wenigen Minuten versterbenden Patienten z. B. durch Riß eines Aortenaneurysmas oder durch eine Lungenembolie. Von 110 Patienten waren es in unserer Untersuchungsreihe 9.

2. Die an einer akuten Erkrankung versterbenden Patienten, z. B. nach einem Herzinfarkt. Diese lebten noch durchschnittlich 4,2 Tage nach Auftreten des akuten Ereignisses.

3. Die Patienten, die an chronischen Erkrankungen litten, an einem akuten Schub dieser Krankheit verstarben, z. B. Patienten mit Leberzirrhose. Diese Patienten lebten nach Auftreten des akuten Schubes durchschnittlich noch 8,4 Tage.

4. Die Patienten, die an einer chronischen Krankheit langsam starben. Hierzu gehören die Krebspatienten.

Wir unterschieden körperliche und neuropsychiatrische Symptome. Zu den körperlichen Symptomen rechneten wir Schmerzen, Atemnot, Schwindel, Erbrechen, Übelsein, persistierender Husten, Schluckauf, Appetitlosigkeit. Praktisch alle Patienten hatten irgendwelche körperlichen Symptome. Zu den neuropsychiatrischen Symptomen rechneten wir unter anderem Angst, Depression, Müdigkeit, Verlust des geordneten Denkens, Desinteresse, Halluzination, Herabsetzung der

Urteilsfähigkeit, Reizbarkeit, Vergeßlichkeit, Konzentrationsschwäche, Kritiklosigkeit, Wahnideen, akustische und optische Sinnestäuschung, Bewußtseinstrübung, Bewußtlosigkeit. Über die Hälfte der Patienten hatten irgendwann neuropsychiatrische Symptome. Die körperlichen und neuropsychiatrischen Symptome beeinflußten sich gegenseitig. So hatten Patienten mit bösartigen Tumoren mehr Schmerzen. Herzkranke hatten stärkere Atemnot und Nierenpatienten stärker Schwindel. Angst war bei Patienten mit Atemnot stärker vorhanden. Die Beeinflussung der Beschwerden richtete sich nach ihrer Art. So waren Schmerzen besser zu behandeln als Atemnot.

Patienten mit festem und mit gar keinem Glauben waren weniger ängstlich; jüngere Patienten hingegen ängstlicher. Zwischen Mann und Frau fand sich kein Unterschied. Die Patienten hatten nicht so sehr vor dem Tod als vor den Schmerzen, den körperlichen Beschwerden und vor einer eventuellen Verblödung Angst. Die Festigkeit des religiösen Glaubens nahm mit Verschlechterung der Krankheit zu. Interessant ist, daß kurz vor dem Tod der Schmerzmittelbedarf absank und daß bei vielen Patienten ein Aufflackern der Lebensimpulse auftrat. Sie hatten wieder Appetit, sie sahen frischer aus.

Die Frage der Euthanasie

Die Verbrechen der Nationalsozialisten haben die Diskussionen über Euthanasie belastet. Seitdem medizinische Möglichkeiten gefunden wurden, Leben künstlich zu verlängern, wird das Problem Euthanasie aktuell. Die geltenden Gesetze sind zu einer Zeit gemacht worden, als diese medizinischen Möglichkeiten noch unbekannt waren. Die Frage der Euthanasie stellt sich heute und in Zukunft immer mehr. Die Medizin wird immer bessere Geräte und Medikamente haben. Man muß über das Thema Euthanasie sprechen.

Definition des Begriffes Euthanasie

Was bedeutet Euthanasie? Euthanasie bedeutet streng genommen das gute Sterben. Es hat aber einen anderen Inhalt bekommen: Hilfe bieten, gut zu sterben und zwar durch Verkürzung des Sterbens. Wir unterscheiden passive und aktive Euthanasie.

Die passive Euthanasie: Die absichtliche Verkürzung des Sterbeprozesses, indem man keinen Versuch mehr unternimmt, das Leben noch zu erhalten. Ein Beispiel: Ein Patient leidet an Magenkrebs und hat zahlreiche Metastasen. Er bekommt einen Lungenentzündung. Gebe ich kein Antibiotikum mehr, um diese tödliche Komplikation zu beheben, so treibe ich passive Euthanasie.

Die aktive Euthanasie ist die tödliche Injektion eines Medikamentes bei einem Sterbenden, um den Sterbeprozeß zu verkürzen, Dies kann auf Wunsch des Patienten oder aus Mitleid des Behandelnden geschehen. Abzutrennen hiervon sind Sterbehilfe durch Medikamente, die zu einer Bewußtseinstrübung bzw. zu einer Lebensverkürzung durch Lähmung der Widerstandskraft führen. Abzutrennen hiervon sind meines Erachtens auch aktive und passive Sterbehilfe bei einer lebensunwerten Existenz.

Recht und Euthanasie

Die rechtliche Verpflichtung des Arztes zur Behandlung endet erst, wenn der Patient im Rechtssinne tot ist. Wann ist der Patient tot? — Sterben ist ein fließender Prozeß. Wir unterscheiden den klinischen Tod, den Individualtod und den Totaltod. Bei Herz-, Kreislauf- und Atemstillstand spricht man vom klinischen Tod. Bis vor kurzem entsprach dies dem Tod im eigentlichen Sinne. Wir wissen heute, daß durch Reanimationsmaßnahmen Herz- und Atemtätigkeit wieder in Gang gebracht werden können. 10 Minuten nach Kreislaufstillstand und erfolgloser Reanimation tritt der Hirntod auf. Er entspricht dem Individualtod bzw. Partialtod. Der Organtod des Hirns führt zur Dissoziation aller Lebensvorgänge. Trotz einiger unterschiedlicher Meinungen setzt man in der Medizin heute den Hirntod als den Tod an sich gleich. Auch unter den Juristen überwiegen die Stimmen, den zerebralen Tod als den Tod im rechtlichen Sinne anzuerkennen.

Folgendes sind die Kriterien für den Hirntod: Atemstillstand, erloschene Eigen- und Fremdreflexe, fehlende Reaktion auf Herzfrequenz bei Bulbusdruck, isoelektrische EEG und Fortdauer dieser Symptome über 12—14 Stunden.

Vom Totaltod spricht man, wenn sämtliche Körperzellen abgestorben sind.

Ist der Arzt vom Gesetzgeber aus verpflichtet, das Leben unter allen Umständen durch Behandlungsmaßnahmen zu verlängern? Diese Frage stellt sich bei der passiven Euthanasie. Die Meinungen gehen in

Theorie und Praxis weit auseinander. Der Strafrechtslehrer Bockelmann vertritt den strengsten Standpunkt. Nach seiner Meinung muß der Arzt das Äußerste zur Verlängerung des Lebens tun. Auch dann, wenn es »nur um Tage oder gar Stunden oder Minuten geht und wenn überdies das Leben in der kurzen Spanne Zeit, für die es sich noch erhalten läßt, nur ein klägliches, trostloses Leben sein kann, vielleicht nur ein Dahindämmern in tiefer Bewußtlosigkeit«. Das Abschalten des Respirators hält Bockelmann für unzulässig, auch wenn es darum geht, den Moribunden gegen einen Patienten mit besseren Überlebenschancen auszuwechseln.

Auf der anderen Seite muß der Arzt respektieren, wenn der Patient eindeutig erklärt hat, daß er im Fall einer Verschlechterung seines Zustandes keine Reanimation wünscht. Ich glaube, man darf davon ausgehen, daß der bewußtlose Patient, falls er keinen gegenteiligen Willen geäußert hat, in eine lebensrettende Behandlung einwilligen würde. Kann die Reanimationsbehandlung jedoch nicht mehr erreichen als eine Verlängerung des Sterbens, so erscheint es zweifelhaft, ob der Patient hierzu seine Einwilligung erteilen würde. Gesicherte Prognosen sind aber nicht in allen Fällen möglich. Jeder Arzt, der längere Zeit auf einer Intensivstation gearbeitet hat, weiß über völlig überraschende Erholungen zu berichten.

Die aktive Euthanasie — auf Wunsch des Patienten oder aus Mitleid — gilt im juristischen Sinne als Tötungsdelikt: Der Arzt macht sich strafbar, wenn er dem Patienten den Gnadentod auf dessen ausdrückliches und ernstliches Verlangen gibt. Die Tötung auf Verlangen ist in § 216 StGB mit Freiheitsstrafen von sechs Monaten bis zu fünf Jahren bedroht.

Das Recht auf den eigenen Tod ist in unserer Rechtsverordnung in soweit anerkannt, als die Selbsttötung, der Suizidversuch und die Beihilfe zur Selbsttötung nicht mit Strafe bedroht sind. Ebenfalls steht jedem frei, ober sich einer lebensverlängernden Behandlung unterziehen will.

Sterbenshilfe mit schmerzlindernden Medikamenten zur Erleichterung eines qualvollen Sterbens darf der Arzt durchführen. Er ist nicht nur berechtigt, sondern auch dazu verpflichtet (Urteil vom 30. 9. 1955 LM, Nachschlagewerk des Bundesgerichtshof, Nr 6 zu § 230 StGB). Die Gaben schmerzlindernder Mittel im Rahmen der Sterbenshilfe ist selbst dann zulässig, wenn sie zu einer Trübung des Bewußtseins und zu einer Minderung der Widerstandskraft des Sterbenden führen.

Einstellung der Bevölkerung und der Sterbenden zur Euthanasie

Ich habe bei einem ambulanten Patientengut von 500 Patienten eine Umfrage durchgeführt. 80 % waren für die passive Euthanasie, 60 % für die aktive Euthanasie. Nach einer Umfrage von Institut Allensbach 1972 waren 50—60 % dafür, daß man einem Menschen, der todkrank ist, ruhig ein Rauschgift geben soll.

Will der Patient Euthanasie? — Zahlreiche Sterbende bitten um Euthanasie. Wir erinnern an die Gespräche mit Sterbenden.

Es gibt aber auch andere Patienten, die um eine tödliche Spritze bitten, nach vier Wochen aber wieder nach Hause gehen. Ein Mann mit erheblich pektanginösen Beschwerden bat mich um eine tödliche Spritze. Vier Wochen später bedankte er sich für die gute Pflege.

Arzt und Euthanasie

Hierzu möchte ich meine persönlichen Erfahrungen und Absichten wiedergeben. Ich trete für die passive Euthanasie ein. Dem Arzt muß es überlassen bleiben, eine einmal begonnene Behandlung wieder abzubrechen, wenn sie aussichtslos ist. Ich habe auch in zahlreichen Fällen passive Euthanasie durchgeführt. Ich habe Krebskranke, die voller Metastasen waren, an einer Lungenentzündung sterben lassen. Ich habe kein Antibiotikum mehr gegeben, um diese tödliche Komplikation nicht zu verhindern. Ich habe sterbende Patienten von Infusionen, die den Blutdruck erhöhen, und von Beatmungsgeräten abgehängt. Der schrankenlose Einsatz unserer heutigen medizinischen Mittel und Möglichkeiten erzielt nicht selten ambivalente Erfolge. Man muß lernen, diese Möglichkeit für und nicht gegen den Patienten anzuwenden. Die moderne Medizin darf nicht den Weg einer seelenlosen Technik gehen. Aktive Euthanasie, z. B. eine tödliche Injektion, lehne ich ab. Ich habe bisher viele Sterbende betreut und noch nie aktive Euthanasie durchführen müssen. Dies ist auch — glaube ich — nicht oder höchstens sehr selten nötig, wenn man rechtzeitig mit der Behandlung aufhört.

Kann der Patient immer selbst entscheiden, ob er noch weiterleben oder sterben will?

Der Patient kann nicht immer selbst bestimmen, wann die lebensverlängernde Behandlung abzusetzen ist. Diese Menschen sind oft begrenzt ansprechbar und zurechnungsfähig. Oft kennen sie den Zustand gar nicht. — Der Arzt selbst muß oft entscheiden, was zu tun ist. Man muß es deutlich sagen: In bestimmten Situationen ist der Patient dem Arzt ausgeliefert. Der Arzt weiß einfach mehr; er muß für den Patienten entscheiden.

Die Bitte eines Patienten um Euthanasie muß für uns wie ein Appell an unser Gewissen klingen: Haben wir — die Umstehenden — alles getan, um dem betreffenden Menschen zu helfen, mit seinem Sterben fertig zu werden?

Wie kann man Sterbenden das Sterben erleichtern?

Der Arzt ist heute einerseits mit den modernsten, medizinischen Möglichkeiten ausgestattet, versagt jedoch oft in den Augenblicken, in welchen durch Einsatz all dieser Dinge keine Hilfe mehr möglich ist. Durch den ungeheuren technischen Fortschritt wird das Sterben nicht selten verlängert, so daß Patient und Arzt heute oft mehr Zeit mit dem Sterben verbringen als noch vor zwei oder drei Jahrzehnten. Dadurch wird das Abhängigkeitsverhältnis zum Arzt vertieft.

In den Vorlesungsverzeichnissen ist das Thema Sterben ausgespart. Allein von der Ausbildung her war der Arzt kaum jemals schlechter vorbereitet. Im offiziellen Lehrplan und in den Kliniken wird das Thema kaum angesprochen. Arzt, Theologen und Pflegepersonal müssen aber auch in der Beschäftigung mit dem Sterbenden geschult werden. Diese Beschäftigung erfordert eine gewisse Reife, die sich nur mit der Erfahrung einstellt. Zuallererst müssen wir unsere eigene Auffassung vom Sterben und Tod gründlich prüfen. Der Kranke hat kurz vor dem Tod viele Bedürfnisse, die sich erfüllen lassen. Wir müssen uns die Zeit nehmen, um sie herauszufinden. Arzt, Seelsorger oder wer auch immer die Rolle übernimmt, muß den Kranken wissen lassen, daß er nicht davonläuft, wenn Wörter wie Krebs oder Tod fallen. Der Patient wird dankend diese Hinweise akzeptieren und zu jedem Gespräch bereit sein.

Ich will nun einige Formen und Möglichkeiten der Sterbenshilfe nennen (nach Sporken):

Die erste Form der Sterbenshilfe besteht in einer guten Pflege. Hierbei geht es nicht nur darum, daß fachgerecht gepflegt wird, sondern auch um die menschlichen Aspekte dieser Pflege.

Eine zweite Form besteht in der Bekämpfung körperlicher Leiden und Schmerzen. Durch Anwendung von Medikamenten kann ein Arzt den Schmerz beheben, zumindest stark vermindern.

Eine weitere Form der Sterbenshilfe ist, wenn man durch Freundlichkeit im Umgang mit dem Kranken eine gute Atmosphäre schafft.

Eine vierte Form kann in der Verabreichung von Psychopharmaka bestehen. Diese sind manchmal sehr wertvoll als Überbrückung zu einer wirklich inneren Bewältigung der emotionellen Probleme, die in der letzten Lebensphase auftreten können.

Sterbensbeistand als optimale Form der Sterbenshilfe besteht darin:

1. Daß man über den Verlauf der Krankheit und die Gefühle der Unsicherheit, Angst, Aufsässigkeit, Einsamkeit und des Kummers, der damit verbunden ist, mit dem Kranken spricht.

2. Daß man eine Beziehung zu dem Kranken herstellt, in der ehrliche, offene Gespräche geführt werden. — Es wird sich folgende Frage erheben: Kann man denn zu allen Patienten persönliche Beziehungen herstellen, wie es für einen guten Sterbebeistand notwendig ist? — Diese Schwierigkeit ist nicht so groß, wie man annehmen könnte. Wenn einer der nächsten Angehörigen oder Freunde den Sterbebeistand auf sich nimmt, dann ist selbstverständlich schon eine Beziehung vorhanden. Wenn es einer von denen ist, die beruflich mit dem Kranken umgehen, ist auch leicht eine persönliche Beziehung hergestellt.

Ein weiterer wichtiger Punkt ist folgender: Derjenige, der hilft, muß nicht nur den Sterbenden, sondern vor allem sich selbst kennen. Wenn der Helfer seine eigenen Gefühle nicht kennt und diese in der Beziehung zu dem Sterbenden nicht anzuwenden versteht, wird das einen negativen Einfluß ausüben.

Wer sollte diesen Sterbebeistand leisten? Man könnte sagen, daß der behandelnde Arzt am ehesten in Betracht kommt. Er ist in der Gesamtsorge für den Kranken die verantwortliche Person. Es gibt aber auch Gründe dafür, daß die Krankenschwester oder der Krankenpfleger besser im Stande sind. Sie sind öfter bei dem Patienten als der Arzt. — Einer der nächsten Angehörigen oder engen Freunde könnte dem Patienten diesen Dienst ebenfalls erweisen. — Schließlich sprechen viele Argumente dafür, den Sterbebeistand als eine Aufgabe für den Pfarrer anzusehen. Die Hilfe bei der Bewältigung der Existenzfragen gehört ja gerade zum Kern seiner pastoralen Aufgaben.

Der Patient wird selbst bestimmen, wer helfen soll. Seine Wahl kann auf eine dieser Personen fallen, je nach dem, wem er das meiste Vertrauen schenkt. Er wird das nicht ausdrücklich formulieren. Es ist wichtig, die Signale und Gebärden des Sterbenden zu verstehen.

Manchmal wird die Frage gestellt, ob nicht spezielle Sterbebegleiter ausgebildet werden sollen, die in den Krankenhäusern angestellt sind. Wir finden sie in Amerika. Die Nachteile: Sie kommen in einer sehr isolierten Funktion als Sterbenshelfer zu einem Kranken. Diejenigen, die den Kranken normalerweise umgeben, können diese Aufgabe nun von sich schieben. Der Patient hat keine wirkliche Wahl mehr, den aus seiner Umgebung zu bestimmen, zu dem er das meiste Vertrauen hat. — Die Sterbebegleiter haben auch viel Positives. Eine wichtige Aufgabe des modernen Krankenhauses ist es, sich auf die Probleme einzustellen, die der Tod mit sich bringt. Betreut werden müssen nicht nur Sterbende, sondern auch die Angehörigen. Häufig erleben wir, daß ein alter Mann oder eine alte Frau nach dem Tod des Partners allein dasteht und gar nicht weiß, was er mit sich anfangen soll. Hier sind Arzt und Pflegepersonal oft überfordert. Diese Sterbebegleiter könnten hauptamtlich tätig sein und sollten theologisch, psychologisch, medizinisch und auch in sozialen Fragen ausgebildet werden.

Was ist von Sterbekliniken zu halten, wie sie in England bestehen? Diese sind nicht abzulehnen. Hier findet sich geschultes Personal. Arzt und Pflegepersonal können ganz auf den Patienten eingehen. Sie können sich mit ihm über dessen Zustand unterhalten und seine Sorgen anhören. Patienten und Angehörige wissen, daß mit Hilfe von Apparaten, Medikamenten und gut ausgebildetem Fachpersonal alles getan wird, um das Leben zu verlängern und das Sterben zu erleichtern.

Literatur beim Verfasser

ÄRZTLICHE UND SEELSORGERLICHE FÜHRUNG »CHRONISCH« UND »UNHEILBAR« KRANKER*

von Hans Gödan

I. Zur Begriffshygiene

Wenn wir auch nur den zaghaften Versuch machen, ein wenig Begriffshygiene zu treiben, dann stoßen wir bereits auf den Tatbestand, daß die Medizin *einzelnen* Krankheiten gegenüber gar nicht begriffsstutzig ist, aber dem *Wesen* der Krankheit gegenüber eine Begriffsverlegenheit zeigt. Wir erkennen drei Möglichkeiten des wissenschaftlichen Verhaltens angesichts solcher Verlegenheit: a) Die Ausblendung der Begriffsbestimmung für Krankheit und Gesundheit, wie wir sie zum Beispiel in dem dreiundzwanzigbändigen Handbuch der Inneren Medizin finden. b) Den Versuch einzelner, aus der medizinischen Wissenschaft heraus zu einer Begriffsbestimmung zu gelangen. c) Die Bemühung philosophischer, religiöser und anthropologischer Systeme von der Seite der Medizin.

Innerhalb solcher Unklarheit und Verlegenheit sprechen wir dann auch noch von »chronischer« oder gar »unheilbarer« Krankheit, ohne zu ahnen, welche Schwierigkeiten wir uns selbst und welchen Schmerz wir dem Patienten und seinen Angehörigen zufügen. »Chronisch« Kranke drücken das mitunter viel derber und zutreffender aus, wenn man ihnen mit 50 Jahren keine leichtere Arbeit zuteilen will. Sie sagen: »Wir sind Schrott.« — Schon das Wort »altersbedingt« kann zum Stolperdraht der Behandlung werden. Ich bin darauf frühzeitig aufmerksam geworden; denn als mein Vater 50 Jahre alt war, gebrauchte ein hervorragender Arzt in meiner früheren Heimat ihm gegenüber das Wort »altersbedingt«. Mein Vater hat darauf den Arzt gewechselt. Er ist jetzt 91 Jahre alt.

Aber bleiben wir bei den Begriffen »chronisch« und »unheilbar«. Es ist *nach* dem letzten Kriege eine Frage aufgetaucht, womit der Medizin kein guter Dienst erwiesen wurde: »Ist der Mensch etwa in

* Herrn Prof. Dr. med. Dr. rer. nat. G. Weitzel gewidmet.

gewissem Maße ›biologischer Schund‹«? Während aber im vorigen Jahrhundert ein großer Forscher das menschliche Auge als eine Fehlkonstruktion bezeichnete, wird die den *ganzen* Menschen umfassende Frage, ob er biologischer Schund sei, bei den Heilberufen unbewußt eine Intention erzeugen, wenn auch eine negative. Und wir wissen, daß sich auch negative Intentionen in der Einstellung zu anderen und zu sich selbst hemmend auswirken. Der Engländer spricht hier, worauf Viktor E. Frankl einmal aufmerksam macht, von *attention and intention.* So ist mit den Begriffen »chronisch«, »unheilbar«, »altersbedingt« bereits unbewußt eine Vorstellung verbunden worden, noch bevor wir sie definieren konnten. Denn es spricht sich sehr schnell herum, wenn Schwestern und Pfleger jene Zimmer, in denen die über 60 Jahre alten Patienten liegen, das Opatorium nennen. Die Wirkungen nur dieses einen Beispiels sind schwer zu verfolgen und zu korrigieren.

Leichter dagegen ist das zu korrigieren, was wir bisher als »chronisch« oder »unheilbar« bezeichneten, es sei denn, es handelt sich hier um die heimliche Rechtfertigungslehre der Medizin. Auf der medizinischen Erfahrung läßt sich jedenfalls keine Begriffshygiene aufbauen, denn schon Hippokrates nannte die Erfahrung, die *peira,* trügerisch (*sphaleré*). Die römischen Ärzte übersetzten später peira mit *experimentum.* Machen wir dasselbe sprachliche Exempel einmal mit »chronisch«. Das Wort kommt von *chronos* = Zeit. Zeit aber heißt im Lateinischen *tempus.* Und dabei denken wir eher an Tempo einerseits oder an temporär andererseits. Will der römische Arzt eine Krankheit als »chronisch« bezeichnen, dann muß er z. B. das Wort *longinquus* wählen. Aber in unserer eigenen Sprache sind wir begrifflich damit nicht weitergekommen. »Chronisch« erhielt metaphysische Potenz.

Falls unser medizinischer Nachwuchs wenigstens im Pschyrembel nachschlägt, findet er: »Chronisch: ... langsam sich entwickelnd, langsam verlaufend.«[1] Leider ist nicht gesagt, daß dieser langsame Verlauf auch in Richtung Heilung gehen kann. Wer im Real-Lexikon der Medizin nachschlägt, erfährt wenigstens, daß eine chronische Krankheit »von langer Dauer« ist, also nicht unbedingt mit dem Tode enden muß[2].

---

[1] W. Pschyrembel, Klinisches Wörterbuch mit klinischen Syndromen, 251. A. Berlin 1972, S. 206.

[2] Real-Lexikon der Medizin und ihrer Grenzgebiete, München—Berlin—Wien 1967, Bd. 2, S. C 142.

Wenn wir überhaupt die Begriffe »chronisch« und »unheilbar« in der medizinischen Sprache belassen wollen, so sollten wir sie eindeutig nur der Pathologie und der Psycho-Pathologie anvertrauen, während wir uns in Diagnose, Prognose und Therapie nicht davon beeinflussen lassen sollten. Hier laufen wir sonst Gefahr, daß unser innerer Blick auf den Kranken festgefriert, ja, daß wir jene fragwürdigen Begriffe sozusagen als Feigenblatt benutzen, um entweder die Blöße unserer Wissenschaft oder unsere eigene zu bedecken. »Chronisch« und »unheilbar« sind keine Krankheitssymptome, sondern Ausweise einer Wissenschaft, die trotz gewaltiger Fortschritte zugibt, daß sie eine *medicina peregrinans* ist, die die jeweilige Gegenwart möglichst rasch überholt. Mit anderen Worten: Jene so oft genannten Begriffe sind das »Nochnicht« der Medizin, wenn wir die menschliche Unzulänglichkeit außer acht lassen und nur den reinen Begriff ins Auge fassen.

Zur Begriffshygiene gehört schließlich auch die Frage, ob die Mitteilung, jemand leide an einer chronischen Erkrankung, richtig oder wahr ist. Der Pharmakologe Paul Pulewa hat in einem Beitrag »Zur Wahrheitsfrage in der Medizin«[3] gesagt: »Begabte Empiriker können Wahrheit finden und danach handeln.« Als eines seiner Beispiele nennt er die 1785 durch Withering gefundene Digitalis-Therapie. Aber ist hier wirklich die Wahrheit gefunden worden? Nein! Nicht die Wahrheit, sondern etwas Richtiges wurde hier entdeckt. Es gibt meines Erachtens viel mehr chronische Probleme in der Medizin als chronische Krankheiten[4].

Darum ist es besonders notwendig, dort auf strenge Begriffshygiene zu achten, wo Arzt und Seelsorger gemeinsam den Kampf für die Gesundheit aufnehmen[5]. Wir sollten uns weigern, folgendes seltsame

[3] In: K. Ulmer, Die Wissenschaften und die Wahrheit, Stuttgart 1966.

[4] Eingehend bin ich auf dieses Problem eingegangen in meinem Buch: Die sogenannte Wahrheit am Krankenbett, Darmstadt 1972, in: Reihe »Impulse der Forschung«, Nr. 9.

[5] Ich habe in Wort und Schrift immer wieder darauf hingewiesen, zum Beispiel in folgenden Büchern: Christus und Hippokrates. Gemeinsame Zentralprobleme in Medizin und Theologie, Vorworte von Prof. D. theol. A. Köberle und Prof. Dr. med. H. J. Wolf, Stuttgart 1958. Die deutsche Ausgabe ist vergriffen, während die holländische noch lieferbar ist (Wever, Franeker); Der Mensch ohne Krankheit. Christlicher Auftrag und medizinischer Forschritt, Hamburg 1964; Heilung des Todes, Wuppertal 1971; Die sogenannte Wahrheit am Krankenbett, »Impulse der Forschung«, Darmstadt 1972.

Schauspiel länger zu erleben: Auf der einen Seite sehen wir die Theologie, die den klaren Auftrag Christi »zu heilen und zu verkünden« durch stoische Weisheiten, später durch mancherlei Fundstücke aus der Gegend der Philosophie ersetzt, da sie hier kein Umweltschutz hindert. Hinzu kommt die »Lernbereitschaft« gegenüber der Psychologie, die zum Schlagwort wird, wenn jener Auftrag Christi vergessen ist. Denn auf der andern Seite steht die reiche und dennoch suchende Wissenschaft der Psychologie, die die Theologie nicht zum Lernen, sondern zum Helfen ruft, wie es z. B. Michael Balint angesichts der »traurigen« Situation am Krankenbett tut . . .

Darum reicht es nicht aus, wenn Reinhard Lohmann über einen sehr lesenswerten Artikel »Der chronisch körperlich Kranke« [6] als Untertitel »Somato-psychischer Zugang« setzt. Es darf der pneumatopsychische Zugang nicht übersehen werden. Wir müssen ihn freischaufeln. Ich nannte dies »Die Unzuständigkeit der Seele«.[7]

Und dies führt uns zugleich zu einem neuen Problem der Begriffshygiene: Alle, die eine »chronische« oder eine »unheilbare« Krankheit durchleiden oder diese Kranken betreuen, sollten wissen, daß die Seele, die der Seelsorger meint, etwas anderes ist als die, welche der Psychotherapeut betreut.

Wir sollten hinsichtlich »chronisch« und »unheilbar« erkennen, daß wir in der Heilkunde uns nicht mit Aristoteles behelfen können, für den die Wahrheit ein Beziehungsbegriff war, nämlich die Übereinstimmung einer geäußerten oder gedachten Behauptung mit der Sache. Für ihn gab es dann immer nur zwei mögliche Urteile: Eine Aussage war entweder »wahr« oder »falsch«. Eine dritte Möglichkeit ist nicht gegeben: *tertium non datur*. Hier bringt uns die Quantenlogik ein Stück weiter, für die es auch Aussagen gibt, über die noch ein drittes Urteil möglich ist, nämlich das Urteil »nicht entscheidbar«, beziehungsweise »noch nicht entscheidbar«. Wir begegnen hier, so möchte ich sagen, der dritten Dimension der Logik. Aber es ist eine Logik ohne Fenster auf den Menschen hin. Damit die Wahrheit auf den Gesunden und den Kranken heilsam wirke, brauchen wir eine noch höhere Form der Logik. Wir bedürfen eines vierdimensionalen Denkens, das erkennt, daß der Mensch informierbar ist und daß die Wahrheit die richtige *und* wahre Information des Lebens bedeutet, eine Einformung, die der Vergänglichkeit wehrt.

---

[6] Internist 13 (1972), S. 452—460. — [7] H. Gödan, Stuttgart 1961.

Der pythagoräische Lehrsatz ist *richtig*, nicht wahr. Für unser Empfinden liegt hierin ein Ton der Endgültigkeit. Es kommt oft noch der Ton des Erledigtseins hinzu; denn was ich als richtig bewiesen habe, braucht nicht noch einmal bewiesen zu werden. Der Gegensatz zu »richtig« ist »falsch«. »Richtig« und »falsch« gehören zu den wichtigsten Ordnungsschemata dieser Welt, auch der Wissenschaften. Hans Driesch hat einmal gesagt: »Daß Ordnung sein muß, fühlt jeder Mensch. Der Philosoph weiß darum.« Aber — und hier möchte ich meinen Lehrer Hans Driesch ergänzen — der Kranke, auch wenn er von Beruf Philosoph ist, ist zu schwach zum Gebrauch jener Ordnungsschemata. Sagt der Arzt zu dem Patienten etwas, was medizinisch richtig ist, was zum Beispiel an die Begriffe »chronisch«, »unheilbar«, »altersbedingt« auch nur im entferntesten erinnert, sehen der Patient und seine Angehörigen hierin die Endgültigkeit. Ein Urteil ist gesprochen. Hingegen kennt die Wahrheit viele offene Tore durch diese Endgültigkeit. Während die Richtigkeit immer zurückschauen muß und alle Befunde und deren Deutung stets zur Verfügung haben muß, also retrospektiv ist, wirkt die Wahrheit immer auf das, was noch nicht ist, und bewirkt es; sie ist prospektiv.

II. Was sagen wir dem Patienten oder seinen Angehörigen?

Nehmen wir als Beispiel einen sogenannten chronisch Kranken in höherem Alter. Selbst diejenigen Kollegen, die nur rein naturwissenschaftlich vorgehen wollen, finden hier zumindest jenes dritte Urteil, das uns die Quantenlogik bescherte: »Nicht entscheidbar«. Sie sagen dann keine Lüge, geben aber auch keine allzu große Hilfe. Grundsätzlich sollte eher gelten, daß wir dem Patienten und seinen Angehörigen methodisch vermitteln, daß und wie wir gegen Krankheit, Alter und Tod zu kämpfen haben. Dieser Unterricht am Krankenbett, wie ich es nennen möchte, gelingt, wenn man ihn nicht nur ein Semester durchführt. Wenn es möglich gewesen ist, zu Beginn des Zweiten Weltkrieges das amerikanische Volk, das sich nicht einmischen wollte, mit allen zur Verfügung stehenden Mitteln sozusagen kriegsreif zu machen, so muß es auch möglich sein, Patienten kampfesreif zu stimmen. Daß dies möglich ist, dafür nur ein einziges Beispiel: Einer meiner Patienten, der an einer Herz-Dekompensation und einer chronischen Lähmung litt, die ihn gezwungen hatte, sein ganzes Leben anders zu gestalten, wollte mit 74 Jahren unbedingt auch sterben, nachdem er seine Frau verloren hatte. Es war nicht leicht, ihn zu einer kämpferischen Lebensbejahung zu erziehen. Ich durfte hier nicht lockerlassen, und seine Pflegerin habe ich entsprechend instruiert. Der Patient nahm allmählich wieder voll am Leben teil, diskutierte eifrig auf den Bänken der Anlagen, machte zwei Hirnerschütterungen durch mit äußeren Verletzungen und überstand vier Lungenentzündungen. Mit 94 Jahren verzog er, mit 96 Jahren endete sein Leben. Und hier frage ich mich, ob es nicht richtig gewesen wäre, ihn von seinem Umzug abzuhalten.

Wie aber gelingt es uns, bei chronisch, ja selbst unheilbar Kranken den Kampf gegen Krankheit und Tod aufzunehmen, und zwar auf seiten des Patienten und seiner Angehörigen?

1. Naturwissenschaftlich-medizinisches Vorgehen

Der Arzt muß hier gerade auch als Naturwissenschaftler ein reines Gewissen haben. Das gelingt ihm einmal dadurch, daß er »chronisch« und »unheilbar« nicht als faktische, sondern als fakultative Bezeichnungen auffaßt und erläutert.

Wie leicht sind wir selbst geneigt, eine langdauernde Krankheit etwa dem Alter des Patienten zuzuschreiben. Und hat nicht der Altmeister der Gerontologie und Geriatrie, Max Bürger, das Alter als irreversiblen Vorgang bezeichnet? Darüber sind inzwischen erhebliche Zweifel aufgetaucht; unabhängig voneinander haben Günther Weitzel und ich 1964 an verschiedenen Stellen und mit verschiedenem Werkzeug diese Zweifel ans Licht gebracht.[7] Ich darf Weitzel zitieren: »Die Biochemie scheut sich nicht, hier von einer etwas kühn anmutenden Arbeitshypothese auszugehen: Sie betrachtet das Altern als eine chronisch schleichende Erkrankung, die ihre Ursache in an sich reparablen Stoffwechselstörungen hat.« Entsprechende Tierexperimente berechtigen zur Aufstellung einer solchen Hypothese. Am 16. April 1966 berichteten in »Nature« Nandy und Bourne über die Möglichkeit, Lipofuscin, das wahrscheinlich der sichtbare Ausdruck für das sogenannte Altern der Nervenzellen ist, aufzulösen. Ich kenne durchaus auch die Gegenargumente, daß man Lipofuscin auch in jun-

---

[7] G. Weitzel, Weltanschauliche Aspekte der Biochemie, Naturwissenschaftliche Rundschau, 1964.

H. Gödan, Der Mensch ohne Krankheit. Christlicher Auftrag und medizinischer Fortschritt, Hamburg 1964.

gen Organismen finde. Das spräche dann aber doch nur *dagegen,* daß Altern eine Funktion der Zeit ist, und für den Vorschlag, hier eine biochemische Entgleisung zu sehen. So betonte auch Lindlar auf der 52. Tagung der Deutschen Gesellschaft für Pathologie in Würzburg 1968, daß Lipofuscin als Polymerisationsprodukt ungesättigter Fettsäuren im Verlaufe zellulärer Stoffwechselstörungen der Nervenzellen entstehe. — Aber kehren wir zurück zu Nandy und Bourne! Sie zeigten an Hand von Lipofuscin-Ablagerungen in den Neuronen von hundert senilen Meerschweinchen, daß dieser Ablagerungsprozeß reversibel ist, und zwar mit Hilfe von Centrophenoxin.

Schon zu wissen, daß die Medizin sich mit solchen Dingen ernsthaft beschäftigt, bedeutet für manche chronisch Kranke und ihre Angehörigen eine Hilfe. Hier wird man dann durch Beispiele nachhelfen. So sind mir fünf Patienten bekannt, deren Angehörigen man gesagt hatte, sie hätten noch zwei Jahre zu leben. Ich betreue sie noch heute, nach 15 Jahren. Jeder von uns kennt Leute, die der Überzeugung sind, sie litten an einer chronischen seelischen Störung und bedürften unbedingt der Psychotherapie.

Keinem von uns wird es an Beispielen mangeln, dadurch Hoffnung zu geben, daß wir von sogenannten unheilbaren Krankheiten berichten, die heute leicht zu behandeln sind. So werde es für jedes Leiden, dem wir heute noch nicht beikommen können, eines Tages das entsprechende Mittel geben. Ein eigenes Beispiel: Ich entdeckte kurz nach dem Kriege einen Kranken, der an Tularämie litt. Das einzige Mittel, das ihm hätte helfen können, war Streptomycin. Dieses Mittel aber wurde erst in den Kliniken der angelsächsischen Länder erprobt. Ich versuchte zweierlei: Erstens, daß der Patient nicht nur seinen Körper, sondern auch Seele und Geist den Kampf gegen die Krankheit weiterführen ließ, und zweitens, daß mir über die Verwaltung der englischen Zone entsprechende Mengen des Streptomycin zur Verfügung gestellt würden. Ich erhielt eine sehr kollegiale Mitteilung, wonach das Mittel noch nicht freigegeben sei, auch nicht in den Ländern, wo es erprobt wurde. Der Patient hat leider die Freigabe auch in Deutschland nicht mehr erlebt. Und trotzdem ist gerade sein Krankheitsverlauf ein Zeichen dafür, wie oberflächlich die Vorwürfe mancher Angehörigen und auch der Öffentlichkeit sind, daß Ärzte die Leiden nur in die Länge zögen, obgleich sie doch wüßten, daß es noch nichts dagegen gibt. Umgekehrt hat mancher Patient durch sein kämpfendes Ausharren den Zeitpunkt erlebt, wo ihm das rettende

Mittel geboten werden konnte. Schon diese wenigen Beispiele zeigen, daß die Verwendung der Begriffe »chronisch« und »unheilbar« nicht nur roh, sondern auch tödlich sein kann.

Es ist für den Patienten und seine Angehörigen zweifellos eine Hilfe, wenn sie erfahren, daß der Arzt hier nicht nur persönliche Erfahrungen wiedergibt, sondern daß man an der Behandlung sogenannter chronischer und unheilbarer Krankheiten wissenschaftlich arbeitet und daß es schon Forschungsarbeiten gibt, ja, sogar eine bekannte Monographie, in der der Verfasser die einzelnen sogenannten chronischen Krankheiten abhandelt.[8]

2. *Psychologische Hilfsstellungen*

a) Das Unbewußte gebraucht nicht nur selbst eine Bildsprache, sondern wir müssen uns auch der richtigen Bilder bedienen, um von uns aus es anzusprechen. So beklagen sich zum Beispiel manche Patienten, daß sie laufend Medikamente nehmen müßten oder regelmäßig Injektionen erhalten. Sie empfinden dies nicht etwa als Belästigung, sondern als ein Zeichen, daß sie laufend krank oder zumindest nicht ganz in Ordnung sind. Hier haben sich mir im Laufe der Jahre drei Bilder als ausreichend erwiesen. Da die meisten dieser Patienten Brillenträger sind, ist ihnen leicht verständlich zu machen, daß ihnen die Brille ja nicht nur für einige Monate verordnet wurde, sondern daß sie selbst wissen, daß sie immer eine tragen werden müssen. Sie lassen sich dann leicht davon überzeugen, daß auch ihre Organe eine Art Brille brauchen, die dann allerdings nicht nach physikalischen Gesetzen bestimmt wurde, sondern nach chemischen. Pillen und auch Spritzen als chemische Brille ist eine Vorstellung, die die stillen Anklagen gegen den eigenen Körper und gegen den Arzt zum Verstummen bringt. Anderen, die sich regelmäßig untersuchen lassen müssen, hilft die Frage über ihren Unwillen hinweg, warum sie denn ihren Pkw zu regelmäßigen Werkstattkontrollen und außerdem zum TÜV bringen müssen, obwohl der Wagen ausgezeichnet fährt. Denjenigen drittens, deren chronische Krankheit darin besteht, daß sie sich stets mit dem Stärkeren vergleichen, rezeptiere ich Pillen, bei denen ein Bestandteil Bruchteile eines Milligramms wiegt.

---

[8] A. T. Todd, Treatment of some chronic and »incurable« diseases, Bristol 1947.

Und dann frage ich sie, ob es ihnen lieb wäre, wenn der Apotheker diese immerhin stark wirkenden Mittel auf einer Dezimalwaage wiegen würde; und ich erkläre den Unterschied zu einer Apothekerwaage. Die Patienten verstehen diesen Vergleich. Aber es ist gut, ihnen zusätzlich zu sagen: »Sehen Sie, Sie gleichen einer Apothekerwaage. Und genauso, wie wir nicht ohne Apothekerwaagen auskommen, kommt die Welt nicht aus ohne Menschen wie Sie.«

b) Die psychische Infektion durch die Kampfstimmung eines dem Patienten Nahestehenden kann entscheidend sein. Es handelte sich um einen nach allen wissenschaftlichen Kriterien und nach den Aussagen mehrerer Untersucher unheilbar Kranken, der kurz vor dem Ende stand. Als die Mutter davon erfuhr, brach sie nicht zusammen, sondern sagte nur: »Das wollen wir mal sehen. Darf ich meinen Sohn immer besuchen?« Es wurde der Mutter erlaubt. Die Behandlung wurde weitergeführt, aber entscheidend war hier zweifellos der kämpfende Glaube gegen den Tod.

3. Geistige und geistliche Hilfestellung

Vor dem geistigen Auge jedes Arztes muß selbst bei schwersten Krankheiten immer der geheilte Patient stehen. Wir müssen von der Zukunft her handeln, um der Gegenwart gewachsen zu sein. Die Einstellung des Arztes kann den Befund bereits ändern. Es ist interessant, daß wir als Psychotherapeuten hier geradezu über ein Wort Goethes stolpern. Viktor Frankl erwähnt es und ebenso Walter Schulte. Es lautet: »Wenn wir den Menschen so nehmen, wie er ist, dann machen wir ihn schlechter; wenn wir ihn aber so nehmen, wie er sein soll, dann machen wir ihn zu dem, der er sein kann.« Walter Schulte spricht in diesem Zusammenhang einmal davon, daß es notwendig sei, dem Hilfsbedürftigen »mit dem Zutrauen immer schon ein Stück voraus zu sein . . .«.

Darf ich in der Geschichte noch ein Stück weiter zurückführen. Ich denke an eine Argumentation Martin Luthers, die zwar in seiner lateinisch gehaltenen Römerbriefvorlesung 1515/16 geschrieben wurde, aber für das moderne Verhältnis zwischen Arzt und chronisch Krankem immer noch grundlegend ist. Für Luther ist der Noch-Kranke »gesund . . . kraft der gewissen Zusage des Arztes, dem er glaubt als dem, der ihn schon gleich als einen Gesunden ansieht, weil er dessen gewiß ist, daß er ihn heilen wird . . .«. So antizipiere auch Gott das

Resultat und sieht in dem Sünder nur den Gerechten und läßt es den Menschen wissen, wie es der Arzt den Patienten wissen läßt. Eine solche Antizipation der Gesundheit bei chronisch Kranken hilft selbst bei Menschen, die nur noch wenig Erinnerung an eine christliche Erziehung haben. Sie reagieren geradezu erlöst auf das, was wir bisher als einen Gedankengang Luthers kennzeichneten, der aber von Luther dem Neuen Testament abgelauscht wurde. Wir sind nur zu schüchtern geworden, dieses Heilmittel individuell dosiert und individuell formuliert zur rechten Zeit einzusetzen.

Was Luther dem Neuen Testament ablauschte, war nicht zuletzt der Grimm Christi und der Urkirche gegenüber Krankheit und der chronischsten Krankheit, dem Tod. Ich betone ausdrücklich, daß ich hier nicht das Wunderproblem aufrollen will, sondern daß es genügt, die Regeln der Verhaltensforschung anzuwenden. Zur Struktursyntax dieses Verhaltens Christi und der Urkirche gehört, daß sie selbst eine gelähmte Hand nicht mit Hilfe psychologischer Mittel annehmbar machen, »sublimieren« wollen, sondern daß sie auch hier den Kampf aufnehmen. Wie wichtig die Übernahme der Verhaltensstruktur des Kämpfens für Arzt, Angehörige und Patienten ist, dafür wissen wir alle Beispiele genug. Ich möchte nur eines erwähnen, das in unserer weiteren Familie sich abspielte. Eine Sechzigjährige wurde wegen chronischen Bandscheiben-Schadens laufend von ihrem Arzt behandelt. Schließlich werden die Schmerzen in der Brustgegend erheblich; bei einer neuen Untersuchung stellt man fest, daß sie einen Infarkt durchgemacht hatte, der nach dem EKG bereits vernarbt war und zirka sechs Wochen zurücklag. Aber mit diesem Infarkt hat die Patientin ihren Haushalt versorgt, vor allem aber für ihre Kinder gelebt. Und hier begegnet uns wieder eine andere Art von kämpferischer Einstellung, die sogar eine Fehldiagnose wirkungslos zu machen vermag.

Lassen Sie sich anstiften zur Vermeidung von »chronisch« und »unheilbar«. Wir könnten diese Begriffe eher für autoaggressive Vorgänge in unserer Wissenschaft gebrauchen.

Darum mag noch einmal Luther zu uns sprechen. Ich zitiere in der Übersetzung von Kurt Aland:

»... deshalb bitte ich Dich, daß Du mit uns den Herrn bittest, Dich länger am Leben zu erhalten zum Dienst seiner Kirche und dem Teufel zum Verdruß. Denn Du siehst ja, unser Leben erweists auch, was für Männer und Gaben seine Kirche braucht ... gehab Dich wohl, mein lieber Friedrich, der Herr lasse mich nicht hören, daß Du gestorben bist, solange ich am Leben bin, sondern er lasse Dich mich überleben! Das bitte ich, das will ich, mein Wille geschehe, Amen. Denn dieser mein Wille sucht die Ehre göttlichen Namens, gewiß nicht mein Wort noch Vorteil.«

Friedrich [Myconius] blieb am Leben. Er starb im gleichen Jahre wie Luther, 1546.

Wir wissen heute, daß ein verkrampftes Ankämpfen gegen Angst und Furcht geradezu deren Amme ist. Sie gedeihen dadurch. Luther hat das zumindest geahnt, wenn nicht gewußt. Denn er nimmt jenen Kampf gegen Krankheit und Tod aus dem Bereich der Angst und gibt ihm ein ganz neues Motiv. Im Winter 1517/18 hält er seine Hebräerbriefvorlesung. Hier gibt er in den Scholien zu Kapitel 2,14 eine der harten Realität angepaßte Motivation. Gottes eigenes Werk, sagt er, zeige die herrlichste Art zu siegen: Den Gegner mit dessen eigenen Waffen zu schlagen und ihn in sein eigenes Schwert zu stürzen *(suo gladio iugulare)*. Zu diesen Gegnern rechnet er nicht zuletzt auch die chronische Krankheit. Gelingt es zur Zeit noch nicht, sie zu heilen, dann sollten wir versuchen, sie in unsere Dienste zu zwingen. Das Prinzip des »suo gladio iugulare« garantiert uns, daß wir subjektiv und objektiv dem Menschen gegenüber immer ehrlich sein können. Vor allem dürfen wir konsequent bleiben in der Verfolgung jeder Krankheit. Und dort, wo sie noch stärker ist als wir, brauchen wir sie nicht mehr als segensreich anzubeten und uns so innerlich zu vergewaltigen. Vielmehr verrichtet sie dann ein *opus alienum*, ein ihr selbst fremdes Werk. Sie ist zu unserer Sklavin geworden, und u. U. ohne Kündigungsschutz. Sieht man aber in Gott nur eine Chiffre für die Mitmenschlichkeit, verhängt man diesen einzigen Ausweg mit soziologisch gefüttertem Plüsch.

ALLGEMEINE UND MEDIZINISCHE ASPEKTE DER SUIZIDALITÄT

von Günter Hole

Das Thema, um das es hier geht, reicht nicht nur in die verschiedensten Bereiche unseres Lebens und unserer Sicht vom Menschen hinein, sondern es ist auch in starkem Maße affektbesetzt. Daß der Mensch die Möglichkeit hat, sich selbst zu töten, macht ihn unheimlich und in einem radikalen Sinn unverfügbar. Ein solches — scheinbar freies — Bestimmen über den Fortgang des eigenen Lebens erzwingt daher auch von der Gesellschaft unausweichlich eine Stellungnahme mit entsprechender Bewertung und Bewältigung dieses Verhaltens. Sie kann von der schroffen, kompromißlosen Ablehnung über die soziale und rituelle Reglementierung bis zur Verherrlichung des Selbstmordes gehen, und die Kulturgeschichte bietet eindrucksvolle Beispiele für jede dieser Einstellungen. Jedenfalls ist die individuelle Reaktion, die jeder von uns in Konfrontation mit dem Thema des Suizids zeigt, zu einem großen Teil von diesen vorgegebenen Wertungen abhängig.

Auf der anderen Seite freilich wird unsere individuelle Einstellung zum Suizid in hohem Maß von den eigenen inneren Gegebenheiten und Tendenzen, also der eigenen Struktur und Psychodynamik bestimmt. Je weniger diese Determinanten bewußt sind, desto mehr wirkt sich erfahrungsgemäß ihr Einfluß auf diese Einstellung aus. Von beiden Momenten, der kulturgeschichtlichen Tradition *und* der eigenen Psychodynamik, sind auch alle Versuche einer anthropologischen, soziologischen und psychologischen, erst recht natürlich philosophischen und theologischen Einordnung des Phänomens abhängig. »Sowohl die Verurteilung wie die Bewunderung des Selbstmordes charakterisieren die Existenz des Urteilenden«, sagt Jaspers. Dieser Situation hat man angesichts der Themastellung zunächst einmal eingedenk zu sein. Es ist eine Illusion, zu meinen, wir seien — auch als klinisch Gesunde — in unserer Einstellung zum Suizid frei.

Bis in die jüngste Zeit hinein haben im abendländischen Raum Auffassungen von stark wertendem Charakter dominiert. In der *Philoso-*

phie nahmen diese das ganze Spektrum von der Ablehnung bis zur Verherrlichung des Suizids ein, und es wäre interessant, den Hintergründen dieser einzelnen Positionen nachzuspüren. Bemerkenswert ist jedenfalls das auffällige Pathos, das die jeweiligen Argumentationen durchzieht. Vielleicht zeigt sich in diesem auch etwas von der existentiellen Tiefenlotung dieser Frage überhaupt. Es sei an Camus erinnert, der sagt, daß es »nur ein wirklich ernstes philosophisches Problem« gebe: den Selbstmord, und daß alles andere Spielereien seien.

Gegenüber der Vielfalt philosophischer Positionen hat die christliche *Theologie* spätestens seit Augustin einheitlich Stellung bezogen. Für Augustin fiel auch der Suizid unter das Tötungsverbot des Dekalogs, mit dem Argument, daß der, der sich selbst töte, nichts anderes als den Menschen töte; er läßt auch für den Christen keinerlei Lage gelten, die ihn zum Selbstmord ermächtigen könnte. Das Konzil von Arles im Jahre 452 formulierte bereits dämonologische Interpretationen für den Selbstmord, kurz danach wurde den Selbstmördern das christliche Begräbnis verweigert, und es begann die bekannte Tradition diskriminierender und tabuierender Einstellungen und Verhaltensweisen auf diesem Gebiet, die bis in unsere Tage reicht. Auf theologischer Ebene wurde im Suizid der Ausdruck anmaßender Autonomie eines Menschen gesehen, der das von Gott geschenkte Leben verneint und wegwirft; die Selbsttötung qualifizierte sich so als *die* Sünde schlechthin, als definitive und irreversible Loslösung von Gott, nach Kierkegaard direkt als »Aufruhr gegen Gott«.

Solche Auffassungen, auf welcher Ebene auch immer, erscheinen verständlich und in sich konsequent, solange der Gesichtskreis nicht durch die Ahnung oder das Wissen um die pathologischen Dimensionen suizidalen Verhaltens erweitert wird. Diese Erweiterung freilich stellt im menschlichen Bewußtsein einen langdauernden Prozeß dar. Das allgemeine Gespür für das Unheimliche und Abnorme, das sich im Suizid zeigt, »unser existentielles Schaudern«, das nach Jaspers angesichts des Selbstmörders immer bleibt, vermag für sich allein die pathologischen Hintergründe der Suizidneigung offenbar nicht genügend zu verdeutlichen, wohl gerade *wegen* der starken Affektbesetztheit dieses Themas und wegen der eigenen Übertragungs-, Identifizierungs- und Abwehrvorgänge. Hier kann nur ein klares sachliches Wissen um die Suizidalität, also die wissenschaftliche Bearbeitung dieses Gebiets, weiterführen.

Wie sieht dieses Wissen gegenwärtig aus? Es läßt sich grob sichten nach einem soziologisch-statistischen, einem klinisch-psychopathologischen und einem psychodynamisch-tiefenpsychologischen Aspekt. Von der Formulierung des Themas ausgehend, betonen wir besonders die letztgenannten Aspekte, deshalb sind zum ersten Punkt hier nur einige wenige Bemerkungen möglich.

Die *statistische* Bearbeitung des Suizids unter Aufschlüsselung nach bestimmten Populationen und soziologisch definierbaren Gruppen reicht in den Anfängen schon in das vergangene Jahrhundert zurück, und seit den Arbeiten Wagners und Durkheims ist die Literatur auf diesem Gebiet sehr umfangreich geworden. Gleichwohl stehen wir noch bis zum Augenblick vor komplexen Problemen der Informationsgewinnung und Interpretation. Die globale Zahlenangabe, daß auf der Welt täglich etwa 1000 Menschen an Selbstmord sterben, wirkt zwar beklemmend und erschütternd, hat aber für sich keinen weiterführenden Erkenntniswert. Zieht man jedoch die offiziellen Zahlen der einzelnen Länder heran, so ist die Vergleichbarkeit bereits nicht mehr gewährleistet. Die durchschnittlich höhere Suizidrate in den Ländern mit höherem Lebensstandard kann nicht einfach als direkte Folge moderner Lebensbedingungen interpretiert werden, wenn sich als Folge dieser Bedingungen auch die Suizidstatistik in diesen Ländern verbessert hat. Und bestimmte Unterschiede zwischen den Konfessionen, wie sie verschiedentlich gefunden wurden — daß der protestantische Bevölkerungsanteil mehr Suizide aufweist als der katholische —, sind samt allen an sie anknüpfenden religionspsychologischen Theorien so lange fragwürdig, als die Verpönung und die Tendenz zur Verheimlichung und Verschleierung eines Suizids zwischen den Konfessionen ebenfalls gegensinnig variiert. Allein in Europa bewegt sich die offizielle Suizidrate, die allgemein pro 100 000 der Bevölkerung angegeben wird, zwischen 2 (nämlich Irland) und 40 (nämlich West-Berlin — dem Ort mit der höchsten Selbstmordzahl auf der Welt überhaupt). Eine adäquate Interpretation solcher Zahlen gelingt wirklich nur, wenn man detailliert der Vielzahl soziologischer, ökologischer und psychologischer Faktoren nachgeht, die hier mitbestimmend sind. Weiterführende Erkenntnisse zur Suizidologie sind deshalb in der Zukunft viel eher von begrenzten, jedoch sorgfältig durchgeführten Einzelstudien zu erwarten, nicht von solchen globalen Zahlenrelationen.

Unter dem *klinisch-psychopathologischen* Aspekt, um den es uns hier im besonderen geht, bietet sich ein völlig andersartiger Ansatzpunkt zum Verständnis der Suizidalität dar. Und wie schon angedeutet, relativieren sich von ihm her alle auf der Ebene philosophischer und theologischer Argumentation erstellten Bewertungen suizidaler Handlungen. Denn diese bewegen sich im Bereich der subjektiven Begründungen der Suizidhandlung durch den Suizidanten, also auf der *Motiv*-Ebene, auf der auch naturgemäß die Freiheit der Entscheidung unterstellt wird, die ja eine ethische Bewertung erst denkbar und sinnvoll macht. Die psychopathologische Betrachtung spielt sich demgegenüber auf der *ätiologischen* Ebene ab, das heißt, sie erfaßt die eigentlichen Ursachen, die überhaupt erst zum Auftreten von suizidalen Tendenzen geführt haben. Diese Unterscheidung zwischen *Ursache* und *Motiv,* die bereits auf Gaupp (1905) zurückgeht, ist nicht nur für das Verständnis der wesentlichen Determinanten der Suizidgedanken und Suizidhandlungen von Wichtigkeit, sondern auch für den Umgang und das Gespräch mit dem selbstmordgefährdeten Menschen. Man muß wissen, wann man ihn am besten von der Ursachen- und wann von der Motiv-Ebene her anspricht. Konkret: ob man ihm klarzumachen hat, daß er im Augenblick an einer psychischen Krankheit leidet, zu deren Symptomatik auch Selbstmordgedanken gehören, oder ob man primär auf seine Konflikte und seine ausweglose Situation einzugehen hat, wegen derer er nicht mehr weiterleben zu können glaubt.

Es besteht nach dem heutigen Stand der Suizidologie kein Zweifel, daß der weitaus größte Teil aller Suizide und Suizidversuche seinen Ursprung in psychischem Kranksein hat. Es handelt sich dabei also nicht nur um eine hochabnorme Handlung im Sinn des statistischen Abnormitätsbegriffs — das versteht sich ohnehin —, sondern um eine solche, die sich in der Regel auf einer definierbaren psychopathologischen Basis oder zumindest im Rahmen einer akuten Einengung oder Dekompensation der psychischen Selbststeuerung abspielt.

An erster Stelle der Ursachen stehen Depressionen und depressive Verstimmungen der verschiedensten Art. Ihr Anteil an der Gesamtzahl der Suizidhandlungen wird auf über 50 % geschätzt, wobei hier besonders die Zahl der unerkannten Depressionen mit ins Gewicht fällt; denn keinesfalls jeder depressive Patient zeigt vordergründig die klassische, auch dem Laien bekannte depressive Symptomatik. Als nächstes folgt die — naturgemäß schwer abzugrenzende — Gruppe der Neurosen, neurotischen Entwicklungen und abnorm strukturierten Persönlichkeiten, bei denen es vor allem die aus den neurotischen Mechanismen und Fehlhaltungen hervorgegangenen Konflikte und situativen Dekompensationen sind, die zu suizidalen Krisen führen. Diese Gruppe überschneidet sich teilweise mit der Gruppe der Depressiven, soweit es sich um depressiv gefärbte Störungen handelt. Ein zumindest phänomenologisch wieder besser abzugrenzender psychiatrischer Bereich stellt weiterhin der Alkoholismus und die Sucht dar, auch wenn hier natürlich die Frage der Persönlichkeitsstruktur wiederum eine wesentliche Rolle spielt. Der Anteil dieser Gruppe von Patienten beläuft sich auf etwa 15—20 %. Die engen, untergründigen Beziehungen zwischen den Suchtformen und der Suizidneigung sind seit langem bekannt; beide Male handelt es sich in gemeinsamer Endstrecke um eine Abkehr von der gegenwärtigen Lebensrealität, sei es nun im Sinne einer bloßen Flucht vor dieser oder im Sinne eines direkten Todeswunsches.

Daß die Grenze zwischen gesund und krank natürlich nicht mit Prozentzahlen abzustecken ist, braucht an dieser Stelle nicht weiter erläutert zu werden. Wesentlich scheint uns einfach die Aussage, daß der weitaus größte Teil der Menschen, die suizidale Handlungen begehen, dies aus psychischer Krankheit oder aus einer akuten psychischen Einengung heraus tun, bei der die psychischen Regulationsmechanismen versagen. Diese Einengung kann sich auch noch in anderen Bereichen als den hier angeführten abspielen. Jedenfalls hat man diese Frage um ihres Ernstes willen jenseits aller Spitzfindigkeiten um den Krankheitsbegriff anzugehen. Mit Ringel darf man ganz allgemein sagen, daß es »gewaltiger pathologischer Tendenzen« bedarf, um die intensivste Kraft der Menschen, den Selbsterhaltungstrieb, zu überwinden.

Erfahrungsgemäß freilich entzündet sich die heftigste Diskussion um den Selbstmord immer gerade an jener kleinen Restgruppe von Menschen, die scheinbar bei voller psychischer Gesundheit und in freier souveräner Willensentscheidung eine Selbstmordhandlung begehen. Dies ist begreiflich, denn hier scheint das menschliche, ethische und religiöse Problem des Suizids erst richtig zum Vorschein zu kommen und die Herausforderung des Selbstmörders an seine Umwelt eine adäquate Bewertung zu verlangen. Medizinisch und praktisch freilich ist diese Frage so gut wie bedeutungslos, ganz im Gegensatz zu der eingangs zitierten Äußerung von Camus. Denn das praktische Handeln, der Umgang mit dem akut selbstmordgefährdeten Menschen, kann sich nicht an letzten theoretischen Möglichkeiten orientieren, sondern muß von der Skala der Wahrscheinlichkeiten ausgehen.

Wie aber verhält es sich mit der genannten Restgruppe? Man hat von ihr zunächst noch jene Fälle abzutrennen, bei denen die Selbsttötung in Konkurrenz zu ranghöheren ethischen Werten erfolgt, also Handlungen, die Wiesenhütter mit dem Begriff des »Selbstopfers« vom Selbstmord im üblichen Sinn abheben möchte. Zu ihnen kann man einmal den sogenannten »altruistischen Suizid« zählen (also jene Fälle, in denen z. B. ein Mensch in der Situation der Inhaftierung Suizid begeht, um keine Geheimnisse zu verraten), ebenso auch den gesellschaftlich geforderten Suizid (z. B. daß ein Kapitän mit seinem Schiff unterzugehen hat), außerdem noch den »demonstrativen Suizid« aus politischen oder religiösen Motiven (also z. B. die bekannten, sensationellen Fälle von Selbstverbrennung, die freilich bereits schon eine Hinterfragung der Motive erfordern). Bei allen diesen Arten von Selbsttötung jedenfalls erfolgt diese im Hinblick auf überindividuelle Wertsetzungen.

So bleibt schließlich nur noch ein verschwindend kleiner Anteil von Menschen übrig, die aus einer rein individuellen Wert- und Lebensbilanz und dabei scheinbar auch aus nüchternem, »freiem« Willensentscheid heraus ihrem Leben ein Ende setzen. Für diese Konstellation wurde die Bezeichnung *Bilanzselbstmord* geprägt. Es ist freilich sehr interessant, welche Faszination dieser Begriff ausübt und wie sehr das, was anthropologisch hinter ihm gesucht wird, so seltsam kontrastiert zu der psychischen Wirklichkeit jener Menschen, auf die er überhaupt angewendet werden kann. So hat denn auch Stengel vermutet, daß er »nicht so sehr einem Bedürfnis des Selbstmörders, als dem des Untersuchers entspricht«, und darauf hingewiesen, daß man erstaunlicherweise die Frage niemals aufgeworfen habe, »was mit der Bilanz geschieht, wenn der Selbstmord mißglückt«. Wir möchten unter Hinweis auf das vorhin Gesagte hinzufügen, daß gerade diese Beispiele zeigen, wie sehr durch eine überzeugend scheinende Argumentation auf Motivebene der Blick für die ursächliche Ebene der Suizidalität verstellt werden kann. Denn wenn auch keineswegs bestritten werden soll, daß es tatsächlich einen Bilanzsuizid im Sinne der souveränen Konsequenz aus einer nüchtern erstellten Lebens- und Situationsbilanz geben kann — bei genauer Analyse der psychischen Hintergründe und Abläufe zeigt sich eben doch in den allermeisten Fällen eine Konstellation, die auf eine Einengung im dynamischen Bereich der Persönlichkeit, auf ein Versagen von Kompensationsmechanismen und auf eine selektive Ausrichtung der Gedankeninhalte hinweist.

Damit ist nun auch der oben angeführte *psychodynamische Aspekt* der Suizidalität in die Darstellung einbezogen. Die Frage, was beim Selbstmörder intrapsychisch eigentlich abläuft, welche Kräfte und

Mechanismen am Werk sind, um die selbstdestruktiven Tendenzen zu entbinden, hat seit dem Aufkommen der psychoanalytischen Betrachtungsweise eine besondere Akzentuierung erfahren. Es sei vor allem an die Diskussion um den Freudschen »Todestrieb« erinnert, die bis zum Augenblick noch nicht ausgestanden ist. Für Freud ist das, was bei der Melancholie im Über-Ich herrscht, »wie eine Reinkultur des Todestriebes«; das eigentliche Rätsel der Selbstmordneigung sieht er aber erst durch den Sadismus gelöst, mit dem »auf dem Umweg über die Selbstbestrafung«, durch eine »narzistische Identifizierung«, »Rache an den ursprünglichen Objekten« genommen wird. An dieser Stelle brechen natürlich vielerlei Fragen auf, die hier leider nicht weiter verfolgt werden können. Auf das aggressive Element in der Suizidalität, das hier anklingt, werden wir jedoch sogleich noch zurückkommen.

Weniger auf der theoretischen und interpretativen Ebene und dafür mehr im Bereich des klinischen Aspekts und der explorativ faßbaren Psychodynamik bewegt sich die Konzeption von Ringel. In dem von ihm beschriebenen *präsuizidalen Syndrom* (s. Abbildung 1) sind wesentliche Faktoren und Determinanten erfaßt, die das Vorfeld suizidalen Verhaltens kennzeichnen und die Entwicklung auf dieses Handeln hin bestimmen.

Das präsuizidale Syndrom (Ringel)

1. Zunehmende Einengung
   a) Situative Einengung
   b) Dynamische Einengung (einseitige Ausrichtung der Apperzeption, der Assoziationen, der Verhaltensmuster, der Affekte und Abwehrmechanismen)
   c) Einengung der zwischenmenschlichen Beziehungen
   d) Einengung der Wertwelt
2. Aggressionsanstauung und Wendung der Aggression gegen die eigene Person.
3. Selbstmordphantasien (anfangs aktiv intendiert, später sich passiv aufdrängend).

Abb. 1

Die innerhalb dieses Syndroms als erstes aufgeführte *Einengung* wurde bereits schon erwähnt. Gemeint ist ein Prozeß, bei dem die bisher vorhandenen äußeren und inneren Möglichkeiten der Gestaltung und Entfaltung des eigenen Lebens bis auf einen kritischen Punkt hin eingeschränkt und beengt werden, so daß das Individuum einen zunehmenden Freiheitsverlust erleidet. Wichtig sind hierbei die unterschiedlichen Arten dieser Einengung. Die »situative Einengung« *allein* kann, wie auch Ringel expressis verbis sagt, keinen Selbstmord bewirken. Im Gegenteil, der Druck der Situation und der Verlust von Möglichkeiten in der Zuspitzung der äußeren Lebenslage pflegt viel eher eine Mobilisierung der Selbsterhaltungskräfte und der psychischen Gegenkräfte allgemein zu fördern. Wäre dem nicht so, so wäre der Suizid weithin eine normale Handlung, denn solche Konstellationen sind im Leben häufig. Gerade die Zeiten äußerer, vor allem kollektiver Not und Verfolgung sind jedoch ein beredtes Beispiel für das hier Gesagte, da in ihnen die Suizidrate nicht etwa zu-, sondern abzunehmen pflegt.

Erst wenn zu der situativen Einengung die *dynamische* Einengung hinzukommt — also ein intrapsychischer Vorgang, in dem eine selektive Verarbeitung der Eindrücke und Ausrichtung der Gedankeninhalte stattfindet, vor allem eine Fixierung auf bestimmte Verhaltens- und Abwehrmechanismen und auf bestimmte negative Stimmungs- und Gefühlsmomente —, kommt es zu eigentlichen Suizidtendenzen. Das wichtigste Beispiel hierfür wäre die depressive Verstimmung mit ihrer ganz spezifischen dynamischen Einengung. Die dynamische Einengung bedeutet einen wirklichen Verlust an innerer Freiheit, sie entbindet einseitige, pathologische Reaktionsmuster, beschneidet sonst vorhandene psychische Möglichkeiten einschließlich der Entscheidungsfähigkeit selbst und kanalisiert so die psychischen Aktivitäten in Richtung der Selbstdestruktion. In Anbetracht dieser Dynamik dürfte es einleuchten, daß man den euphemistischen Begriff des »Freitods« für den Suizid nicht nur als unzutreffend, sondern, psychopathologisch betrachtet, geradezu als unsinnig bezeichnen muß. Denn hier herrscht nicht innere Freiheit, sondern bedrängende, äußerste Einengung von Freiheit, mit weitgehendem Verlust der Selbstverfügung und mit Entmächtigung der integrierenden Funktionen des Ich.

Mit der Einengung der *zwischenmenschlichen Beziehungen* kommen soziale Momente und Momente der Umweltsbeziehung ins Spiel, auf die die Suizidforschung in der letzten Zeit in vermehrtem Maße aufmerksam geworden ist. Besonders an die Verlustsituationen im Alter ist hier zu erinnern, die zwar zum normalen Lebensablauf gehören, jedoch starke Anforderungen an die Verarbeitungsfähigkeit des Menschen stellen. Mit dem Stichwort »Vereinsamung« läßt sich dieser Problemkreis wohl deutlich genug beleuchten. Und daß mit zunehmendem Alter die Zahl der gelungenen Suizide zunimmt, während in jüngeren Jahren die Zahl der Suizidversuche überwiegt (beide Kurven überkreuzen sich), zeigt deutlich, daß — neben anderen Faktoren — das Bewußtsein von der Endgültigkeit dieser Einengung die Appellfunktion der suizidalen Handlung (siehe unten) mehr und mehr zurücktreten läßt. Allerdings darf man die Einengung der zwischenmenschlichen Beziehungen auch im Alter nicht ausschließlich unter dem schicksalhaften Aspekt sehen, und in jüngeren Jahren schon gar nicht, da hier immer auch Faktoren der Persönlichkeitsstruktur und die gleichzeitige dynamische Einengung mit eine Rolle spielen. Dies gilt besonders auch für die Einengung der *Wertwelt* in Form reduzierter Wertbeziehungen und Wertempfindungen, worauf wir hier freilich nicht näher eingehen können.

Die Bedeutung *aggressiver* Potenzen für das Auftreten selbstdestruktiver Neigungen ist schon in den zitierten Äußerungen Freuds angeklungen, und zweifellos handelt es sich hier mit um eine seiner wesentlichsten, durch die Empirie weithin bestätigten Entdeckungen. Sobald die aggressiven Impulse nicht mehr nach außen entladen und abgeführt werden können, sich also anstauen, findet unter entsprechenden Voraussetzungen ihre Umlenkung gegen die eigene Person statt. Die Aggressionshemmung selbst kann verschiedene Ursachen haben, sowohl in der Persönlichkeitsstruktur als auch im Auftreten psychopathologischer Syndrome (z. B. der drepressiven Hemmung). Ihre Lösung kann daher ein direktes therapeutisches Zwischenziel sein, und in der klinischen Praxis gilt es deshalb als Fortschritt, wenn z. B. ein gehemmter Depressiver seine Aggressionen plötzlich verbal nach außen entladen kann, auch wenn dies für die Umwelt schwerer zu ertragen ist.

Das Auftreten von *Selbstmordphantasien*, als einem auf der phänomenologischen Ebene faßbaren Moment der Suizidalität, darf als ein Indikator gelten, der selbst dem Nichtfachmann Anhaltspunkte für die bestehende Selbstmordgefahr liefern kann. Typisch ist, daß solche Phantasien, die konkret die Art der auszuführenden Suizidhandlung zum Inhalt haben, in der Regel zunächst nur im Stadium der aktiven Überlegungen und Erwägungen eine Rolle spielen, also steuerbar sind. In einem späteren Stadium der suizidalen Entwicklung, ebenso auch bei akut zunehmender Suizidgefahr überhaupt, drängen sie sich jedoch passiv auf, brechen in andere Gedankengänge ein, sind nicht mehr steuerbar und können das Individuum geradezu überschwemmen. Eine solche innere Situation muß natürlich als besonderes Alarmzeichen gewertet werden, denn aus ihr heraus können plötzlich Suizidimpulse auftreten, mit unmittelbarer Umsetzung der Gedanken in die Tat. Andeutungen und Mitteilungen der Betreffenden über das Auftreten solcher passiver Inhalte sind deshalb besonders ernst zu nehmen.

Damit sind wir jedoch bei der wichtigen Frage angelangt, wie Ankündigungen von Selbstmordhandlungen und Äußerungen über das Bestehen von Selbstmordgedanken überhaupt zu beurteilen sind. Hier kann man nicht deutlich genug vor einer häufig anzutreffenden, äußerst fatalen Logik warnen. Diese besteht in der Annahme, daß derjenige, der sich umbringen will, dies nicht zu erkennen geben werde, weil er ja sonst an der Durchführung seiner Absicht gehindert würde, und daß also umgekehrt jener, der von seinen Selbstmordabsichten spricht oder diese indirekt andeutet, es nicht ernst meinen könne. Diese Ansicht hat schon einer Vielzahl von Menschen das Leben gekostet, eben indem solche Ankündigungen ignoriert oder bagatellisiert worden sind. Der Fehlschluß beruht auf Unkenntnis der Psychologie des suizidalen Menschen. Unsere Psyche ist ja schon generell kein logisches System, sondern eine complexio oppositorum, eine vom Ich mehr oder weniger mühsam gebändigte und integrierte Vielfalt einander entgegengesetzter Strebungen. In ganz besonderer Weise gilt dies für die Suizidalität, indem hier zwei konträre Tendenzen miteinander konkurrieren, nämlich der *Lebenswille* auf der einen und der *Todeswille* auf der anderen Seite. Man mag theoretisch und tiefenpsychologisch über die Freudsche Konzeption denken wie man will — in der empirisch faßbaren Psychodynamik jedenfalls gibt es die beiden Kräfte tatsächlich und auch gleichzeitig. Der Kampf zwischen den beiden Tendenzen führt zu der für die suizidale Situation auf weite Strecken hin typischen *Ambivalenz*, und eben aus dieser Ambivalenz heraus kommt es zu den Andeutungen über Suizidgedanken und zu den Ankündigungen einer bevorstehenden oder geplanten Suizidhandlung.

Damit ist auch die eigentliche Funktion solcher Äußerungen gekennzeichnet: sie dienen als *Appell*, als Hilferuf an die Umwelt im Kampf mit den andrängenden Suizidtendenzen. Die Ambivalenzsituation erklärt auch, warum sich selbst Menschen mit absolut ernsten Suizidabsichten, die den Suizid fest beschlossen haben, immer noch retten lassen, und warum z. B. ein Gespräch mit ihnen echte Chancen auf Erfolg hat. Hier liegt der Ansatzpunkt für alle prophylaktischen und therapeutischen Bemühungen, bis hin zu den verschiedenen Telephondiensten der ärztlichen oder kirchlichen Lebensmüdenbetreuung.

Unverkennbar ist freilich auch, daß die suizidale Ambivalenz sehr unterschiedlich ausgeprägt sein kann, das heißt, der Schwerpunkt kann einmal mehr auf dem Selbsttötungswillen und einmal mehr auf dem Lebenswillen liegen. Und von dieser unterschiedlichen Schwerpunktlage her bestimmen sich auch die unterschiedlichen Arten und Intentionen suizidalen Verhaltens, deren Beurteilung oft so schwierig ist.

Arten und Intentionen suizidalen Verhaltens (Suizidale Dynamik)

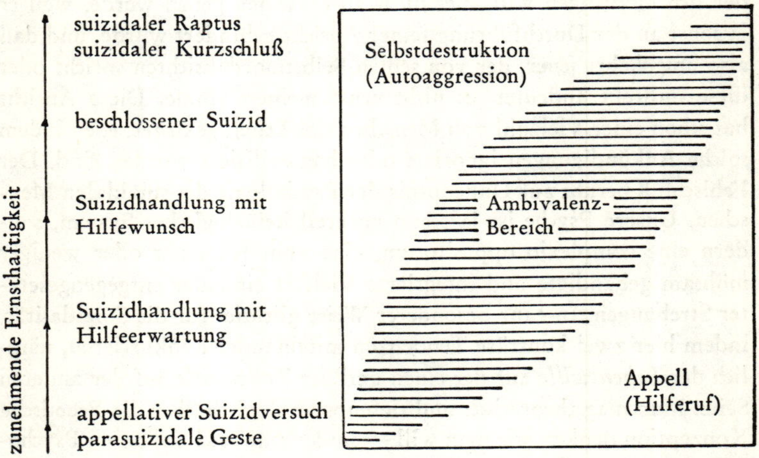

Abb. 2

Mit dem in Abbildung 2 dargebotenen Schema soll die suizidale Dynamik — im Sinne des bisher Gesagten — in übersichtlicher Weise zum Ausdruck gebracht werden. Auf der rechten Hälfte sind die vorhandenen inneren Tendenzen mit ihren beiden Polen, der Selbstdestruktion einerseits und dem Appell andererseits, dargestellt; das Ausmaß der zwischen diesen beiden Polen bestehenden Ambivalenz, also des inneren Kräftespiels zwischen ihnen, ist durch die unterschiedliche Breite des schraffierten Mittelfeldes symbolisiert. Zu den einzelnen Arten suizidaler Handlungen auf der linken Seite läßt sich so der intensitätsmäßige Anteil der einzelnen dynamischen Elemente einschließlich des Ausmaßes der Ambivalenz horizontal ablesen. — Es ist noch darauf hinzuweisen, daß es sich bei diesen Arten suizidalen Verhaltens nicht um diagnostische Gruppen oder Risikogruppen handelt, sondern gewissermaßen um Querschnittsbilder der suizidalen Dynamik; die eigentlichen Ursachen der Suizidalität können jeweils sehr unterschiedlicher Art sein.

Bei dem zuoberst genannten suizidalen *Raptus* handelt es sich um das plötzliche Einschießen starker Suizidimpulse, die praktisch ohne Ambivalenzstadium, und ohne daß ihnen gleichzeitig eine Appellfunktion zukommt, in die Tat umgesetzt werden. Bei dieser glücklicherweise seltenen Form liegen also Selbstdestruktionstendenzen in praktisch reiner Form vor. Solche Selbstmorde, wie sie hauptsächlich bei depressiv gefärbten Schizophrenien oder bei schweren endogenen Depressionen auftreten, lassen sich begreiflicherweise auch kaum verhindern, weil sie völlig unerwartet geschehen. Um so wichtiger ist es deshalb, daß man solche Gefahren bei den genannten Arten von Depressionen generell kennt und rechtzeitig eine intensive Therapie einleitet.

Der suizidale *Kurzschluß*, also eine sogenannte »Kurzschlußhandlung« mit Selbstmordversuch, gehört mit zu den häufigsten Arten von suizidalen Handlungen. Hier erfolgt auf ein einschneidendes, traumatisierendes Ereignis hin, das nicht verarbeitet werden kann und einen Zustand der Verzweiflung und Ausweglosigkeit auslöst, eine rasche Umsetzung der gleichzeitig auftretenden Suizidgedanken in die Tat. Die Reflexion ist dabei stark eingeengt, unter den anstürmenden Gefühlen werden keine Lösungsmöglichkeiten für die Situation mehr gesehen, und das Ambivalenzstadium, soweit vorhanden, ist nur kurz und wenig ausgeprägt, wie auch der Versuch, in der bestehenden Situation Hilfe von der Umwelt zu erwarten. Deshalb überwiegen auch in diesem Fall bei weitem die selbstdestruktiven, autoaggressiven Tendenzen. Solche Suizidversuche lassen sich natürlich ebenfalls schwer verhindern, doch weil sie nicht geplant, sondern unüberlegt durchgeführt werden, führen sie glücklicherweise nicht häufig zum Tod, und in der anschließenden Zeit der Besinnung und Distanzierung entschärft sich die suizidale Situation meistens. Das typische Beispiel für eine suizidale Kurzschlußhandlung, meist begleitet von einer reaktiven Depression, ist die Reaktion auf eine plötzliche Liebesenttäuschung.

Wird der Selbstmord von einem Menschen *beschlossen*, die suizidale Handlung also geplant und überlegt mit dem Ziel des tatsächlichen Todes durchgeführt, so geht diesem Beschluß meistens ein ausgeprägtes Stadium der Ambivalenz voraus, in dem die zum Tode und die zum Leben hinziehenden Kräfte miteinander konkurrieren. Im Stadium des Entschlusses haben zwar die Selbstdestruktionstendenzen die Oberhand gewonnen, jedoch besteht in der Regel weiterhin eine restliche Ambivalenz und deshalb auch ein — wenn auch verborgener — Ansatz, sich wieder auf die Seite des Lebens hinüberziehen zu lassen. Diese Art von Dynamik findet sich beim Großteil der in einer Depression begangenen Selbstmordhandlungen, ebenso auch bei jenen, die im Alter, aus Vereinsamung oder aus einer chronischen Konfliktsituation heraus geschehen; hier wären auch die genannten seltenen Fälle, auf die der Begriff des »Bilanzselbstmords« zutreffen würde, einzuordnen. Da die eigentliche Appellfunktion der Suizidhandlung in diesen Fällen relativ gering, die Ambivalenz aber dennoch stark ausgeprägt ist, haben hier die Bemühungen um Hilfe gerade bei dieser Ambivalenz einzusetzen. Die tatsächliche Stärke der Autoaggression darf jedoch dabei niemals verkannt werden.

Die Suizidhandlung mit *Hilfewunsch* findet sich ebenfalls häufig bei den oben genannten Gruppen suizidgefährdeter Menschen, gerade auch bei der Vereinsamung. Für sie trifft in besonderem Maß der Satz zu, daß der Selbstmörder eigentlich leben möchte. Entsprechend deutlich ist hier auch der Ambivalenzbereich ausgeprägt, und Selbstdestruktionsneigung und Hilfewunsch an die Umwelt halten sich in etwa die Waage. In diesen Fällen gelingt es natürlich viel besser als bei einem fest beschlossenen Suizid, den betreffenden Menschen von seinem Vorhaben abzubringen und ihm wieder positive Möglichkeiten aufzuzeigen.

Wird im Zusammenhang mit einer Selbstmordhandlung bereits von vornherein *Hilfe erwartet*, so zeigt sich dies meist schon an der Art der Durchführung dieser Versuche. Sie sind so angelegt, daß ein Eingreifen gut möglich und wahrscheinlich ist. Hier liegt der Schwerpunkt der Selbstmordhandlung deutlich auf dem Appell an die Umwelt, auf dem Hilferuf aus einer nicht selbst zu bewältigenden, schwierigen äußeren oder inneren Situation heraus. Die eigentlichen Selbstdestruktionstendenzen sind relativ schwach — dennoch darf auch hier nicht verkannt werden, daß sie tatsächlich vorhanden sind und in der ambivalenten Situation, vor allem wenn die Hilfe ausbleibt, in die Dominanz gehoben werden können. Diese Art von Dynamik findet sich besonders häufig bei neurotischen Dekompensationen sowie chronischen Konflikt- und Belastungssituationen bei gleichzeitigen starken Selbsterhaltungskräften.

Bei den als »appellativ« bezeichneten Suizidversuchen steht, wie schon der Name sagt, die Appellfunktion ganz im Vordergrund. Wir haben diese Bezeichnung anstelle des weithin üblichen, jedoch sehr mißverständlichen Ausdrucks »demonstrativer Suizidversuch« gewählt, um die eigentliche Intention in dieser Dynamik, nämlich einen Hilferuf an die Umwelt zu richten, deutlich zu machen: Die »Demonstration« hat also eine ernstzunehmende Funktion. Die autoaggressiven Kräfte, also die eigentlichen Selbsttötungswünsche, sind hier freilich nur noch sehr gering ausgeprägt, und entsprechend gering ist auch die Ambivalenz. Doch muß jedenfalls die Tatsache, daß überhaupt ein Suizidversuch unternommen wird, selbst wenn das Appellative an ihm noch so sehr dominiert, als Signal für eine sehr kritische psychische Situation gewertet werden.

Mit der Bezeichnung *parasuizidale Geste* schließlich ist (nach Feuerlein) eine Handlung gemeint, bei der die Intention zur Autodestruktion fast völlig fehlt, so daß die Bezeichnung »Selbstmordversuch« nicht mehr gerechtfertigt erscheint. Diese Akte sind dem Suizid nur »benachbart«, daher der Begriff »parasuizidal«. Es fehlen auch die Zeichen des präsuizidalen Syndroms nach Ringel, abgesehen höchstens von einer ansatzweise vorhandenen dynamischen Einengung. Das Feld wird ganz und gar von der Funktion des Hilferufs beherrscht, und mit dieser parasuizidalen Geste soll die Umwelt in einer bestimmten Weise aktiviert oder gar manipuliert werden. Es versteht sich, daß hier die Persönlichkeitsstruktur eine sehr wichtige Rolle spielt, meist in Kombination mit einer situativen Schwierigkeit oder neurotischen Dekompensation. Doch ist auch in diesen Fällen zu fragen, wie weit im Untergrund bereitliegende echte suizidale Tendenzen mit eine Rolle spielen.

So unterschiedlich die Schwerpunkte der hier beschriebenen Arten suizidalen Verhaltens im Rahmen der suizidalen Dynamik auch sind, im Einzelfall muß stets untersucht werden, welche Krankheit oder welche Art von Einengung und Ausweglosigkeit hinter der suizidalen Handlung steht. So kann ein appellativer Suizidversuch durchaus ein stärkeres Alarmzeichen und Signal für eine Gefährdung des betreffenden Menschen darstellen als ein suizidaler Kurzschluß, dessen Dynamik sich anschließend meist rasch wieder entschärft. Und einem Selbstmordgefährdeten, der den Selbstmord fest beschlossen hat, kann oft besser Hilfe geleistet werden als einem, der sich aus seiner schwierigen Situation heraus zu einer parasuizidalen Geste veranlaßt sah. Deshalb ist jede Art suizidaler Handlungen zumindest vom Beurteiler ernst zu nehmen, auch wenn auf seiten des Suizidanten von unterschiedlichen Graden der »Ernsthaftigkeit« gesprochen werden kann.

Für die Abschätzung des *individuellen* Suizidrisikos, also der Stärke der Suizidgefahr beim einzelnen konkreten Menschen bzw. Patienten, gibt es noch eine ganze Reihe weiterer Merkmale und Hinweise, die in diesem Zusammenhang jedoch nur kurz erwähnt werden können. So ist bekannt, daß schon früher unternommene Suizidversuche in besonderem Maße zur Wiederholung eines solchen Versuches prädisponieren. Auch ein plötzlich eintretendes Schweigen über bisher vorhandene Selbstmordgedanken und Selbstmordimpulse, die »unheimliche Ruhe«, kann Anzeichen einer vermehrten akuten Selbstmordgefahr sein. Erwiesen ist auch, daß in der eigenen Familie oder in der Umgebung vorgekommene Selbstmorde auf Grund ihrer Suggestivwirkung eine in der Ambivalenz befindliche Suizidalität in Richtung der tatsächlich vollzogenen Selbstmordhandlung beeinflussen können. Krankheitssymptome und spezielle Merkmale, die besonders für den Arzt wesentlich sind, sollen hier zwar nicht näher besprochen werden, doch sind einige von ihnen auch von allgemeiner Wichtigkeit. So bilden ausgeprägte Schlafstörungen, Angstzustände aller Art, Schuld- und Wertlosigkeitsgefühle, auch das Vorhandensein chronischer oder als unheilbar angesehener körperlicher Krankheiten besondere gefahrenerhöhende Momente. Der Anteil von Alkoholikern und Süchtigen unter den Suizidanten wurde schon eingangs erwähnt.

Einen eigenen, wichtigen Bereich bilden jene individuellen Gefährdungsfaktoren, die in der Umweltsituation und — unabhängig von einer eigentlichen psychischen Krankheit — in den »schwachen Stellen« der Persönlichkeit mit den hieraus resultierenden sozialen Schwierigkeiten begründet liegen. Sie gehören den im präsuizidalen Syndrom von Ringel enthaltenen Formen der »Einengung« an, vor allem der situativen Einengung, der Einengung der zwischenmenschlichen Beziehungen und der Einengung der Wertwelt. Inhaltlich handelt es sich hier natürlich um eine Vielfalt von Gefährdungsmöglichkeiten, von denen einige schon bei der Erläuterung des prädepressiven Syndroms genannt wurden.

Eine besondere Frage im Zusammenhang mit der letztgenannten Form, nämlich der Einengung der *Wertwelt*, sei hier jedoch noch kurz aufgegriffen. Sie bezieht sich auf die Bedeutung *religiöser* Einstellungen und Bindungen für die Stärke der Selbstmordgefahr. Zweifellos kann man sagen und es auch entsprechend belegen, daß ein emotional fundiertes Glaubensleben, also eine echte, tragfähige religiöse Bindung, eine hemmende Wirkung auf die Umsetzung von Selbstmordgedanken in Selbstmordhandlungen auszuüben vermag, daß der Selbstmordgefährdete sich also aus solcher Fundierung heraus besser gegen die andrängenden selbstdestruktiven Tendenzen wehren kann. Doch ist andererseits ebenso deutlich, daß die Breite des Spielraums, in dem diese Möglichkeit besteht, weitgehend von den Ursachen der Selbstmordneigung überhaupt abhängt, und daß sie sich um so mehr einengt, je mehr der gesamte Bereich der Wertwelt und des Werterlebens durch die krankhafte Störung unterminiert und seiner psychischen Basis beraubt wird. Das klassische Beispiel dafür ist die Depression. Hier läßt sich deutlich nachweisen, daß mit zunehmender Tiefe der Depressivität auch bisher noch so echte und tiefe religiöse Bindungen untergehen und bedeutungslos werden können, weil überhaupt alles, was bisher Bedeutung und Wert hatte, in die depressive Erstarrung und Leere einbezogen wird. Deshalb hat sich die Beurteilung der effektiven Selbstmordgefahr in erster Linie an der Art der psychischen Störung und nicht an den ursprünglichen Einstellungen und Wertbeziehungen des selbstmordgefährdeten Menschen zu orientieren.

Aus all dem Gesagten versteht sich, daß eine richtige Beurteilung der Selbstmordgefahr viel Erfahrung und ein entsprechend fundiertes Wissen auf diesem Gebiet erfordert. Dasselbe gilt für die Behandlung selbstmordgefährdeter Menschen und die Möglichkeiten einer Verhütung des Selbstmords durch spezielle und allgemeine Maßnahmen. Diese Aspekte bilden jedoch Gegenstand eines eigenen Themas. Hier ging es zunächst darum, die Grundlagen zum Verständnis der Selbstmordneigung zu legen, d. h. die in dieser Neigung zum Ausdruck kommende Dynamik einschließlich der ihr zugrunde liegenden Ursachen aufzuzeigen und verständlich zu machen. Diese Verständlichmachung soll Verständnis wecken, denn nur das wirkliche Verständnis dessen, was im selbstmordgefährdeten Menschen abläuft, gibt die Basis für einen situationsgerechten Umgang mit ihm ab.

Durch die Darstellung des Suizidproblems von dem Blickpunkt aus, den der Psychiater im täglichen Umgang mit suizidalen Menschen gewinnt, erfahren natürlich auch die allgemeineren Aspekte dieses Themas, besonders die der Wertung suizidaler Handlungen, sowie die Versuche zu ihrer Einordnung in einem anthropologischen, philosophischen oder theologischen System, eine entsprechende Relativierung. Hierin steckt freilich eine Herausforderung, die über die bisherigen Aussagen hinaus auch im Detail noch weiter profiliert werden könnte. In einem Satz und in zugespitzter Formulierung heißt diese Herausforderung, daß die Rede vom »Freitod« psychopathologisch und psychodynamisch nicht nur äußerst fragwürdig, sondern in den allermeisten Fällen völlig unsinnig ist — eben weil hier keineswegs Freiheit herrscht, sondern vielmehr Einengung von Freiheit oder Verlust von Freiheit.

Die praktische Konsequenz aus diesen Erkenntnissen kann nur sein, daß es ärztliche und allgemein menschliche Aufgabe ist, dem suizidgefährdeten Menschen zu helfen, diese seine verlorene innere Freiheit wiederzuerlangen. Die einem immer wieder begegnende Meinung, daß man denjenigen, der sich umbringen möchte, nicht daran hindern solle oder dürfe, entlarvt sich demgegenüber entweder als Ausdruck mangelnder Sachkenntnis oder als Ausdruck mangelnder Verantwortung. Der Selbstmörder ist ebenso auf Hilfe angewiesen wie jeder andere Kranke, und im Notfall hat man deshalb ebenso stellvertretend für ihn Entscheidungen zu treffen wie für andere Kranke, die nicht mehr entscheidungsfähig sind. Anders gesagt: Das Eingreifen, also auch die Behandlung der Suizidalität und die Verhütung des Suizids allgemein, rechtfertigt sich aus der Erfahrung, daß auch der Selbstmörder das Leben möchte, nur daß er dieses Leben im gegenwärtigen Augenblick von sich aus nicht mehr festzuhalten vermag.

Augustinus, De civitate dei, 1. Buch, in: Migne, Patrologiae cursus completus, series Latina. 1844 ff. (Zit. nach Lungershausen und Vliegen, s. u., S. 189).

F. Böcker, Suizide und Suizidversuche, Stuttgart 1973.

A. Burger, Religionszugehörigkeit und soziales Verhalten, Göttingen 1964.

A. Camus, Der Mythos von Sisyphos, Düsseldorf 1956.

E. Durkheim, Le suicide (1897), Paris 2. A. 1967.

W. Feuerlein, Selbstmordversuch oder parasuicidale Handlung? Tendenzen suicidalen Verhaltens, Nervenarzt 42 (1971), S. 127—130 zit. S. 128.

S. Freud, Trauer und Melancholie, Ges. W., Bd. X, Frankfurt 4. A. 1967, S. 427—446.

S. Freud, Das Ich und das Es, Ges. W., Bd. XIII, Frankfurt 4. A. 1963, S. 235—289, zit. S. 283.

R. Gaupp, Selbstmord, München 1905.

G. Hole, Some comparisons among guilt feelings, religion and suicidal tendencies in depressed patients, Life-threatening behavior 1 (1971), S. 138 bis 142.

K. Jaspers, Philosophie, Bd. II, Berlin—Heidelberg 1932. (Zit. nach Lungershausen und Vliegen, a. a. O., S. 198).

P. Kielholz, Diagnose und Therapie der Depressionen für den Praktiker, München 3. A. 1971.

S. Kierkegaard, Zit. nach Lungershausen und Vliegen, a. a. O., S. 195.

K.-J. Linden, Der Suizidversuch. Versuch einer Situationsanalyse, Stuttgart 1969.

E. Lungershausen und J. Vliegen, Der Selbstmord als ein Problem der Philosophie und Theologie. Versuch einer geschichtlichen Darstellung, Confinia psychiatrica 12 (1969), S. 185—204.

W. Pöldinger, Die Abschätzung der Suizidalität, Bern 1968.

W. Pöldinger und G. Hole, Die Selbstmordhandlung als Symptom, Praxis der Psychotherapie 16 (1971), S. 185—194.

H. Pohlmeier, Depression und Selbstmord, München 1971.

E. Ringel (Hrsg.), Selbstmordverhütung, Bern 1969.

E. Ringel, Angst und Suizid, Schweiz. Arch. Neurol. Neurochir. u. Psychiat. 110 (1972), S. 143—150.

E. Ringel, Interview in Medical Tribune 5 (1972), S. 20—21.

E. Stengel, Selbstmord und Selbstmordversuch. In: Psychiatrie der Gegenwart, Bd. III, Berlin 1961, S. 51—74, zit. S. 56.

K. Thomas, Handbuch der Selbstmordverhütung, Stuttgart 1964.

A. Wagner, Die Gesetzmäßigkeit in den scheinbar willkürlichen menschlichen Handlungen vom Standpunkte der Statistik, 2. Teil/1: Vergleichende Selbstmordstatistik Europas, Hamburg 1864.

H. J. Weitbrecht, Psychiatrie im Grundriß, Berlin 3. A. 1973.

E. Wiesenhütter, Selbsttötung als Element menschlicher Freiheit?, Praxis der Psychotherapie 16 (1971), S. 194—205, zit. S. 195.

PROPHYLAXE UND THERAPIE DER SUIZIDALITÄT

von Walter Pöldinger

Die Voraussetzung dafür, eine Therapie und Prophylaxe der Suizidalität zu betreiben, ist, daß man diejenigen Personen erkennt, bei welchen ein Suizidrisiko besteht. Es ist daher wichtig, diese Risikogruppe zu kennen. Derartige Risikogruppen sind:

1. *Menschen nach einem Suizidversuch*

Durch einen Suizidversuch wird, wenn man von reinen Appellfunktionen absieht, die Suizidalität am deutlichsten kundgetan. Es ist daher wichtig, jeden Patienten, der einen Suizidversuch unternommen hat, psychiatrisch zu untersuchen und ihn, wenn nötig, einer klinischen oder ambulanten Behandlung zuzuführen. Dies ist deswegen so wichtig, weil viele Menschen, die einen Suizidversuch gemacht haben und gerettet wurden, unmittelbar nach der Rettung die Meinung kundtun, daß sie froh sind, am Leben geblieben zu sein. Verschiedene Nachuntersuchungen haben aber gezeigt, daß, wenn man auf diese Aussage hin sich weiter nicht um die Patienten kümmert, in etwa 25—35 % der Fälle innerhalb von drei Monaten eine neuerliche Suizidhandlung stattfindet. Es ist daher eine dringende Aufgabe der Suizidprophylaxe, die in den größeren Städten und in den wichtigsten Ländern auch weitgehend erfüllt wird, daß jeder Patient, der nach einem Suizidversuch auf eine Notfalls- oder Unfallstation eingeliefert wurde, auch psychiatrisch untersucht wird. Können eine reine Kurzschlußhandlung oder momentane reaktive Verstimmung ausgeschlossen werden, so ist die entsprechende ambulante oder klinische Behandlung einzuleiten. Wichtig ist vor allem, daß der Patient mit irgendeiner Bezugsperson, sei es nun ein Arzt oder eine Sozialarbeiterin oder der Anstaltsgeistliche, in engerem Kontakt bleibt, denn eine solche menschliche Bindung ist die sicherste Methode, einer weiteren Suizidhandlung vorzubeugen. Es ist dann die Chance gegeben, daß sich der Betreffende in neuerlichen Nöten an diese Person seines Vertrauens wendet.

2. Depressive Patienten

Nach verschiedenen nationalen und internationalen Statistiken machen die Depressiven 30—50 % aller Personen aus, die Selbstmordhandlungen begehen. Während man früher annahm, daß die endogen Depressiven besonders suizidgefährdet sind, haben neuere Untersuchungen gezeigt, daß das Suizidrisiko Depressiver weniger von der Diagnose als vielmehr von der Symptomatologie der depressiven Erkrankung abhängt. So sind unter den Depressiven besonders jene Patienten gefährdet, deren Depression mit Angst und Agitiertheit einhergeht. Gehemmte Patienten sind weniger gefährdet, da sie oft auch zu gehemmt sind, den geplanten Suizidversuch in die Tat umzusetzen.

3. Neurotiker

Hier sind es weniger die klassischen Neurosen, wie Angst- und Zwangsneurosen, die mit einem latenten Suizidrisiko einhergehen, sondern vielmehr jene chronischen Verläufe, die Ringel als Neurosen der Lebensgestaltung bezeichnet hat. Es sind dies jene Neurotiker, die in privater wie in beruflicher Hinsicht »vom Pech« verfolgt sind und von denen Alfred Adler einmal gesagt hat »sie laufen hinter ihren eigenen Ohrfeigen her«.

4. Süchtige

Sowohl Alkoholkranke als auch Drogenabhängige sind suizidgefährdet. Der Schritt von der Realität in die Irrealität des Rausches oder der Betäubung ist ja nur ein erster Schritt, und der letzte Schritt aus der Realität in die Irrealität ist die Selbsttötung. Wir finden daher in der Anamnese von Alkohol- und Drogenabhängigen besonders häufig Suizidversuche.

5. Vereinsamte

Menschen, die soziale Kontakte verloren haben oder solche nicht aufbauen konnten, fühlen sich einsam, finden das Leben oft nicht lebenswert und neigen zu Selbstmordhandlungen. Es ist daher wichtig, sich bei den verschiedenen Patienten auch ein wenig um die Lebensumstände zu kümmern, um latent Suizidale ausfindig zu machen.

6. Alte Menschen

Wir leben heute in einer Zeit, wo das Alter wenig geschätzt wird und alte Menschen sich leicht überflüssig vorkommen. Verschiedene Untersuchungen haben zudem gezeigt, daß Suizidversuche alter Menschen besonders ernst zu nehmen sind, da sie meist einem tiefen Pessimismus und einer Hoffnungslosigkeit entspringen, die sie den Suizidversuch so anlegen lassen, daß er auch mit dem Tod endet.

7. Chronisch Kranke

Chronisch Kranke, aber besonders auch solche Patienten, die nur glauben, an chronischen Krankheiten zu leiden, wie z. B. die Karzinophoben, sind erfahrungsgemäß suizidgefährdet und bedürfen einer besonderen Beachtung.

Sind derartige Risikogruppen in ärztlicher oder sonstiger Betreuung, so kann auch das Suizidrisiko besonders beachtet werden. Viele dieser Menschen sind aber nicht unter einer derartigen Kontrolle. Wie kann man bei diesen Menschen Suizidprophylaxe betreiben?

Telefonnotrufe und andere Organisationen zur Selbstmordprophylaxe

Suizidale Patienten haben häufig Hemmungen, sich einem Arzt oder einem Seelsorger anzuvertrauen. Dies vor allem deswegen, weil sie einerseits fürchten, vom Arzt zwangsweise hospitalisiert zu werden, und andererseits Bedenken haben, vom Seelsorger ob ihrer Sündhaftigkeit Vorwürfe zu erhalten. Andererseits zeigt die Erfahrung, daß Menschen vor einer Selbstmordhandlung in einem ständigen Kampf zwischen selbsterhaltenden und selbstzerstörerischen Kräften stehen, aus denen heraus sie das Bedürfnis haben sich mitzuteilen. Aus dem gleichen Bedürfnis heraus erfolgen auch die verschiedenen Selbstmorddrohungen und Ankündigungen. Diese können nicht ernst genug genommen werden, und es ist ein Aberglaube, der schon vielen Menschen das Leben gekostet hat, anzunehmen, »daß diejenigen, die von Selbstmord reden, es nicht tun und diejenigen, die es wirklich tun wollen, nicht davon reden«. So haben z. B. Nachuntersuchungen von Selbstmördern wie sie Ringel in Wien und Robins et al. in den Vereinigten Staaten durchgeführt haben, ergeben, daß ca. 80 % der Menschen, die Selbstmord begehen, dies in den letzten Tagen oder Wochen auch expressis verbis ankündigten. Den Ärzten kommt hier überhaupt eine besondere Bedeutung zu, weil ebenfalls Nachuntersuchungen gezeigt haben, daß ca. 25 % der späteren Selbstmörder in der Woche vor dem Selbstmord einen Arzt aufgesucht haben und 50 % in dem Monat vorher. Meist ist es aber nicht die Suizidproblematik, die vom Patienten dem Arzt vorgetragen wurde, sondern irgendwelche banalen körperlichen Beschwerden. Sie suchen aber wahrscheinlich doch den Arzt in der leisen Hoffnung auf, etwa auf ihre Suizidalität hin angesprochen zu werden.

Diesen verschiedenen Bedenken kann nun sehr gut durch die verschiedenen Telefonseelsorgen und -Notrufe geholfen werden. Hier können die Patienten anrufen, der Kontakt bleibt zunächst anonym, und kann nach Belieben jederzeit unterbrochen werden. Es ist andererseits der dringendste Wunsch der am Telefon Dienstmachenden, diesen anonymen Kontakt möglichst rasch in einen persönlichen Kontakt umzuwandeln.

Von besonderer Bedeutung sind aber Institutionen, welche mehr leisten als den Telefondienst. Es sind dies die sogenannten Selbstmordverhütungszentren, von denen heute in den Vereinigten Staaten bereits über 100 bestehen. In Wien wird in Kürze das erste Selbstmordverhütungszentrum errichtet werden und zwar gemeinsam von der Bundesrepublik Österreich, der Stadt Wien und der Caritas der Erzdiözese Wien, welche bisher schon den Telefondienst im Rahmen der »Lebensmüdenvorsorge« getragen hat. Derartige Institutionen dienen neben dem Telefondienst vor allem der persönlichen Betreuung und Beratung von suizidalen Patienten sowie der Forschung und der Ausbildung von Laien, welche den Telefondienst versorgen.

Ein besonderer Vorteil ist darin zu sehen, daß vielen Selbstmordverhütungszentren eine eigene »crisis-intervention-clinic« angeschlossen ist. Die Aufgabe einer solchen »crisis-intervention-clinic« ist es, suizidgefährdete Menschen kurzfristig einer stationären Behandlung zuzuführen, ohne daß all die Voraussetzungen gegeben sein müssen, die zur Einweisung in eine Psychiatrische Klinik notwendig sind. So können in einer solchen »crisis-intervention-clinic« beispielsweise Patienten kurzzeitig auch einer gezielten Psychotherapie unterzogen werden.

Eine wirksame Selbstmordprophylaxe ist überhaupt nur dann möglich, wenn die Selbstmordhandlung, von Kurzschlußhandlungen abgesehen, nicht auf einen plötzlichen Entschluß zurückgehen, sondern Patienten sich schon eine zeitlang mit der Selbstmordproblematik abquälen. Es ist allerdings in diesem Zusammenhang auch auf die Untersuchungen von Linden hinzuweisen, der gezeigt hat, daß die meisten suizidalen Entwicklungen einen relativ kurzen Verlauf zeigen. Man kann diese präsuizidale Entwicklung in drei Stadien einteilen:

1. In einem ersten Stadium wird die Möglichkeit, die vorhandenen Probleme durch Selbstmord zu lösen, in Erwägung gezogen. Suggestive Momente, wie das Vorkommen von Selbstmorden in der Familie oder im Freundeskreis oder entsprechende Pressemeldungen spielen hier eine große Rolle.

2. In einem zweiten Stadium kommt es dann zu einer Konfrontation von selbstzerstörerischen und selbsterhaltenden Kräften. Selbstmordandeutungen und Selbstmorddrohungen sind Ausdruck dieses Kampfes. Es kann in diesem Zusammenhang nicht oft genug betont werden und wird daher an dieser Stelle noch einmal wiederholt, daß Selbstmordandeutungen und Selbstmorddrohungen auch dann, wenn sie scheinbar demonstrativen Charakter haben, immer ernst genommen werden müssen. Dieser Kampf zwischen selbstzerstörerischen und selbsterhaltenden Kräften kann vor allem bei neurotischen Patienten und bei chronisch depressiven Patienten eine sehr lange Zeitperiode andauern.

3. In einem dritten Stadium geht schließlich dieser Kampf zwischen selbstzerstörerischen und selbsterhaltenden Tendenzen zu Ende, und der Betreffende ringt sich vollends zu dem Entschluß durch, nun endlich seinem Leben ein Ende zu setzen. Dies kann dazu führen, daß eine scheinbare Beruhigung eintritt, eben weil der erwähnte Kampf zu Ende ist. Wir sprechen deshalb auch von einer »Ruhe vor dem Sturm«, da diese Ruhe eben gerade nicht ein Ende der Krise bedeutet, sondern vielmehr als Alarmzeichen dafür aufzufassen ist, daß jetzt die Selbstmordhandlung unmittelbar bevorstehen kann.

Diese verschiedenen Stadien können natürlich verschieden schnell durchlaufen werden und sie können eine unterschiedliche Dauer haben. So finden wir beispielsweise bei Neurosen, für die ja die Ambivalenz besonders charakteristisch ist, meist ein sehr langes zweites Stadium des inneren Kampfes zwischen selbstzerstörerischen und selbsterhaltenden Tendenzen. Bei Kurzschlußhandlungen können die Stadien in enorm kurzer Zeit fast schlagartig durchlaufen werden.

Die Beurteilung des Suizidrisikos

Ist ein suizidaler Patient als solcher erkannt, so ist es natürlich von größter prophylaktischer Bedeutung, die Intensität des Suizidrisikos abzuschätzen. Dies vor allem auch deswegen, weil gerade Maßnahmen wie klinische oder ambulante Behandlung weitgehend von diesem Risiko abhängig sind.

Faktoren zur Abschätzung der Suizidalität nach Kielholz
(Aufzählung von besonders gefährdenden Faktoren)

A. *Eigentliche Suizidthematik und Suizidhinweise*
1. Eigene frühere Suizidversuche und Suizidhinweise
2. Vorkommen von Suiziden in Familie oder Umgebung (Suggestivwirkung)
3. Direkte oder indirekte Suiziddrohungen
4. Äußerung konkreter Vorstellungen über die Durchführung oder Vorbereitungshandlungen
5. »Unheimliche Ruhe« nach vorheriger Suizidthematik und Unruhe
6. Selbstvernichtungs-, Sturz- und Katastrophenträume

B. *Spezielle Symptome und Syndrombilder*
1. Ängstlich-agitiertes Gepräge
2. Langdauernde Schlafstörungen
3. Affekt- und Aggressionsstauungen
4. Beginn oder Abklingen depressiver Phasen, Mischzustände
5. Biologische Krisenzeiten (Pubertät, Gravidität, Puerperium, Klimakterium)
6. Schwere Schuld- und Insuffizienzgefühle
7. Unheilbare Krankheiten oder Krankheitswahn
8. Alkoholismus und Toxikonomie

C. *Umweltverhältnisse*
1. Familiäre Zerrüttung in der Kindheit (»broken home«)
2. Fehlen oder Verlust mitmenschlicher Kontakte (Vereinsamung, Entwurzelung, Liebesenttäuschung)
3. Berufliche und finanzielle Schwierigkeiten
4. Fehlen eines Aufgabenbereichs und Lebensziels
5. Fehlen oder Verlust tragfähiger religiöser Bindungen

Abb. 1

Im Zusammenhang mit der Psychodynamik der präsuizidalen Entwicklung ist vor allem an das »präsuizidale Syndrom« nach Ringel (Wiedergabe in dem Beitrag von Hole) zu erinnern, da dieses für die Erkennung einer solchen Entwicklung von größter Bedeutung ist. Das präsuizidale Syndrom nach Ringel ist besonders durch eine zunehmende Einengung gekennzeichnet, die sich einmal auf die Situation, dann aber vor allem auf die jeweilige Psychodynamik bezieht. Von Bedeutung ist ferner die Einengung der zwischenmenschlichen Beziehungen, die wir schon bei der Besprechung der Vereinsamung erwähnt haben. An zweiter Stelle steht die Aggressionsstauung, da sich eine gehemmte Aggression mangels eines äußeren Objektes für ihre Abfuhr schließlich gegen die eigene Person richten kann. Auch auf die Autoaggression wurde bereits eingegangen. Drittens kommt es dann zu typischen Selbstmordphantasien, anfangs aktiv intendiert, später sich auch passiv aufdrängend, in denen sich der Betreffende die Art der Durchführung seiner Selbstmordhandlung oder sein eigenes Begräbnis vorstellt.

Ein weiteres Hilfsmittel zur Beurteilung der Suizidalität ist das in Abbildung 1 wiedergegebene Schema, das Kielholz in Zusammenhang mit anderen Autoren zusammengestellt hat. Das Schema behandelt Suizidalhinweise, die eigentliche Suizidthematik, und dann spezielle Symptome und Syndrombilder, die bei selbstmordgefährdeten Patienten vorkommen, sowie die Umweltverhältnisse, die charakteristisch für Suizidale sind.

In Abbildung 2 wurde schließlich eine Risikoliste zur Abschätzung der Suizidalität wiedergegeben, die der Autor durch eine retrospektive Studie an über 1000 Patienten entwickeln konnte. In dieser Studie wurden korrelationsstatistische Methoden mit einer Assoziationsmatrix verknüpft, da in der retrospektiven Studie nicht alle relevanten Faktoren erhoben werden konnten. Das neue dieser Risikoliste ist, daß nicht numerische Häufigkeiten, sondern das gemeinsame Vorkommen bestimmter Merkmale untersucht wurden. 0 bedeutet seltenes, 1 gemeinsames und 2 häufiges Vorkommen der Merkmale bei suizidalen Patienten. Zum Gebrauch der Risikoliste müssen die vorhandenen Merkmale in der vertikalen und horizontalen Reihe markiert und dann die Zahlen im Schnittpunkt addiert werden. Die retrospektive Studie ergab, daß bei einer Risikoziffer bis 50 das Suizidrisiko gering, bei 50—100 deutlich und bei Werten über 100 als sehr hoch angesehen werden muß. Selbstverständlich ist diese Risikoliste wie jedes andere Hilfsmittel nur

 Fortsetzung auf Seite 134

	1	(2)	3	(4)	5	(6)	7	8	(9)	(10)	(11)	12	(13)	14	(15)	(16)	17	(18)	(19)	20	21	(22)	23	(24)	25	26	27	(28)	29	30	31	32	33	34	35	
1. Mann			0	0	0	0	0	2	1	1	1	2	2	1	1	1	2	2	2	2	1	1	1	1	2	1	1	2	1	1	2	1	1	0	0	
(2.) Frau			0	(0)	0	(0)	1	2	(1)	(2)	(2)	1	(1)	2	(2)	(2)	0	(2)	(2)	2	1	(1)	1	(1)	1	2	2	(2)	1	1	1	2	1	0	0	18
3. Unter 45 Jahre					0	0	1	2	0	1	1	1	1	0	1	2	1	2	2	2	1	1	1	1	1	1	2	1	1	1	1	1	1	0	0	
(4.) Über 45 Jahre					0	(0)	1	2	(1)	(1)	(1)	1	(1)	1	(1)	(2)	1	(2)	(2)	2	1	(1)	1	(2)	1	1	1	(2)	1	1	1	1	1	0	0	16
5. ledig									1	2	1	1	1	1	1	1	1	2	2	2	1	1	1	1	1	1	1	2	2	1	1	1	1	0	0	
(6.) verheiratet									(1)	(2)	(1)	1	(1)	0	(1)	(1)	0	(2)	(2)	2	1	(1)	1	(1)	1	1	2	(2)	1	1	1	1	1	0	0	15
7. verwitwet									1	1	1	1	1	1	1	1	1	2	2	2	1	1	1	1	1	1	2	2	1	1	1	1	1	0	0	
8. geschieden/getrennt									1	1	1	1	1	1	1	1	1	2	2	2	1	1	1	1	1	1	2	2	1	1	1	1	1	0	0	
(9.) keine konfessionelle Bindung										(2)	(2)	0	(0)	2	(1)	(1)	1	(2)	(1)	1	1	(0)	0	(0)	1	0	0	(0)	0	0	0	0	0	0	0	9
(10) Familienschwierigkeiten											(2)	2	(2)	1	(2)	(2)	2	(2)	(2)	2	1	(0)	1	(1)	1	1	2	(1)	2	2	2	1	2	1	1	14
(11.) Liebes-, Ehe-, Sexualprobleme												2	(2)	2	(2)	(2)	2	(2)	(2)	2	1	(1)	1	(1)	1	1	2	(1)	2	2	1	2	1	0	0	13
12. Berufsschwierigkeiten													2	2	2	2	2	2	2	2	1	1	1	1	2	2	2	1	2	2	2	2	2	2	2	
(13) Finanzielle Schwierigkeiten														2	(1)	(1)	1	(2)	(2)	2	1	(1)	1	(1)	2	2	2	(2)	2	1	2	2	0	0	0	10
14. Krankheit oder Krankheitswahn, chron. Schmerzen															2	2	1	2	2	2	1	2	0	2	1	1	0	2	1	1	2	2	0	1	1	
(15) Biologische Krisen (Pubertät, Klimakterium, Gravidität)																(2)	1	(2)	(2)	2	1	(2)	1	(2)	2	2	2	(2)	1	1	1	1	1	0	1	12
(16) Vereinsamung, «Verleider»																	2	(2)	(2)	2	1	(2)	2	(2)	2	1	2	(2)	2	2	2	2	1	2	1	10
17. Isolierung/Haft																		2	2	2	1	2	2	2	0	0	0	0	2	0	2	2	0	0	1	
(18) Eigene frühere Suizidversuche																			(2)	2	2	(2)	2	(2)	1	1	2	(2)	2	2	2	2	2	2	2	8
(19) Suiziddrohungen/Suizidgedanken																				2	2	(2)	2	(2)	2	2	2	(2)	2	2	2	2	2	2	2	6
20. Todesphantasien und Todesträume																					2	2	2	2	2	2	2	2	2	2	2	2	2	2	2	
21. Suizide in der Familie und Umgebung																						0	0	0	0	2	2	2	2	0	0	0	0	0	0	
(22) Angst																							2	(2)	2	1	2	(2)	2	2	2	2	2	2	2	4
23. Aggressionshemmung																								2	2	1	1	1	2	2	2	2	2	1	2	
(24) Hartnäckige Schlaflosigkeit																									1	1	2	(2)	2	2	1	2	1	1	1	2
25. Alkoholmissbrauch																										2	2	1	2	1		2	1	2	2	
26. Medikamentenmissbrauch																											2	1	2	1	2		0	1	1	
27. Umweltbedingte Depression (psychogen)																												2	2	2	2	2	2	2	2	
(28) Nichtumweltbedingte Depression (endogen)																													2	2	2	2	2	2	2	
29. Psychopathische Persönlichkeit																														2	2	2	2	2	2	
30. Neurotische Fehlentwicklung																															2	2	2	2	2	
31. Chronischer Alkoholismus																																2	2	2	2	
32. Toxikomanie																																	1	2	1	
33. Schizophrenie																																		1	1	
34. Organische Gehirnerkrankung																																			1	
35. Oligophrenie																																				
																																			Risikoziffer	137

Literatur: W. Pöldinger, «Die Abschätzung der Suizidalität». © 1968 by Verlag Hans Huber Bern und Stuttgart.

eine zusätzliche Unterstützung für den Beurteilenden, der immer auch die Gesamtsituation einbeziehen muß. So wird man ein gewisses Suizidrisiko eher bei einem Patienten eingehen können, der in einem geordneten Familienverband lebt und von dem man weiß, daß sich jede Stunde persönlich ein Familienmitglied um ihn kümmert, während man das gleiche Risiko bei einem Patienten nicht wird eingehen können, der allein in einer Garconniere lebt und kaum Beziehungen zu seinen Nachbarn unterhält.

Neben dieser Risikoliste wurden auch verschiedene andere psychologische Testverfahren zur Beurteilung des Suizidrisikos entwickelt. Gemeinsam mit Sonneck hat der Autor diese Arbeiten kürzlich auf dem 7. Internationalen Kongreß für Selbstmordverhütung in Amsterdam zusammengefaßt.

Enttabuisierung und Aufklärung

Eine wichtige allgemeine Aufgabe der Selbstmordprophylaxe ist es, das Thema zu enttabuisieren. Alle Menschen sollten wissen, daß Suizidideen und Suizidimpulse allgemein menschliche Gedanken sind und daß es wohl nur wenige Menschen geben wird, die nicht in schwierigen Situationen zumindest flüchtig an die Möglichkeit eines Suizids gedacht haben. Dies ist vor allem deshalb wichtig, weil viele Menschen, die zum ersten Mal von Suizidideen überfallen werden, der Meinung sind, besonders schuldhafte oder sündhafte Geschöpfe zu sein und gewissermaßen von der Gesellschaft ausgeschlossen zu werden. Diese Menschen, die in einem falschen Tabu leben, haben besonders große Schwierigkeiten, sich einem Seelsorger oder einem Arzt anzuvertrauen.

Andererseits darf aber nicht vergessen werden, daß bei der Suizidalität die Suggestivwirkung eine große Rolle spielt, besonders dann, wenn es um Meldungen von Selbstmorden, speziell von solchen besonders grausamer Art geht. Es ist eine bekannte Erfahrung, die schon in vielen Städten gemacht wurde, daß nach der Erbauung des ersten Hochhauses ein oder zwei Jahre lang niemand von diesem herunterspringt. Wenn aber einmal der erste gesprungen ist, dann folgen meist in den nächsten Tagen oder Wochen andere nach. Ein anderes trauriges Beispiel dafür ist die Tatsache, daß die Selbstverbrennung buddhistischer Mönche in Thailand dazu geführt hat, daß es zu solchen Selbstmordhandlungen auch in Europa und in anderen Teilen der Welt gekommen ist. Es ist daher wichtig, daß — wie es z. B. in Basel der Fall ist — mit der Presse ein Übereinkommen getroffen wird, über Selbstmordhandlungen wenn möglich überhaupt nicht und wenn, nur in nicht spektakulärer Weise zu berichten.

Wichtig ist es auch, daß die Meinung verbreitet wird, daß man heute der Suizidalität begegnen kann und daß es wirksame Maßnahmen gibt, Selbstmordversuche zu verhindern. Selbstmordimpulse und Ideen wie sie z. B. bei Depressionen auftreten, können heute wirksam pharmakotherapeutisch behandelt werden, und es ist auch möglich, bei Neurosen durch Psychotherapie die Suizidgedanken und Impulse abzubauen.

Weiter ist es wichtig, daß durch allgemeine Aufklärung einige wesentliche Grundbegriffe der Selbstmordprophylaxe verbreitet werden, so daß möglichst viele Leute bei depressiven Menschen oder solchen, die sich in seelischer Not befinden, an die Möglichkeit einer Selbstgefährdung denken. Indem sie entweder die Patienten selbst zu einem Gang zum Arzt animieren oder die vorhandenen Institutionen zur Selbstmordprophylaxe und die Familienangehörigen des Betreffenden aufmerksam machen, kann rasche Hilfe einsetzen.

Enttabuisierung und Aufklärung sind wichtige Schritte auf dem Gebiet der Selbstmordprophylaxe. Es ist daher zu begrüßen, daß es nationale und internationale Organisationen gibt, die sich diese Aufgabe zu eigen gemacht haben. In erster Linie ist dabei die Internationale Vereinigung für Selbstmordprophylaxe zu erwähnen, welche alle zwei Jahre einen internationalen Kongreß veranstaltet, die Errichtung von Selbstmordverhütungszentren stimuliert und ein eigenes Mitteilungsblatt »Vita« herausgibt.

Behandlung der Suizidalität

Jede Beurteilung des Suizidrisikos wird aber nur dann sinnvoll sein, wenn man daraus Konsequenzen zieht. Eine erste solche Konsequenz ist, daß man überhaupt über die Suizidproblematik und deren Intensität mit dem Patienten spricht. In der Regel empfinden es suizidale Patienten als befreiend, wenn man sie in einer ruhigen und natürlichen Art nach ihren etwaigen Selbstmordgedanken oder Impulsen fragt. Sie sind ja meistens von schweren Schuldgefühlen geplagt, die sie auch zum Schweigen zwingen, und sie empfinden es daher als Befreiung, sich einmal aussprechen zu können. Dem Gespräch über die Suizidthematik kommt zunächst einmal schon eine »kathartische« Wirkung zu. Als nächstes erhebt sich dann die Frage, welche Maßnahmen zu treffen sind, um das Suizidrisiko zu vermindern. Hier sind vor allem regelmäßige psychotherapeutische Gespräche zu erwähnen. Wichtig ist es dabei nicht nur, daß solche Gespräche geführt werden, sondern daß ein möglichst enger Kontakt zwischen Patienten und Therapeuten besteht, und daß der Patient weiß, daß er sich bei intensiven Suizidimpulsen jederzeit, also auch in der Nacht, an den Therapeuten wenden kann. Eine enge mitmenschliche Beziehung ist immer noch die beste Prophylaxe und Therapie einer suizidalen Entwicklung.

Als nächstes erhebt sich für den Arzt die Frage, durch welche Medikamente eine Suizidalität beeinflußt werden kann. In Abbildung 3 wurden verschiedene Psychopharmaka in bezug auf ihre Beeinflussung der Suizidalität zusammengestellt. Eine intensive Dämpfung der Suizidalität kann nur durch Neuroleptika mit stark dämpfender Wirkung oder auch durch Tranquilizer, die eine intensiv dämpfende Wirkung aufweisen, erzielt werden. Ist besonders bei Depressiven die Suizidalität nicht zu intensiv ausgeprägt, können Antidepressiva mit einer dämpfenden Wirkungskomponente, aber auch Kombinationspräparate von Antidepressiva und Tranquilizer bzw. Neuroleptika eingesetzt werden. Wichtig ist es in diesem Zusammenhang, daß die bekannten Antidepressiva vor allem den depressiven Grundprozeß beeinflussen und dies meist innerhalb von Tagen bis Wochen. Wollte man diese Medikamente allein zur Suizidbekämpfung einsetzen, müßte man einen gewissen Zeitraum warten, nämlich bis sich die Depression aufhellt, um dann mit dieser Aufhellung auch einen Rückgang der Suizidalität zu beobachten. Es wird daher bei suizidalen depressiven Patienten zweckmäßig sein, initial mit einer dämpfenden Behandlung zu beginnen und gleich simultan eine antidepressive Therapie aufzubauen. Es ist in diesem Zusammenhang aber auch wichtig zu wissen, daß es nicht nur Medikamente gibt, die die Suizidalität dämpfen, sondern auch solche, die die Suizidalität erhöhen können. Dazu gehören vor allem die zentralen Stimulantien, die deshalb für die Depressionsbehandlung nicht geeignet sind. Zu den Stimulantien zählen auch verschiedene Appetitzügler, deren Mißbrauch schon wiederholt zu Suizidhandlungen geführt hat. In die gleiche Gruppe gehören auch die verschiedenen Halluzinogene, wie z. B. LSD, aber auch Antidepressiva, die eine aktivierende Wirkungskomponente besitzen und daher nur in Zusammenhang mit intensiv dämpfenden Neuroleptika oder mit dämpfenden Antidepressiva in speziellen Indikationen vom Facharzt bei suizidalen Patienten verwendet werden sollen.

Wesentlich erscheint insgesamt, daß jede Selbstmordhandlung als ein Hilferuf bzw. eine Verzweiflungstat eines Menschen in Not aufzufassen ist. Sie hat eine Appellfunktion. Leider verhallen diese Appelle noch viel zu oft ungehört, und Paul Valéry, der berühmte französische Dich-

Die medikamentöse Beeinflussung der Suizidalität

I. Intensive Dämpfung der Suizidalität	II. Dämpfung der Suizidalität durch Antidepressiva	III. Beeinflussung des depressiven Grundprozesses	IV. Aktivierung der Suizidalität
Neuroleptika mit stark dämpfender Wirkungskomponente Chlorpromazin Megaphen Largactil Chlorprothixen Taractan Truxal Clotiapin Entumin Laevomepromazin Neurocil Nozinan Tranquilizer mit intensiv dämpfender Wirkungskomponente Benzoctamin Tacitin Diazepam Valium	Antidepressiva mit dämpfender Wirkungskomponente Amitriptylin Laroxyl Saroten Tryptizol Doxepin Aponal Sinequan Sinquan Trimeprimin Stangyl Surmontil Kombinationspräparate: Amitriptylin und Chlordiazepoxid Limbatril Limbitrol Amitriptylin und Perphenazin Etrafon Triavil Melitrazen und Flupentixol Deanxit	Antidepressiva mit vorwiegend stimmungsaufhellender Wirkung Chlomipramin Anafranil Dibenzepin Noveril Dimetacrin Istonil Imipramin Tofranil Melitrazen Dixeran Trausabun Noxyptilin Agedal Iprindol Galatur Maprotilin Ludiomil	Zentrale Stimulantien einschließl. Appetitzügler Halluzinogene z. B. LSD Antidepressiva mit aktivierender Komponente sollen bei suizidalen Patienten, wenn überhaupt, nur in Kombination mit Pharmaka der Gruppe I und II verabreicht werden. Desipramin Pertofran Nortriptylin Nortrilen Protriptypin Concordin Mao-Hemmer

Abb. 3

ter hat daher den Selbstmord wohl zu Recht als »die Abwesenheit der Anderen« definiert. Deswegen muß jede Selbstmordhandlung an uns alle ein Appell sein und eine Frage an unser Gewissen, ob wir wirklich alles getan haben, um einem Menschen in größter seelischer Not zu helfen.

Literatur

F. Dubitscher, Lebensschwierigkeiten und Selbsttötung, Stuttgart 1971.

W. Feuerlein, Selbstmordversuch oder parasuicidale Handlung? Tendenzen suicidalen Verhaltens, Nervenarzt 42 (1971), S. 127.

P. Kielholz, Diagnose und Therapie der Depressionen für den Praktiker, München 3 A. 1971.

P. Kielholz, Depressive Zustände, Bern—Stuttgart—Wien 1972.

K.-J. Linden, Der Suizidversuch. Versuch einer Situationsanalyse, Stuttgart 1969.

R. E. Litman, N. L. Farberow, Emergency evaluation of self destructive potentiality, In the cry for help, (1965).

R. E. Litman, E. S. Shneidman, N. L. Farberow, A suicide prevention center, Am. J. Psychiat. 117 (1961), S. 1084.

W. J. Pöldinger, Die Abschätzung der Suizidalität, Bern 1968.

W. Pöldinger, G. Hole, Die Selbstmordhandlung als Symptom, Praxis der Psychotherapie 16 (1971), S. 185.

W. Pöldinger, G. Sonneck, Die Beurteilung des Suicidrisikos, 7. Int. Kongreß f. Selbstmordverhütung von 24.—27. 8. 1973 in Amsterdam (In Druck).

E. Ringel, Neue Untersuchungen zum Selbstmordproblem. Unter besonderer Berücksichtigung prophylaktischer Gesichtspunkte, Wien 1961.

E. Ringel (Hrsg.), Selbstmordverhütung, Bern 1969.

E. Robins, G. E. Murphy, R. H. Wilkinson, S. Gassner, J. Keyes, Some clinical considerations in the prevention of suicide based on a study of 134 successful suicides, Amer. J. publ. Health 49 (1959), S. 888.

E. Stengel, Suicide and attempted suicide, Penguin Books 1964.

K. Thomas, Handbuch der Selbstmordverhütung, Stuttgart 1964.

WANDLUNG DER ETHISCHEN AUFFASSUNG ÜBER EUTHANASIE IN ENGLAND

von Eliot Slater
(übersetzt von Ingrid Veitinger)

Als ich noch Medizinstudent und eben approbierter junger Krankenhausarzt war, hatten die Mediziner zum Tod eine ziemlich robuste, aus der Praxis heraus geprägte Einstellung. Man gewährte einem Sterbenden jede denkbare Erleichterung und Pflege, unternahm jedoch keine außerordentlichen Versuche, sein Leben über seinen wahrscheinlich natürlichen Ablauf hinaus zu erhalten. Noch immer war die Lungenentzündung »des alten Menschen Freund«, und ohne wirksame Medikamente gegen diese und andere plötzlich auftretende Krankheiten lebten alte Menschen nicht mehr lange, nachdem sie einmal körperlich oder geistig hinfällig geworden waren. So war die Zahl der alten Leute recht klein, die entweder in den Krankenabteilungen örtlicher Krankenhäuser oder in den Altenabteilungen psychiatrischer Kliniken Pflege beanspruchten. Alte und Hilflose stellten keine großen Forderungen an die sozialen Dienstleistungen im damaligen England.

Eine ähnliche Einstellung bestand gegenüber den unheilbar Kranken und den völlig Hilflosen anderer Altersgruppen. So wurde zum Beispiel ein junger Mann, der eine ernste Hirnverletzung erlitten hatte, nicht über Tage, Wochen, Monate, ja über Jahre hinaus im Zustand der Bewußtlosigkeit durch maschinelle Stützung der vegetativen Funktionen am Leben erhalten. — Man konnte es ja damals noch gar nicht! Ebenso war das Verhalten gegenüber pathologischen Schäden bei Neugeborenen in den meisten Krankenhäusern realistisch. Hochgradig abnormale Neugeborene wurden in der Fachliteratur unter der Rubrik »Monstra« beschrieben. Sie waren nicht lebensfähig, und so dachte man nicht daran, sie als menschliche Lebewesen voll einzustufen. Ein Spina-bifida-Baby (ein Neugeborenes mit angeborener Spaltbildung der Wirbelsäule) mit offenem Bruch oder mit Wasserkopf pflegte man nach der Geburt an einen kalten Ort zu legen, damit es sterbe. Der Mutter sagte man, das Kind habe nicht gelebt. Zwar verfuhr man nicht überall auf diese Art, aber dieses Vorgehen war doch recht verbreitet. Sofern man auf den Entbindungsstationen anders vorging und Spina-bifida-Babys medizinische Hilfe zuteil werden ließ, pflegten sie eine Zeit lang trotz ihrer spastischen und geschädigten Kondition zu überleben und in Kinderkrankenhäuser und psychiatrische Kliniken überwiesen zu werden. Ihre Lebenserwartung war niedrig, und nur die am wenigsten Geschädigten erreichten das Erwachsenenalter.

Zu jener Zeit — etwa in dem Jahrzehnt von 1925 bis 1935 — stand die Berufsgruppe der Mediziner dem Tod nicht als ausgeprägter Gegner gegenüber. Noch war es nicht ethisches Postulat, das Leben, das gerettet werden konnte, um jeden Preis zu retten. Darin hatten die Ärzte die Unterstützung der Laien. Tatsächlich war eine nicht unbedeutende Minderheit der Meinung, daß Ärzte mehr tun könnten, als es üblich war, um den Eintritt des Todes zu erleichtern.

1936 wurde im Oberhaus eine Gesetzesvorlage zur freiwilligen Euthanasie eingebracht. Von einem bedeutenden Chirurgen, Lord Moynihan, wurde sie mit folgenden Worten unterstützt:[1]

»Kurzum, es ist unser Wunsch, die gesetzliche Anerkennung des Grundsatzes zu erreichen, daß in Fällen von fortgeschrittener und offensichtlich tödlicher Krankheit, die von einem Todeskampf begleitet ist, der die Grenzen der menschlichen Leidensfähigkeit erreicht oder überschreitet, der Kranke nach rechtsgültiger Untersuchung und unter Beachtung aller Sicherheiten das Recht haben soll, Erlösung zu fordern und zu erhalten.«

Die Mehrzahl der Mediziner jedoch war gegen diese Gesetzesvorlage, und zwar hauptsächlich mit der Begründung, daß die Ärzte ohnehin alles ihnen mögliche täten und einer gesetzlichen Genehmigung nicht bedürften. Anläßlich der zweiten Lesung der Vorlage arbeitete Lord Dawson, ein bedeutender Arzt, einen interessanten Gegensatz zwischen der derzeitigen medizinischen Auffassung und den Ansichten heraus, die fünfzig Jahre früher vorherrschend waren:

»Es war unbestrittene Tradition, daß es die Pflicht der Ärzte sei, den Kampf um das Leben bis zu seinem Ende zu führen. Das hat sich mit der Zeit geändert. Langsam und fast unmerklich ist bei den Medizinern das Gefühl aufgetreten, man solle den Prozeß des Sterbens menschenwürdiger und

[1] Parliamentary Debates: House of Lords, Tuesday, 1st December 1936. Vol. 103, No. 11, London: His Majesty's Stationery Office.

friedlicher gestalten, und zwar auch dann, wenn eine Verkürzung des Lebens damit verbunden wäre. Das ist mehr und mehr der Brauch geworden.« (Auch wenn ein größerer zeitlicher Abstand zwischen Leben und Tod besteht, das Leben aber mit einer unheilbaren Krankheit belastet ist) »sollten unsere ersten Überlegungen der Linderung der Leiden gelten, auch wenn diese Linderung zu einer Verkürzung dieses Lebens führt ... Wird der zeitliche Abstand zwischen einem mit unheilbarer Krankheit belasteten Leben und dem Tod größer, so zeigen sich größere Probleme, und sehr viel mehr Entscheidungsmöglichkeiten ergeben sich bei Ärzten und Patienten. Dennoch besteht im großen und ganzen die sich immer weiter verbreitende, wenn auch noch nicht öffentlich zum Ausdruck gekommene Auffassung, daß eine Verkürzung dieses zeitlichen Abstandes dann nicht versagt werden sollte, wenn eine echte Notwendigkeit dafür gegeben ist. Dies ist die Folge einer wahrhafteren Konzeption dessen, was Leben bedeutet und was das Ende seiner Sinnhaftigkeit erfordert.«

Obwohl sich Lord Dawson nicht völlig eindeutig ausdrückt, erscheint es doch klar, daß er sich auf die wohlerwogene Verkürzung des Lebens bezieht mit dem Ziel, das Leiden zu erleichtern. Das ist — natürlich — Euthanasie. Als solche wird sie bis heute vom englischen Recht als ungesetzlich betrachtet. Das äußerste, was als noch im Einklang mit dem herrschenden Recht in England angesehen wird, ist die Erleichterung der Leiden mit dem Risiko und sogar mit der als sicher zu unterstellenden Erwartung, daß der eingeschlagene Weg zur Erleichterung der Leiden das Leben verkürzt. Die Verkürzung des Lebens als Selbstzweck jedoch ist nach wie vor ungesetzlich.

Die Gesetzesvorlage zur freiwilligen Euthanasie von 1936 fiel mit 14 Jastimmen gegen 35 Neinstimmen beim Hammelsprung durch. Eine weitere Gesetzesvorlage zur freiwilligen Euthanasie wurde 1969 im Oberhaus eingebracht. Inzwischen hatten sich natürlich die medizinischen Möglichkeiten der Ärzte, Menschen gegen alle Widrigkeiten am Leben zu erhalten, sehr vergrößert. Etwa 1969 begannen diese medizinischen Praktiken die gebildete Öffentlichkeit zu beunruhigen. Die Beteiligung der Lords war größer, die Debatte äußerst lebhaft. Aber noch einmal stimmten ihre Lordschaften im Oberhaus mit 61 gegen 40 Stimmen gegen die Gesetzesvorlage. Diese Vorlage sah nicht nur das Recht des unheilbar Kranken auf den Tod vor; sie sah darüber hinaus das Recht eines jeden Erwachsenen vor, eine Vorab-Erklärung abzugeben, nach deren Bestimmungen verfahren werden mußte, wenn er z. B. durch einen Hirnschaden unfähig werden sollte, seinen Willen zum Ausdruck zu bringen.

Die Gesetzesvorlage von 1969 wurde von der Britischen Vereinigung zur freiwilligen Euthanasie (British Voluntary Euthanasia Society) unterstützt. Sie wurde etwa 1936 gegründet, ist seither stark angewachsen und hat heute etwa 1200 Mitglieder. Diese Vereinigung verbreitet ein Erklärungsformular, das Patienten bei ihren Hausärzten deponieren können. Dieses Dokument autorisiert selbstverständlich nicht zur Euthanasie, macht es aber für den behandelnden Arzt moralisch und psychologisch leichter, sich dessen zu bedienen, was das geltende Recht inzwischen wirklich erlaubt. Erlaubt ist die Preisgabe aller Wiederbelebungsbemühungen oder die Anwendung schmerzstillender Medikamente in einem Maße, das sich binnen kurzem tödlich auswirken muß. Das Dokument lautet:

»Ich (Name und Adresse) gebe diese Erklärung nach sorgfältiger Überlegung und zu einer Zeit ab, da ich im Vollbesitz meiner geistigen Kräfte bin. Für den Fall, daß ich einmal nicht mehr über meine eigene Zukunft entscheiden kann, soll diese Erklärung als meine letztwillige Verfügung gelten:

Sofern keine vernünftige Aussicht auf meine Gesundung von körperlicher oder geistiger Krankheit oder von einer Schädigung besteht, von denen angenommen werden muß, daß sie mir schweres Leiden verursachen oder mir ein bewußtes Existieren unmöglich machen werden, so fordere ich, daß man mich sterben läßt und nicht durch künstliche Mittel am Leben erhält. Ich fordere weiter, daß ich jede notwendige Menge Drogen bekomme, die erforderlich ist, mich von Schmerz und großer Belastung *völlig zu befreien*, auch wenn dadurch der Augenblick meines Todes früher herbeigeführt wird. Diese Erklärung ist von mir unterzeichnet und datiert, und zwar in Gegenwart der beiden unten aufgeführten, gleichzeitig anwesenden Zeugen, die auf mein Ersuchen und in meinem Beisein ihre Namen als Zeugen unter dieses Dokument gesetzt haben, (gezeichnet, datiert und beglaubigt)«

Für dieses Erklärungsformular hat die englische Presse geworben, und viele Menschen haben es inzwischen angefordert. Auch eine Reihe von Medizinern hat dieses Formular unterzeichnet und bei ihren behandelnden Ärzten deponiert. Weitere Beweise für die Wandlung in der Einstellung der Ärzte kann man den Leserzuschriften der medizinischen Fachzeitschriften entnehmen: so etwa die Ansicht, daß der Tod »das Gesunde« sei, sofern die Alternative aus langwierigem Leiden und Krankheit bestehe. Hausärzte sind im allgemeinen sehr viel eher geneigt, den Tod als Freund zu betrachten, als Ärzte, die stets in Krankenhäusern arbeiten. Aber zumindest auf einigen der vielen Intensivstationen instruieren die ärztlichen Autoritäten ihre Mitarbeiter, welche Patienten bei Auftreten einer Krise zu retten sind und welche Patienten man sterben läßt. Meinungsumfragen haben ergeben, daß etwa die Hälfte der englischen Hausärzte irgendwann in ihrer Praxis mit der Forderung eines Patienten auf endgültige Erlösung konfrontiert war; und man kann wohl annehmen, daß die meisten der Ärzte, die die Konfrontation mit einer derartigen Forderung zugeben, sich gelegentlich bereitgefunden haben, ihr zuzustimmen.

Ich habe kürzlich mit Interesse festgestellt, wie sehr sich die Einstellung der Kinderärzte gegenüber der »Rettung-um-jeden-Preis«-Ausrichtung bei hochgradig abnormalen Neugeborenen geändert hat[2]. Offenbar erhalten Spina-bifida-Babys (Babys mit angeborener Spaltbildung der Wirbelsäule) sofortige ärztliche Hilfe auf den Entbindungsstationen, werden aber dann — bisweilen innerhalb weniger Stunden — in Kinderkliniken überwiesen. Die Kinderärzte sind heute davon überzeugt, daß bei Babys mit hochgradiger Spina-bifida die Erhaltung des Lebens nur zu Jahren des Leidens für das Kind selbst und seine Eltern führt. Nachforschungen haben ergeben, daß sich Eheprobleme vervielfachen, ja selbst die Geschwister ein unangepaßtes Verhalten entwickeln. Eltern, die mit der Sorge um ein schwer behindertes Kind belastet sind, richten mit großer Wahrscheinlichkeit ihr ganzes Leben auf dieses Kind aus und nehmen die Möglichkeit, ein weiteres, gesundes Kind zu haben, nie mehr wahr. So teilen die Kinderärzte in England neuerdings die Kinder mit Spina-bifida ein in solche, denen jegliche medizinische und chirurgische Hilfe zuteil werden soll, und jene, deren Ableben man in wenigen Wochen erwarten muß. Das Kind wird nicht getötet, aber das Regime ist derart, daß (z. B. bei halber Kalorienzufuhr, Weglassen von Antibiotika etc.) ein Überleben über diese Dauer hinaus nicht eintritt.

Es ist kein zufriedenstellendes Vorgehen, durch das wir — ohne zu töten — immerhin sicherstellen, daß ein Patient nicht überlebt. Wir scheinen uns in England in einem Übergangsstadium der ideellen Revolution zu befinden. Binnen kurzem werden wir uns die Frage stellen müssen, ob es nicht unter bestimmten Umständen unsere Pflicht ist, ein Leben ohne Verzug zu beenden, das heißt, ob es nicht unsere Pflicht ist zu töten. Angesichts solcher Pflichten können wir nicht weiterhin im Verborgenen handeln. Was dieses Problem angeht, so muß die gesamte Öffentlichkeit ins Vertrauen gezogen werden und den Grundsätzen zustimmen, die den Arzt im Einzelfall leiten sollen. Die Öffentlichkeit hat nicht einmal eine entfernte Vorstellung von der Häufigkeit, von dem Ausmaß und der Art des Leidens, das eine

---

[2] H. B. Eckstein, G. Hatcher, und E. Slater, New horizons in medical ethics: severely malformed children, Brit. med. J. 11 (1973), 5. Mai, S. 184—189.

langwierige tödliche Krankheit verursacht. Wüßte sie davon, so würde sie uns vielleicht die klare Anweisung geben, man solle derartiges Leiden nicht zulassen. Aber wie die Dinge liegen, verbirgt sich das alles unter einem täuschenden Schleier: Wunderdrogen, Wunderoperationen, elektronische Geräte, Nieren-, Herz- und Lebertransplantationen — sie sollen den unheilbar Kranken heilen und die medizinischen Probleme lösen, deren humane und psychologische Aspekte völlig übersehen werden.

Wenn schon nicht die Öffentlichkeit, so werden sich doch endlich die Ärzte des Versagens des »engineering approach«, der technischen Medizin bewußt, jener Art der Medizin, die den Arzt zum Techniker macht. Wenn auch die allgemeine Lebenserwartung in den letzten hundert Jahren durch das Absinken der Säuglings- und Müttersterblichkeit, durch die Beherrschung der Kinderkrankheiten usw. stark angestiegen ist, so bleibt trotz aller Anstrengungen der medizinischen Wissenschaft der letzten zwanzig Jahren die Lebenserwartung eines fünfundvierzigjährigen Menschen weitgehend die gleiche wie vor hundert Jahren[3]. Unsere gewaltigen Bemühungen um die fortgeschrittene Brustkorbchirurgie, die Strahlentherapie, die Intensivpflege und andere moderne Einrichtungen haben die aus unserer ungesunden Lebensführung resultierende Morbidität nicht gemindert, das Problem aber verschärft. Die winzigen Anstrengungen, die zur Einschränkung des Tabakkonsums unternommen wurden, haben trotz begrenztem Erfolg mehr für unsere Gesundheit getan als alle fortgeschrittene technische Medizin.

Der Fortschritt der medizinischen Wissenschaft ist auf eines der Hauptziele in der ärztlichen Ethik ausgerichtet: auf die Erhaltung des Lebens. Die zweite ärztliche Hauptaufgabe, die Vermeidung und Erleichterung der Leiden, hat nicht die gleiche Aufmerksamkeit erfahren. Diese beiden Ziele befinden sich bisweilen im Konflikt; so sieht sich der Patient, dessen Leben gerettet werden soll, unter Umständen zu einem langen und verzweifelten Kampf aufgerufen, ehe er zu einem normalen Leben zurückkehren kann, oder wenigstens zu einem Leben, das — wenn auch beeinträchtigt — doch lebenswert ist. Aber selbst dort, wo diese Belohnung nicht gegeben ist, fordern wir unsere Patienten immer noch auf, den Kampf bis zum bitteren Ende

[3] J. Powles, On the limitations of modern medicine, Sci., Med. and Man 1 (1973), S. 1—30.

durchzufechten. Das bedeutet, daß wir unsere Verpflichtung, Leiden zu verhindern, vergessen. Bei einer eindeutig tödlichen Krankheit sollten wir unsere Patienten nicht dazu veranlassen, vermeidbares Leiden und vermeidbare Belastungen auf sich zu nehmen. Wir sollten wirklich nichts tun, was lediglich dazu beiträgt, das Leben zu verlängern. Denn die Verlängerung des Lebens ist dann die Verlängerung des Sterbevorganges, eines Prozesses, der für den Patienten, für seine Familie und alle, die sich um ihn sorgen, furchtbar ist. In einer solchen Situation benötigen wir ein anderes Vorgehen, einen wohlerwogenen Plan, der eindeutig vorschreibt, wie Arzt und Pfleger dem Kranken das größtmögliche Maß an Wohlbefinden und Entlastung verschaffen und alles tun, was ethisch und gesetzlich erlaubt ist, um die Krankheit abzukürzen.

Epicuros sagte: »Im Leben eines Menschen gibt es nichts Schreckliches, wenn er wirklich verstanden hat, daß es nicht schrecklich ist, nicht zu leben.« Damit diese Worte wahr werden, muß die Beendigung des Lebens eine greifbare Alternative sein, wenn die Fortsetzung des Lebens unerträglich wird. Seit dem Suizidgesetz von 1961 ist in England der Selbstmord nicht mehr gesetzeswidrig, obgleich es immer noch für jedermann — Arzt oder Verwandte — gesetzeswidrig ist, Beihilfe zum Selbstmord zu leisten. Trotz dieses Gesetzes halten es die meisten Ärzte immer noch für ihre Pflicht, den Suizid zu verhindern, wenn es in ihrer Macht steht. Dieses Vorgehen richtet sich heute gegen sich selbst. Wir haben in England eine wahre Epidemie sogenannter Selbstmordversuche, deren Zahl innerhalb der letzten zehn Jahre um das Achtfache gestiegen ist. Für die emotional Gestörten ist der »Versuch« eines Selbstmordes quasi ein bevorrechtigter Anspruch auf psychiatrische oder soziale Hilfe.

Das ist ein Problem, für das sich keine leichte Lösung anbietet. Aber es hat zu einigen neuen Überlegungen geführt. Es wird immer problematischer, ob man *in jedem Falle* versuchen soll, den Selbstmörder zu retten. Suizidstudien an älteren Menschen haben ergeben, daß viele, die auf diese Weise den Tod wählten, bereits unheilbar krank waren oder ein Leben der Einsamkeit und Verlassenheit führten oder durch den Verlust eines ihnen eng verbundenen Menschen seelisch zerstört waren. Ich glaube nicht, daß der Arzt dazu berufen ist, solche Menschen daran zu hindern, sich das Leben zu nehmen, die fest dazu entschlossen sind. Ich würde diese Freiheit sogar für einen psychotischen Patienten beanspruchen. Das Recht zu sterben, wenn das Leben nicht mehr erträglich ist, sollte als ein menschliches Grundrecht gewährt werden. Und der Suizid sollte ein ethisch und gesellschaftlich akzeptierter Weg sein, das Leben zu beenden — gerade weil er ein vernünftiger Weg sein kann.

EINIGE THESEN ZUM THEMA SUIZID

von Artur Reiner

In diesen Referaten ist oft von der Verdrängung des Todes gesprochen worden. Es mag den Anschein erwecken (so auch nach dem Beitrag von Slater), daß es wenigstens eine Gruppe gibt, die den Tod will und ihm mutig ins Angesicht schaut: Menschen, die vor einer Suizidhandlung stehen. Ist das richtig? Auf diese Frage möchte ich eine Antwort versuchen, indem ich thesenhaft aufzeige, wie sich Suizidpatienten, die ich nach ihrem Suizidversuch besucht habe, dazu geäußert haben.

1. Die meisten Menschen, die eine Suizidhandlung begehen, wollen nicht sterben — sie wollen nicht mehr leben. Deshalb steht vor dem Suizid nicht die Auseinandersetzung mit dem Tod im Vordergrund, sondern die Auseinandersetzung mit dem scheinbar unlösbaren Konflikt.

2. Falls über den Tod reflektiert wird, ist die Haltung dem Tod gegenüber ambivalent, das heißt, es ist nicht eindeutig der Wunsch da, entweder leben oder sterben zu wollen, sondern beides gleichzeitig. Falls noch Hoffnung auf Überleben besteht, wird die Suizidhandlung als Hilfe zur Lösung des Konfliktes verstanden, im Sinne eines Appells, einer Erpressung oder Bestrafung. Falls die Erwartung zu sterben da ist, wird der Tod als Hoffnung verstanden, als solche erstrebt und oft auch gewissensmäßig verantwortet.

3. Solange die psychische Einengung noch nicht einen hohen Grad erreicht hat, wird eher die Frage nach dem Tod gestellt und die Angst davor bildet noch einen gewissen Schutz vor einer Suizidhandlung.

4. Bei religiös orientierten Menschen kann sogar die Religion dazu benützt werden, eine Suizidhandlung zu rechtfertigen. Denn im suizidalen Stadium werden — wie Ringel gezeigt hat — gerade *die* religiösen Ideen aufgebaut, die den bestehenden Pessimismus und die Neigung zur Selbstzerstörung bestätigen oder diesen zumindest nicht sonderlich hinderlich sind. Oder es werden *die* Momente, die eine Suizidhandlung verurteilen, so stark entwertet und unterhöhlt, daß sie im entscheidenden Augenblick nicht mehr stark genug sind, eine Suizidhandlung zu verhindern.

5. Da die meisten Menschen vor einer Suizidhandlung sich entweder der Frage nach dem Tod nicht stellen oder nicht stellen können, haben sie noch keine Entscheidung getroffen, leben oder sterben zu wollen. Für die ethische Beurteilung bedeutet das, daß von einer freien Handlung des Einzelnen kaum die Rede sein kann. Deshalb geht die sittliche Verurteilung eines Suizidanten genau so am eigentlichen Sachverhalt vorbei wie die Verherrlichung einer Suizidhandlung.

6. Im Rahmen der Intensivpflege wird für den somatischen Bereich sehr viel getan: angefangen von der Magenspülung über die forcierte Diurese bis hin zur künstlichen Beatmung. Wenn aber darüber hinaus den Suizidpatienten keine weitere Hilfe angeboten wird, bleibt das Bemühen um Suizidgefährdete ineffektiv, da sie in denselben ungelösten Konflikt zurückkehren.

»— UND AM ENDE DER TOD«

Der Beitrag des christlichen Glaubens zum Leben und Sterben des Menschen [1]

von Heinz Zahrnt

Christlicher Glaube glaubt und bekennt nicht, was jederzeit gleich gilt, sondern was jeweils besonders gilt, jetzt zu dieser Zeit, hier an diesem Ort. Auch die christliche Wahrheit hat stets ihre bestimmte »Ortszeit«.

Dieser methodische Grundsatz aller Theologie gilt auch für ihre Aussagen über den Tod und über den Glauben an das ewige Leben, obwohl die Begriffe »Tod« und »ewig« doch darauf hinzuweisen scheinen, daß der Glaube wenigstens hier aller Zeit und ihrem Wandel entnommen sei. Aber auch das Nachdenken über den Tod und der Glaube an das ewige Leben haben immer ihre jeweilige Ortszeit. Was die Stunde hier heute geschlagen hat, dafür zwei Beispiele, die uns sogleich in die zentrale Problematik unseres Themas einstimmen sollen.

Das erste Beispiel stammt von Ernst Bloch; er nennt es selbst »gerichtsnotorisch«: Wenn ein Mörder, noch um das Jahr 1700, zum Gerädertwerden von unten nach oben herauf, also zur grausamsten Todesart der damaligen Zeit verurteilt war und der Gerichtshof ihn begnadigen wollte, falls er bereit wäre, in der Walpurgisnacht den Hexensabbat auf dem Brocken mitzufeiern, dann wies der Verurteilte diese Möglichkeit der Begnadigung zurück und ließ sich lieber aufs Rad flechten, weil er sich nicht auch noch das ewige Heil seiner Seele verscherzen wollte. Zweihundert Jahre später begann man auf dem Brocken in der einst so gefürchteten Nacht Maskenfeste zu feiern, die Damen als Hexen, die Herren als Teufel verkleidet. — Ich brauche Sie nicht erst zu fragen, wie Sie sich in der Situation des Delinquenten

[1] Der Vortrag bildet eine Weiterführung der in dem gleichnamigen Kapitel meines Buches »Gott kann nicht sterben« (München 1970) dargelegten Gedanken.

entschieden hätten — Sie haben sich diese Frage beim Zuhören bereits beantwortet.

Das andere Beispiel, das ich zur Einstimmung in die zentrale Problematik unseres Themas nennen möchte, stammt von dem bekannten anglikanischen Bischof John A. T. Robinson. Dieser erzählt einmal, wie ihm ein jüdischer Student in Chikago in einem mitternächtlichen Gespräch gestanden habe: »Wenn ich dieses Leben noch mit den Augen unserer Väter betrachten könnte als ein paar Sekunden der Vorbereitung auf die Ewigkeit, dann wäre alles anders für mich. Aber ich kann das nicht. Sie etwa?« Und Robinson fährt fort: »Ich muß ihm beipflichten, ich kann es auch nicht.« Und wir müssen unsererseits wieder dem englischen Bischof beipflichten und gestehen: Wir können es alle nicht mehr, wenn anders wir wirklich Zeitgenossen sind. Wir denken morgens beim Aufwachen nicht daran, daß heute für uns die Posaune des Jüngsten Tages erschallen könnte, sondern wir hören morgens beim Aufwachen nur unseren Wecker klingeln und denken daran, was dieser Tag uns bringen mag.

Damit ist die Situation skizziert, in der wir uns mit unserem Thema befinden: Wir stellen unsere Frage nach dem Tod und dem ewigen Leben angesichts der Vollendung der Aufklärung und der einschneidenden Wandlung, die sie für den christlichen Glauben bewirkt hat. Was der dadurch von der Christenheit geforderte universale theologische Lernprozeß speziell an Umlernen im Hinblick auf den Tod und den Glauben an das ewige Leben verlangt, das wollen wir miteinander bedenken.

1. Die Veränderung des Todes

Im Zuge der vielen Veränderungen unserer Zeit hat auch der Tod sich geändert. Gewiß, was das Ergebnis betrifft, ist der Tod seit Abels Tod immer noch dasselbe: am Ende liegt eine Leiche da. Aber wie dieses Ereignis sich vollzieht, auf welche individuelle Weise und in welchem sozialen Zusammenhang, wie das Bewußtsein der Menschen darauf reagiert, ob sie sich so oder so dazu einstellen, welchen Platz der Tod in der Gesellschaft einnimmt, und welche weltanschauliche Deutung er erfährt — das alles und noch vieles mehr ist höchst verschieden. Darum kann man sagen, daß auch der Tod, dieses todsichere und im Ergebnis immer gleich erfolgreiche Ereignis unseres Lebens, seine Geschichte habe und mithin der Veränderung unterworfen sei.

Zum Beweis dafür reihen wir einige bekannte Tatsachen und Beobachtungen beinahe wahllos aneinander. Infolge der stark gestiegenen Lebenserwartung hat die ständige Bedrohung des Menschen durch den Tod abgenommen, so daß der Tod nicht mehr das Hauptproblem allen menschlichen Lebens bildet. Man versucht Krankheit und Tod möglichst weit zurückzudrängen und so viele Lebensjahre wie möglich für sich zu ergattern. Man lebt, so gut es irgend geht, und läßt alles, was mit dem Tod zu tun hat, auf sich beruhen; und wenn es schließlich nicht mehr geht, sucht man so schnell und schmerzlos wie möglich durch den Lebensausgang hindurchzukommen. Der »angepaßte« Mensch möchte auch möglichst »angepaßt« sterben, möglichst wenig seiner selbst bewußt. Scheute man früher nichts so sehr wie den plötzlichen, unvermuteten Tod, weil man durch ihn »unbereitet« ins göttliche Gericht zu kommen fürchtete, so wünscht man sich heute gerade umgekehrt einen möglichst raschen, möglichst schmerzfreien Tod, ohne Vorankündigung oder gar Vorbereitung durch langes Leiden. Der plötzliche Herztod ist willkommener als der langsame Krebstod; er genießt überdies größeres gesellschaftliches Ansehen, weil er den so plötzlich Dahingerafften als ein besonders tüchtiges Mitglied unserer Leistungsgesellschaft ausweist.

Was die gestiegene Lebenserwartung an Todesdrohung übriggelassen hat — und das ist nach wie vor der Tod jedes Menschen —, das wird unter Verschluß gehalten. Die Ratio verbannt den Tod ebenso hartnäckig aus dem Bewußtsein wie einst die Riten den Toten aus dem Lebenskreis. Aus der Öffentlichkeit ist fast jedes Memento mori verschwunden. Die Kranken bringt man in die Krankenhäuser und die Toten in die Leichenhallen. Was früher an betreuender Pflege und frommem Brauchtum in der Familie geschah, wird heute gegen entsprechende Bezahlung an das zuständige Dienstleistungsgewerbe, zu dem auch die Kirche zählt, abgegeben. Zur Trauer läßt man sich gleichfalls keine Zeit; der Trauernde nimmt auch keinen erkennbaren und anerkannten gesellschaftlichen Status mehr ein. An die Stelle der Trauerarbeit ist weithin die Depression getreten.

Faßt man diese verschiedenen Zeichen für eine Veränderung des Todes in unserer Zeit zusammen, so lassen sie sich auf die Formel bringen: Man stellt sich auf den Tod nicht mehr ein, sondern man stellt ihn weg. Dieser Satz ist aber nur dann richtig verstanden, wenn man ihn als die *negative* Kehrseite der *positiven* Einstellung nimmt, *daß das Leben wichtiger geworden ist als der Tod.* Nicht mehr auf die wahre Sterbekunst, sondern auf die richtige Lebenskunst kommt es an!

Fragen wir nach dem Grund dieser neuen, umgekehrten Einstellung zum Leben und zum Sterben, so treffen wir auf jenen entscheidenden Vorgang der Neuzeit, den wir als *Säkularisierung*, als Verweltlichung der Welt, zu bezeichnen pflegen, und der wie von selbst eine *Kehre vom Jenseits zum Diesseits* mit sich gebracht hat.

Bevor die Aufklärung den christlichen Glauben erreichte, war alle theoretische Welterkenntnis und praktische Lebensgestaltung im Abendland durch das aus der hellenistisch-christlichen Synthese stammende Schema eines kosmischen Dualismus bestimmt, nach dem sich zwei verschiedene, substanzhaft gedachte, Welten gegenüberstehen: die obere und die untere, die übernatürliche und die natürliche, die geistige und die physische, die himmlisch-göttliche und die irdisch-menschliche. Dabei galt die obere, übernatürliche, geistige, göttliche Welt als die eigentlich wirkliche und wahre, die der unteren, natürlichen, physischen ihren Horizont setzte, die über allem irdisch-menschlichen Leben wie das Licht der Sonne über der Erde stand und es von oben her erhellte und von außen her bestimmte.

Diese mehr aus dem Griechentum als aus der Bibel stammende dualistische Metaphysik hat das Christentum Jahrhunderte lang zu einer individualistischen Jenseits-, fast Todesreligion gemacht, zu einem »Platonismus fürs Volk«, wie Nietzsche es ausgedrückt hat. In der gläubigen Reflexion und in der frommen Praxis sah das so aus: Der Mensch hat eine unsterbliche Seele; sie wird im Körper gefangengehalten. Um sie rein und unversehrt zu bewahren, muß er sich von der Welt möglichst fernzuhalten trachten. Im Tode wird die Seele endlich frei, und zwar entweder für den Himmel oder für die Hölle. Die Bedingungen, ob für den Himmel oder für die Hölle, sind von Gott offenbart und werden von der Kirche in ihren Dogmen gelehrt und in den Sakramenten verwaltet. Also galt es, während des Erdenlebens fein fromm zu sein und nach der ewigen Seligkeit zu streben. So war das Leben eine immerwährende Einübung in den Tod; alle Lebenskunst wurde zur Sterbekunst. Das Sterben war des Glaubens liebstes Kind.

Mit der Vollendung der Aufklärung aber ist die jenseitige, übernatürliche, göttliche Welt, die bis dahin als die eigentlich wirkliche und wirksame galt, unwirklich und unwirksam geworden; sie hat ihre Kraft verloren und spendet kein Leben mehr. Im Zuge des welterklärenden und weltverändernden Tuns der Menschen ist die hiesige Welt gleichsam über ihren Köpfen zusammengewachsen, ihnen vielleicht auch über den Kopf gewachsen, jedenfalls zum neuen Himmel für sie geworden. Und eben dies hat jene Bewußtseinsverschiebung vom Jenseits zum Diesseits bewirkt, durch die sich die Lebensrichtung der Menschen genau um 180° gedreht hat. Damit hat sich Feuerbachs bekannte Forderung in unseren Tagen erfüllt: Die Menschen sind aus Kandidaten des Jenseits zu Studenten des Diesseits geworden. Es gibt immer mehr Zeitgenossen, die nicht mehr an Himmel und Hölle und an ein ewiges Leben glauben und die dennoch hier in der Zeit das Ihre verantwortlich tun.

Die Säkularisierung, die Verweltlichung der Welt, hat durch ihre Auflösung der bisherigen Vorstellungen von einer jenseitigen Überwelt nicht nur eine Wende in der Lebensrichtung der Menschen vom Jenseits zum Diesseits bewirkt; sie ist gleichsam auch in das Innere des Todes selbst eingedrungen und hat diesen aus einem religiös-übernatürlichen Phänomen in ein weltlich-natürliches verwandelt.

Im Zuge der Entzauberung der Welt durch die Naturwissenschaft und Technik hat sich ein neuer bürgerlich-rationaler Begriff von »Natur« herausgebildet; im Rahmen dieses neuen Naturbegriffes hat auch der Tod eine neue Deutung erfahren. Diese neue Deutung findet ihren Ausdruck im Begriff des sogenannten *»natürlichen Todes«*. Dieser Begriff besagt: Der Tod ist kein von jenseits der Welt hereinbrechendes Geschehen, er wird nicht von Gott über den Menschen verhängt; sondern der Tod kommt aus natürlichen Ursachen, er bedeutet das Aufhören des biologischen Lebensprozesses. Am Ende des Lebens steht oder, richtiger, liegt eine Leiche, und die Leiche ist ein Objekt, ein Ding, mit dem man alles mögliche anstellen, das man unter anderem auch sezieren und verbrennen kann.

Die natürliche Erklärung des Todes durch die Naturwissenschaft und die sich daraus ergebende veränderte Einstellung zum Tode sind nicht ohne Wirkung auf die christliche Theologie und Frömmigkeit geblieben. Zielte früher alles, was man glaubte und dachte, zuletzt darauf, daß es Trost bot angesichts des Todes durch den Verweis auf das ewige Leben in einer jenseitigen besseren Welt, so muß man heute an derselben Stelle teilweise Fehlanzeige erstatten. Auf die Frage, welchen Ort der Tod und das ewige Leben in ihrem Glauben und Verkündigen einnähmen, antwortet eine wachsende Zahl von Christen und Theologen verlegen oder auch überlegen mit einem Achselzucken. Sie bekennen sich im Hinblick auf das ewige Leben entweder vorsichtig als Agnostiker oder offen als Verächter. Hier scheint es so etwas wie eine statistische Proportion zu geben: In demselben Maße, in dem die Rede vom *»Tode Gottes«*, meist verbunden mit einer radikalen politischen

Theologie, um sich greift, nimmt das Denken und Reden vom *Tode des Menschen* ab. Das Beschwichtigen oder Verschweigen des Todes gehört heute zu den gefährlichen Auslassungen in den meisten weltanschaulichen und politischen Systemen, — kein Wunder, daß solche Auslassung zur Ausgelassenheit verführt, in der Medizin nicht weniger als in der Politik.

Nun stimmen wir den Agnostikern und den Verächtern des Glaubens an ein ewiges Leben, ob Christen oder Nichtchristen, ohne weiteres zu, wenn sie sich gegen das »Selig, nur selig« einer falschen Jenseitsfrömmigkeit richten, die das Diesseits fast völlig vom Jenseits verschlingen läßt. In der Tat ist — in einem merkwürdigen dialektischen Umschlag — in der christlichen Kirchengeschichte aus der *Ent*mächtigung des Todes durch Jesus Christus mehr als einmal eine neue *Er*mächtigung des Todes durch die Kirche geworden. Tod und ewiges Leben bildeten dann nicht mehr nur ein einzelnes Kapitel Theologie unter anderen, sondern das einzige theologische Hauptkapitel. Solche Verschiebung des theologischen Stellenwertes aber war wohl spätgriechisch, jedoch nicht frühchristlich gedacht: Der christliche Glaube kann den Tod so hoch unmöglich schätzen!

Darum bedeutet die Auflösung der abendländisch-dualistischen Metaphysik samt Fortfall entsprechender Jenseitsvorstellungen nicht nur einen Verlust für den christlichen Glauben, sondern zugleich eine Läuterung. Ursprüngliches tritt durch Aufklärung wieder ans Licht: der Diesseitsbezug der göttlichen Offenbarung, die Hinwendung des christlichen Glaubens zur Welt, die Erdhaftigkeit der biblischen Botschaft.

Aber gerade wer das Diesseits bejaht und die Verantwortung für diese Erde zu übernehmen bereit ist, darf die Todesgrenze, die mitten durch alles Leben läuft, nicht einfach ignorieren. Solche Gleichgültigkeit gegenüber dem Tode bedeutet eine Gedankenlosigkeit gegenüber dem Leben, denn sie klammert das sicherste Faktum alles menschlichen Lebens unbedacht aus, gerade jenes Ereignis, welches das Diesseits zum Diesseits macht.

Darum taugt auch keine Theologie, Philosophie, Religion oder Weltanschauung etwas, die sich nicht wenigstens um eine Antwort auf die Frage nach dem Tode bemüht. Mag sie auch keine Antwort auf diese Frage wissen und gegen sie nur zum resignierten oder heroischen Aushalten der absurden Situation aufrufen, so muß sie die Frage doch wenigstens stellen; sie darf sie nicht einfach verschweigen oder überspielen. Ich zitiere:

»Es gehört zu den bedenklichsten Merkmalen des modernen Menschen, daß er nicht zu sterben versteht ... Wie das Leben, so der Tod — sagte ein altes Sprichwort. Es läßt sich auch umkehren: Wie der Tod, so das Leben. Daß der Mensch es ablehnt, mit Ruhe, Vernunft und positiven Gefühlen den Tod als größte Gewißheit anzuerkennen, kann nur so erklärt werden, daß er vor allem nicht versteht zu leben, daß er sein eigenes Leben nicht ›todernst‹ nimmt.«

Diese Sätze finden sich nicht etwa in einem christlichen oder existenzphilosophischen Traktat, sondern sie stammen aus dem Buch des bekannten Prager Atheisten und Marxisten Milan Machoveč »Vom Sinn des menschlichen Lebens«. Ähnliches läßt sich heute auch bei anderen ernsthaften Marxisten, allen voran Ernst Bloch, lesen.

Jene atheistischen Philosophen, die nach wie vor oder neu die Frage nach dem Tode stellen, scheinen mir zeitgenössischer zu denken als manche nur a-theistischen Theologen, die sich mit ihrem Beschwichtigen oder gar Verschweigen der Todesfrage auf der Höhe der Zeit zu bewegen dünken. Spricht man nämlich wirklich mit Zeitgenossen, so gewinnt man den Eindruck, daß die Frage nach dem Tode für viele von ihnen noch keineswegs erledigt ist, sondern nach wie vor, vielleicht sogar neu ihr Interesse beansprucht, freilich teilweise schon an einer früher gelegenen Stelle im Kontext ihres Lebens und damit auch in einer anderen Gestalt.

In zunehmendem Maße bedrängt uns heute das Problem, daß die Menschen zwar älter werden als früher, daß gleichzeitig aber viele von ihnen schon vor Erreichen der sogenannten »Altersgrenze« aus dem Produktionsprozeß ausgeschieden und zum »alten Eisen« geworfen werden. In manchen Betrieben überlegt man sich sogar bereits, ob die 45- bis 50jährigen noch — wie man in Zeitungsannoncen zu schreiben pflegt — »kreativ« und »dynamisch« genug seien, um bestimmte Posten auszufüllen. Was aber bedeutet dies anderes, als daß sich der Tod hier in neuer Gestalt zu Wort meldet? Er ist nicht mehr nur der »Exitus«, den die Ärzte am Ende des Lebens bescheinigen, sondern er wirft seinen Schatten vom Ende her schon auf die Mitte des Lebens. Damit erhält das mittelalterliche Lied neue Aktualität: »Mitten wir im Leben sind mit dem Tod umfangen«, nur daß die Mächte, die uns heute umfangen halten, nicht mehr Pestilenz, Feuer, Wasser, Sucht und schlechte Luft heißen, sondern Nachlassen der Produktionskraft, Neurosen, Existenzkampf und Angst — obwohl es auch jene alten Mächte noch reichlich gibt, nur unter neuen Namen; sie heißen heute: Herzinfarkt, Krebs, Unfalltod, Umweltverschmutzung, Napalm und immer noch

Krieg. Auch in Huxley's »Brave new world«, in der besten aller Welten, in der perfektesten Gesellschaftsordnung und bei erfolgreichstem Fortschritt der biochemischen Forschung muß gestorben werden, und dieses Sterben wird immer vom Einzelnen persönlich geleistet werden müssen, gleichgültig, ob er dabei 70, 100 oder 150 Jahre alt ist.

Wer die Entwicklung auf dem Büchermarkt verfolgt hat, konnte die Beobachtung machen, daß in den letzten Jahren eine ganze Reihe von Büchern zum Thema »Sterben« und »Tod« erschienen sind. Es fiele freilich nicht schwer, für diese neue literarische Marktgängigkeit des Sterbe- und Todesthemas ein sehr zynisches Argument zu liefern: Die Generation, die nach dem verlorenen Kriege die durch eigene Schuld zerstörte Welt so großartig wiederaufgebaut hat, legt sich in diesen Jahren allmählich zum Sterben nieder, und da möchte sie nun entsprechend dem reibungslosen Wohlstandsleben, das sie sich geschaffen hat, auch ein möglichst reibungsloses Sterben haben. »Reibungslos« heißt hier: sich nicht an der Wirklichkeit reiben, um dadurch womöglich aus seiner Anpassung aufzuwachen und sich seiner selbst bewußt zu werden.

Andererseits aber könnte das neuerwachte zeitgenössische Interesse an Sterben und Tod gerade auch ein Zeichen für die stärkere Bewußtwerdung des Menschen sein, wie wir sie heute ähnlich auch in anderen menschlichen Lebensbereichen, etwa in der Sexualität, der Kindererziehung, der gesellschaftlichen Mitbestimmung usw. erleben. An dieser Entwicklung haben Psychologie und Psychoanalyse ihren ehrlichen Anteil; sie haben fraglos zur Sensibilisierung der Menschen beigetragen — historisch gesehen, eine Spätfrucht des Christentums, wenn auch eine von beiden Seiten erst spät erkannte. Zugespitzt könnte man vielleicht sagen: Nachdem die Psychoanalyse zunächst das eine große Tabu der bürgerlichen Gesellschaft, die Sexualität, einigermaßen durchdrungen hat, geht sie jetzt das zweite Tabu, den Tod, an. Hier kann sie der Bundesgenossenschaft des christlichen Glaubens von Anfang an gewisser sein als im ersten Fall.

Doch was immer auch die Motive für das neue Hervordrängen des Todes- und Sterbeproblems in unseren Tagen sein mögen — die Frage nach dem Tode steht heute neu zur Verhandlung an. Versuchen wir also, auf sie zu antworten! Bevor wir im zweiten Teil unseres Referates die Antwort des christlichen Glaubens darauf zu geben suchen, schalten wir nach dem ersten Teil, der von der Veränderung des Todes in unserer Zeit gehandelt hat, zunächst noch eine Art Zwischenbescheid ein, unter der Überschrift: das Rätsel des Todes.

II. Das Rätsel des Todes

Die Rätselhaftigkeit des Todes kündet sich darin an, daß der Tod zugleich das uns Eigenste und das uns Fremdeste ist.

Zunächst das uns *Eigenste:* Der Tod ist kein Ereignis im Leben, das zu den anderen Ereignissen noch hinzuträte — ich tue nicht dies und das im Leben, und am Ende sterbe ich dann auch noch —, vielmehr bildet der Tod den Horizont, in dem alle übrigen Ereignisse des Lebens stehen, mehr noch, er ist ein Einschlag im Gewebe des Ganzen der Welt. Man kann uns alles nehmen, Leib, Gut, Ehr', Kind und Weib, ja selbst das Leben — nur den Tod kann man uns nicht nehmen. Sobald wir die Gewißheit des Todes gewonnen haben, werden wir diese Gewißheit nicht wieder los, sondern sie begleitet fortan alle übrigen Bewußtwerdungen unser selbst.

Zugleich ist der Tod das uns *Fremdeste:* Wir wissen zwar, daß wir sterben müssen, aber wir denken nicht nur nicht daran, sondern wir glauben auch nicht daran. Auf die Frage: »Is your own death probable to you?« gaben Dreiviertel der befragten amerikanischen Studenten zur Antwort, daß ihnen ihr eigener Tod unwahrscheinlich erscheine. Das ganz und gar Selbstverständliche versteht sich augenscheinlich ganz und gar nicht von selbst. Der Tod ist ein Naturgesetz, er hat eine Funktion im Kausalablauf der Natur — aber sterblich ist für uns immer nur der andere. Anscheinend richtet sich die Einsicht, daß er sterben muß, so sehr gegen den Menschen selbst, daß er diese Einsicht nicht von sich aus, wenigstens nicht ohne fremde Hilfe, gewinnen kann.

Aber was ist nun der Tod, dieses dem Menschen Eigenste und zugleich Fremdeste, dieses Selbstverständlichste und zugleich ganz und gar Unverständliche auf der Welt, in der Natur überall als Gesetz erfahrbar und dennoch vom Menschen als unnatürlich empfunden?

In »Children Letters to God« findet sich auch der folgende Brief eines kleinen Jungen: »Lieber Gott, wie ist das, wenn man stirbt? Niemand will es mir sagen. Ich will es nur wissen, ich will es nicht tun. Dein Freund Michael.« Der Brief dieses Jungen drückt naiv, aber zutreffend die Grundschwierigkeit alles menschlichen Redens über den Tod aus: sie liegt in seiner *Nichterfahrbarkeit.* Daß niemand jenem Jungen sagt, wie das ist, wenn man stirbt, liegt ja nicht nur daran, daß man es ihm nicht sagen *will,* um ihn und womöglich sich selbst vor dunklen Gedanken zu bewahren, sondern es liegt zutiefst daran, daß man es ihm nicht sagen *kann.*

Der Tod ist das einzige Widerfahrnis im Leben des Menschen, das der Mensch gedanklich nicht vorwegnehmen kann. Unser Sterben können wir uns noch einigermaßen vorstellen; wir erleben es ja auch manchmal bei anderen mit. Aber ob wir uns unser eigenes Sterben vorstellen oder das anderer miterleben — was dabei wirklich vor sich geht, vermögen wir nicht zu erfassen. Den Tod kann der Mensch nur erleiden, aber er kann ihn nicht erfahren. Denn hier besteht die einzige Erfahrung gerade im Aufhören aller Erfahrung, wenigstens aller uns bekannten Erfahrungsfähigkeiten und -möglichkeiten. Vom Tod kann man wirklich nichts weiter sagen, als daß er unweigerlich kommt. Wenn er aber kommt, dann ist er stumm und macht stumm; er redet nicht und läßt nicht mit sich reden — eben darum können wir über ihn nichts sagen.

Auch die Erfahrungen von Sterbenden, die auf dem Wege in den Tod schon weit fortgeschritten waren, dann aber aus ihrer tiefen Bewußtlosigkeit doch wieder aufgewacht und noch einmal ins Leben zurückgekehrt sind — übrigens oft tief enttäuscht, ja beinahe empört über solche Rückkehr —, vermögen uns hier nicht weiterzuhelfen. Sehr eindrückliche Beispiele solcher »Selbsterfahrung im Sterben« hat jüngst erst wieder Eckart Wiesenhütter in der Zeitschrift »Praxis der Psychotherapie« zusammengestellt und interpretiert. Was er hier an Erlebnissen von sich und anderen schildert, hat es wahrlich in sich, so daß der Leser darüber schon außer sich geraten kann. Dennoch hält auch Wiesenhütter vor der Todesgrenze inne und bleibt sich der Vorläufigkeit all solcher Selbsterfahrung im Sterben bewußt. Was den Tod betrifft, gibt es kein Selbstexperiment des Menschen.

Für diese Erfahrung oder vielmehr Nicht-Erfahrung des Todes können wir alle eine einfache Probe aufs Exempel machen, nicht nur die wenigen unter uns, die schon mit Selbsterfahrung im Sterben begnadet oder geschlagen worden sind: Wir können versuchen, uns unsere Beerdigung vorzustellen. Einen Moment lang mag uns dies gelingen, da lassen wir unseren Gedanken ihren Lauf und stellen uns vor: den Friedhof, die Kapelle, die Angehörigen, den Pfarrer, die Kränze, den Sarg — aber mit einemal halten wir inne, weil uns aufgeht: Das alles können wir uns ja gar nicht vorstellen, weil wir dann nicht mehr da und also nicht mehr dabei sein werden.

Dieses Beispiel aber ist nun zugleich dazu angetan, uns in unserem Nachdenken über das Rätsel des Todes ein gut Stück weiterzuhelfen. Es weist uns darauf hin, daß alles Sein des Menschen ein In-Beziehung-sein ist und damit immer ein Sich-Verhalten des Menschen einschließt.

Dies Sich-Verhalten des Menschen ist zweifacher Art: er verhält sich in *einem* Vorgang zugleich zu sich selbst und zur Welt. Zum Beispiel: Wenn wir uns an ein historisches Ereignis erinnern, eine Nachricht hören, einen Menschen im Arm halten oder eine Blume wahrnehmen — immer verhalten wir uns, indem wir uns zur Welt — zum erinnerten Ereignis, zur gehörten Nachricht, zum geliebten Menschen, zur wahrgenommenen Blume — verhalten, dabei zugleich zu uns selbst. Im Tode aber hört für den Menschen die Möglichkeit auf, sich zu sich selbst und zur Welt zu verhalten. Und darum, weil es für den Menschen dann keinerlei Verhalten mehr gibt, weder zu sich selbst noch zur Welt, kann er sich seine Beerdigung nicht vorstellen und den Tod gedanklich nicht vorwegnehmen.

Damit aber haben wir nun, fast unter der Hand, eine Definition des Todes gefunden, falls man so etwas überhaupt eine »Definition« nennen kann: Der Tod bedeutet den Abbruch aller Lebensverhältnisse und damit die *totale Verhältnislosigkeit* (Eberhard Jüngel). Diese Bestimmung des Todes aber schließt ein, daß der Tod nicht erst ein Ereignis am Ende des Lebens ist, sondern schon überall mitten im Leben stattfindet. Wo immer Beziehungen abgebrochen und Verhältnisse gelöst werden, ob im Bereich der Natur oder der Geschichte, ob im privaten oder gesellschaftlichen Leben, dort überall ist der Tod im Gange: »Mitten wir im Leben sind mit dem Tod umfangen« — und das nicht als anhaltender Zustand, sondern als fortschreitender Prozeß.

Aus der Bestimmung des Todes als der totalen Verhältnislosigkeit des Menschen ergibt sich von selbst eine weitere Doppelbestimmung: Der Tod ist ineins Ausdruck der besonderen *Würde* des Menschen und Grund seiner besonderen *Angst*. Im Sterben-müssen scheint etwas von der Würde des Menschen auf: Mag ein Computer auch lernen und sogar denken können — eines vermag er nicht: ein Computer kann nicht sterben; es gibt auch keine sittlichen Gründe, ihn nicht zu demontieren. Das unterscheidet ihn sogar vom Tier: einem treugedienten Pferd gibt man das Gnadenbrot oder den Gnadenstoß — einen altgewordenen Computer verschrottet man und verwertet den Schrott dann wieder.

Auch die Angst des Tieres vor dem Tode ist von anderer Art als die Todesangst des Menschen. Mit Recht sagt Ernst Bloch, im Unterschied zu den Menschen, von den Tieren: »Sie haben wirklich nur Sterbens-, nicht Todesangst; das deshalb, weil sie kein Ich haben, das sich bewußt auf sich selbst bezieht und so auch seine eigene todhafte Vernichtung vorsehen, folglich fürchten kann.«

Weil der Mensch nur leben kann, indem er sich verhält, mithin immer »im Verhältnis« existiert, der Tod dagegen den Abbruch aller Lebensverhältnisse, die totale Verhältnislosigkeit, bedeutet, darum *fürchtet* sich der Mensch vor dem Tod. Wenigstens sollte er dies tun, denn es ist ein Ausweis bewußten Lebens. Freilich suchen wir uns die Angst vor dem Tode immer wieder zu verdecken, weil uns der Mut zu dieser Angst fehlt. Vielleicht gibt es keinen größeren Mut als den, Angst vor dem Tod zu haben und diese Angst zu bekennen und sie bewußt auf sich zu nehmen. Vor denen, die sich rühmen, daß sie keine Angst vor dem Tode hätten, sondern aufrecht sterben wollten wie die Bäume im Walde, kann ich nur geringen Respekt empfinden; ich habe sie im Verdacht, daß sie sich auch im Leben für ihre Mitmenschen nur selten gebückt haben, weil sie in Wahrheit ständig mit der Sorge um ihr eigenes Leben und damit mit ihrer Angst vor dem Tode beschäftigt waren.

Mag es uns auch gelingen, uns unsere Angst vor dem Tod zu verbergen, insgeheim begleitet sie unser ganzes Leben. Es ist eine »unvorstellbare Angst«, weil ihr Objekt für uns unvorstellbar ist. Die totale Verhältnislosigkeit bedeutet die absolute Verlassenheit, das völlige Alleinsein, die Abwesenheit jeglicher Liebe. Ein Zustand aber, in dem wir überhaupt nicht mehr geliebt werden, in dem keiner mehr an uns denkt, in dem wir schließlich ganz und gar vergessen sind, selbst von jenen, die uns einstmals nahe waren — wenn irgendetwas, dann bedeutet dies das totale Nichts. Das totale Nichts aber ist für uns ein unvorstellbarer Zustand. Und dieser unvorstellbare Zustand ist es, der uns den Tod zu einem so unvorstellbaren Vorgang macht. Darum wendet sich der Psalmist an *Gott* und bittet ihn um Belehrung über den Tod: »Herr, lehre uns bedenken, daß wir sterben müssen, auf daß wir klug werden.«

Damit gelangen wir zur *Antwort des christlichen Glaubens auf die Frage nach dem Tode*. Nicht, daß nicht auch das, was wir bisher über Leben und Tod des Menschen gesagt haben, schon christlich bestimmt gewesen wäre — jetzt aber treten wir aus dem Stadium des indirekten, verborgenen christlichen Redens in das des offenen und direkten. Wenn es wahr ist, daß der christliche Glaube eine Botschaft über den Sinn des Lebens und der Welt ist, wenn er mithin Antwort verspricht auf die fundamentalen Fragen des menschlichen Daseins, dann müssen wir von ihm auch eine Antwort auf die Frage nach dem Tod des Menschen erwarten. Der christliche Glaube gibt zwar primär nicht Antwort auf die Frage nach dem Tod des Menschen, sondern nach dem Grund und Ziel seines Lebens in der Welt. Aber vom Leben des Menschen in der

Welt kann nur sinnvoll und glaubhaft reden, wer auch seinen Tod einschließt. In diesem Sinne suchen wir jetzt Aufklärung über das Leben und den Tod des Menschen im Lichte des Evangeliums. Wir überschreiben diesen dritten Abschnitt: die Überwindung des Todes.

III. Die Überwindung des Todes

Als Leitfaden für unseren Gedankengang wählen wir die bekannte Aussage des Apostels Paulus: »Der Sünde Sold ist Tod; Gottes Gabe aber ist ewiges Leben in Christus Jesus« (Römer 6, 23). Dieser knappe Satz soll uns dazu dienen, eine Schneise durch das vielfältige, teilweise wirre Dickicht der biblischen Aussagen über Tod, Auferstehung und ewiges Leben zu schlagen, und uns so den Beitrag des christlichen Glaubens zum Leben und Sterben des Menschen markanter erkennen helfen.

»Der Sünde Sold ist Tod« — diesen Satz können wir, falls er uns überhaupt noch etwas zu sagen hat, nicht mehr in dem traditionell-dogmatischen Sinne verstehen, daß Gott den Stammvater der Menschheit namens Adam zur Strafe für seinen sogenannten »Sündenfall« mit dem Tod belegt habe und daß seitdem alle Menschen sterben müßten. Dieser Gedanke war, noch ehe er gefaßt wurde, durch die biologische Tatsache widerlegt, daß der Tod schon vor der Entstehung des Menschen in der Welt war und es überhaupt kein Leben ohne Tod gibt. Dennoch steckt in der mythologischen Vorstellung von dem Tod als der Sünde Sold eine tiefe Wahrheit. Diese Wahrheit geht uns auf, wenn wir jene mythologische Vorstellung existential interpretieren, das heißt, wenn wir sie nicht historisch nehmen als ursächliche Ableitung des Todes aus einem historischen Faktum in der Vergangenheit, sondern existentiell, als eine Bestimmtheit unserer gegenwärtigen menschlichen Existenz.

Zu diesem Zweck knüpfen wir an eine alltägliche, fast simple Erfahrung an: Sie alle kennen die Situation, wenn man abends im Bett liegt und nicht einschlafen kann. Zunächst fängt es ganz harmlos mit irgendeinem Gedanken an den nächsten Tag an. Aber dann verwandelt sich dieser Gedanke von selbst in eine Sorge, und aus dieser Sorge wächst sofort wieder die nächste hervor. Immer hoffen wir dabei an einen Punkt zu gelangen, der dem Ganzen ein Ende setzt, an dem wir durch das Bedenken und Bewältigen einer vermeintlich letzten Sorge aus allem Sorgen herauskommen. Aber wenn wir die Kausalkette der Sorgen konsequent zu Ende denken, enden wir bei dem Gedanken an den

Tod. Und damit stehen wir vor der Ursache aller Sorgen: das entscheidende Bindeglied in dem endlosen Kausalnexus der Sorge bildet der Tod. Damit aber wird auch klar, daß die Todesangst des Menschen nicht einfach nur eine moralische Fehlleistung ist, die sich mit einem sittlichen Entschluß abstellen ließe, sondern daß es sich hier um ein ontologisches Verhängnis handelt, das sein ganzes Dasein bestimmt und eines Aktes der Befreiung bedarf. Die Todesangst samt der aus ihr entspringenden Sorge ist das Verhalten des Menschen, wie es sich mit Notwendigkeit aus seinem Sein in der Welt ergibt. Denn sobald sich der Mensch seines Seins in der Welt bewußt wird, erfährt er die Welt als vergänglich und sein eigenes Dasein damit als ungesichert. Weil der Tod dem Menschen so sicher ist, darum erscheint ihm das Leben so ungewiß. Gegen diese Ungewißheit des Lebens, die aus der Sicherheit des Todes stammt, sucht der Mensch sich zu sichern. Er stemmt sich gegen die verborgene Todesrichtung seines Lebens mit aller Kraft; er sucht gegen das ständige Gleiten der Zeit nach »Be-stand«.

Vielleicht könnte man eine ganze Weltgeschichte schreiben unter dem Aspekt des Versuches der Menschen, sich dem Tod zu entziehen oder ihn sich zu erobern. Es gibt viele Versuche solcher Art. Zuletzt bestehen sie alle darin, daß der Mensch sich irgendeinen Wert erwählt, ihn absolut setzt und sich dann an ihm festhält. Das kann bald dies, bald jenes sein: eine weit ausgreifende gesellschaftliche Utopie oder auch seine eigenen, eigensüchtigen Erfolge; ein verpflichtendes Ideal oder auch die neueste medizinische Entdeckung; eine hohe Moral oder auch der Leib einer Frau; die Zukunft seiner Kinder oder auch sein Geld, ja selbst eine Krankheit oder sogar noch seine eigene Angst. Welch unheilvoller Widerspruch: um der Angst vor dem Nichtsein zu entgehen, verhält sich der Mensch um so leidenschaftlicher zum Nichtigen und treibt so nur noch tiefer in die Todesangst hinein.

Jetzt können wir vielleicht verstehen, warum die Bibel einen Zusammenhang zwischen dem Tod und der Sünde des Menschen herstellt. An seinem Verhalten gegenüber seinem Todesschicksal entscheidet es sich endgültig, worauf der Mensch sein Leben gründet: ob er es sich selbst verschafft, oder ob er es empfängt; ob er sein Leben als einen Besitz betrachtet, den er aus eigener Kraft und durch eigene Leistung sichern zu müssen meint, oder ob er sein Leben als eine Gabe ansieht, die er zwar auch in seine Hand nimmt, um sie so gut wie möglich zu handhaben, aber gelassen und mit loser Hand und darum bereit, sie auch wieder loszulassen. Die Bibel ist der Überzeugung, daß, wer sich sein Leben wie einen Besitz verschaffen und festhalten zu müssen meint, statt es wie eine Gabe zu empfangen und es dann auch wieder hinzugeben, sich damit gerade gegen das Leben wende und es in seiner Todesrichtung noch beschleunige, statt es aufzuhalten, daß es mithin einen pervertierten Lebenstrieb im Menschen gebe, der heimlich auf seine Selbstzerstörung zielt. Wenn die Bibel den Tod als »der Sünde Sold« bezeichnet, steht sie damit bestimmten Erkenntnissen der modernen Psychoanalyse näher, als diese es ahnt; richtiger, die moderne Psychoanalyse steht mit bestimmten Erkenntnissen der Ansicht der Bibel näher, als sie es ahnt und mancher ihrer Vertreter es vielleicht wahrhaben möchte.

Die Bibel fügt den Tod nicht als ein Anhängsel an das Leben des Menschen an, sondern sie sieht beide zusammen. In der *Todes*situation wird die *Lebens*haltung des Menschen offenbar, woraus er in seinem Leben existiert hat: ob aus dem Eigenen — oder woraus sonst? Kierkegaard schreibt in der »Krankheit zum Tode«: »Wenn oder falls das geschieht, was einen Menschen zur Verzweiflung bringt, so wird es im gleichen Augenblick offenbar, daß er sein ganzes vorhergehendes Leben hindurch verzweifelt gewesen ist.« Entsprechend ist auch die Todesangst des Menschen keine andere Angst als die, die ihn sein Leben lang beherrscht hat, und umgekehrt ist die Lebensangst des Menschen dieselbe Angst, die ihn auch im Tode überfällt.

Überlegenheit über den Tod kann der Mensch mithin nur durch eine Kraft gewinnen, die ihm seine Lebens- und Todesangst in einem überwinden hilft. Wie aber ist das möglich? Wenn, wie wir festgestellt haben, der den Menschen beherrschende Affekt die Angst ist, dann kann der diesem Affekt entgegengesetzte, ihn überwindende Affekt nur ein Vertrauen sein, welche stärker ist als seine Angst. Das aber ist allein das Vertrauen auf jenen Grund des Daseins, dem sich alles Leben verdankt, der auch unser Leben in jedem Augenblick, im Leben wie im Sterben, gründet. Damit ist angesichts des Todes des Menschen die *Vertrauensfrage in letzter Konsequenz* gestellt.

Der christliche Glaube gibt auf die im Angesicht des Todes gestellte Vertrauensfrage die Antwort: *In dem Augenblick, in dem der Mensch im Tode aufhört, sich zu sich selbst und zur Welt verhalten zu können, verhält sich Gott weiterhin zu ihm.* Diese Behauptung des Glaubens will verbürgt sein; diese Bürgschaft bietet dem Glaubenden der Name Jesus von Nazareth. Damit gelangen wir von selbst zur anderen Hälfte des von uns als Leitfaden gewählten Pauluswortes: »Gottes Gabe aber ist ewiges Leben in Christus Jesus.«

Traditionsgemäß gilt der christliche Glaube an das ewige Leben durch ein einzelnes, einzigartiges Ereignis der Vergangenheit gedeckt: durch die Auferstehung Jesu Christi von den Toten — entsprechend der Verhängung des Todes über die Menschheit durch den Sündenfall Adams. In beiden Fällen steht am Anfang ein bestimmtes, als »historisch« angenommenes Ereignis, das in der Geschichte jeweils seine eigene Kausalkette auslöst: Wie infolge der Sünde und des dadurch bedingten Todes Adams alle Menschen in seiner Nachkommenschaft sterben mußten, so gelangen sie durch die Auferstehung Jesu Christi in seiner Nachfolge zum ewigen Leben.

Damit aber ist das Ereignis, das wir die »Auferstehung Jesu« nennen, zu gering geachtet. Es bedeutet anderes und mehr als nur die Rückkehr eines Toten aus dem Jenseits in das Leben. Wer die Auferweckung Jesu lediglich als die Wiederbelebung eines Leichnams auffaßt, splittert sie von seiner Botschaft und seinem Werk ab und macht sie zu einem partiellen Mirakel. Richtig, das heißt »christlich« gedeutet wird dieses Ereignis nur, wenn man es in den Zusammenhang mit dem Ganzen der Sendung Jesu stellt. Dann bedeutet es: Dieser Jesus von Nazareth hatte recht; seine Sache geht in der Geschichte weiter; die in ihm von Gott selbst entfachte Bewegung setzt sich fort bis zu ihrer Vollendung — darum wächst über dieses Grab kein Gras mehr.

Womit aber hatte dieser Jesus von Nazareth recht? Was für eine Sache war das, die er vertrat, und was für eine Bewegung Gottes, die seitdem in der Geschichte weitergeht, so daß man sagen kann, über dieses Grab wachse kein Gras mehr?

Durch die Verkündigung Jesu von Nazareth zieht sich, bei aller Vielfalt und Unverbundenheit der einzelnen Stücke, eine einheitliche Grundierung. Diese einheitliche Grundierung besteht in der *Paradoxie zweier Grundwahrheiten*.

Die *erste Grundwahrheit der Botschaft Jesu* lautet, daß die Welt in ihrem tiefsten Grunde nicht in Ordnung ist, daß der Mensch nicht so ist, wie er sein soll. Hier hat das seinen Ort, was wir über die Verfallenheit des Menschen an die Sorge und über seine Todesangst gesagt haben. Jesus erklärt sie mit der Trennung des Menschen von dem wahren Ursprung und bleibenden Grund seines Lebens. Aber im Unterschied zum modernen Existentialismus aller Richtungen und Schattierungen bildet die Verfallenheit des Menschen und der Welt in der Verkündigung Jesu kein eigenständiges Thema, sondern gibt nur den Hintergrund her für die andere, eigentliche Wahrheit.

Diese *andere, eigentliche Wahrheit der Botschaft Jesu* lautet: Dieselbe Welt, die im tiefsten Grunde nicht in Ordnung ist, und derselbe Mensch, von dem vorausgesetzt wird, wie er ist, der jedenfalls nicht so ist, wie er sein soll, sind umfangen, gehalten, getragen, bestimmt und auf ein Ziel gerichtet von jener universalen Macht, die Jesus »Liebe Gottes« nennt und die für ihn identisch ist mit dem Ursprung und Grund alles Lebens. Diese Wahrheit hat Jesus von Nazareth in die Welt gebracht, für diese Wahrheit hat er sich mit seinem Wort verbürgt. Aber er hat sie nicht nur gepredigt, er hat sie im ganzen Vollzug seiner Existenz gelebt; er hat sie »ausgelebt« im wahrsten Sinne des Wortes: er hat sein Leben an die Wahrheit der Liebe gesetzt und hat sein Leben darüber verloren. Er hat wirklich, wie es im Johannesevangelium heißt, »die Seinen geliebt bis ans Ende« — und das Ende ist eben der Tod. Im Christentum sind zum erstenmal in der Religionsgeschichte, ja in der ganzen inneren Geschichte der Menschheit überhaupt, Gott und Leiden, sogar Gott und Tod positiv zusammengebracht. Fortan gibt es in dem ganzen Universum keinen Ort mehr, an dem Gott nicht wäre.

In dem Ereignis, das wir die »Auferweckung« Jesu nennen, hat Jesus die Herrschaft der Liebe Gottes, die er verkündigt, aus der er gelebt, nach der er noch sterbend geschrien hat, an sich selbst, gleichsam an seinem eigenen Leibe erfahren. Damit aber war zugleich bestätigt, daß seine Ansage der endgültigen Herrschaft Gottes, seine Proklamation des universalen göttlichen Liebeswillens nicht nur seinem eigenen bewegten Herzen entsprang, sondern einer Bewegung Gottes entsprach, daß sein Geschick mithin Gottes Geschichte mit der ganzen Menschheit ist.

Wenn wir Jesu Botschaft von der zuvorkommenden Liebe Gottes nun mit dem Faktum des Todes konfrontieren, dann ergibt sich daraus, daß die Beziehung zwischen Gott und dem Menschen auch im Tode nicht zerreißt. Die vulgär-sentimentale Beteuerung in Liebesdramen und Todesanzeigen, daß die Liebe stärker sei als der Tod — hier gewinnt sie Charakter und Ernst. Allein darum gelangt der christliche Glaube auf die im Angesicht des Todes gestellte Vertrauensfrage zu der Antwort: Auch in dem Augenblick, in dem der Mensch im Tode aufhört, sich zu sich selbst und zur Welt verhalten zu können, verhält sich Gott weiterhin zu ihm. Die »totale Verhältnislosigkeit«, als die wir den Tod definiert haben, wird von der Liebe Gottes aufgehoben und in ein neues Verhältnis verwandelt.

Wir machen uns diesen Sachverhalt noch einmal mit Hilfe des von Martin Buber geprägten Begriffs des *Zwischen* deutlich. Buber gebraucht das Verhältniswort »zwischen«, um das Personsein des Menschen zu beschreiben. Personalität gibt es für ihn immer nur als Interpersonalität, richtiger noch, als »Reziprozität«; das heißt: eine Person existiert niemals an sich, sondern immer nur im »Zwischen« gegenüber anderen Personen, immer nur so, daß zwischen mir und dem anderen etwas geschieht. Im Tode nun, in dem Zustand der totalen Verhältnislosigkeit, entschwinden uns alle kleinen »Zwischen«, also alle unsere Beziehungen zu Menschen und Dingen, in denen wir unser Leben verbringen — nur das große, umgreifende Zwischen, die Beziehung Gottes zu uns, bleibt bestehen. Auch der Tod wird von dem großen göttlichen Zwischen umgriffen und damit zu einem »Gottesphänomen«. Wohin der Tod jetzt kommt, dort ist Gott. Das ist es, was der christliche Glaube »ewiges Leben« nennt.

Der christliche Glaube an das ewige Leben folgt demnach mit innerer Logik aus dem Glauben an den von Jesus verkündeten Gott. Er bildet nur die in die Unendlichkeit ausgezogene Perspektive des christlichen Gottesglaubens, der von Gott selbst durchgehaltene Bezug zum Menschen bis in den Tod hinein. Martin Luther hat den Zusammenhang zwischen dem Glauben an Gott und dem Glauben an das ewige Leben einmal so ausgedrückt:

> »Wo also und zu wem Gott redet, es sei in Zorn oder Gnaden, der ist gewiß unsterblich. Die Person Gottes, der da redet, und das Wort zeigen an, daß wir solche Kreaturen sind, mit denen Gott bis in Ewigkeit und unsterblicherweise reden will.«

Ewiges Leben bedeutet nichts anderes und nicht mehr, als daß der Mensch auch im Tode in der Liebe Gottes geborgen bleibt. Die Erfahrung, daß der Glaube an Gott wider den Augenschein der Welt ist und darum immer ein Dennoch und Trotzdem enthält, empfängt im Angesicht des Todes nur ihre letzte Zuspitzung. Hier, wo alle Garantien, Stützen und Brücken brechen, durch die der Mensch sein Leben zu sichern trachtet, wo er allen Boden unter den Füßen verliert und in die völlige Bewußtlosigkeit versinkt, wo es für ihn keinerlei Sich-verhalten mehr gibt, weder zu sich selbst noch zur Welt, dort wird der Glaube total, dort enthüllt er sich als das, was er seinem Wesen nach ist oder sein sollte: sich allein verlassen auf Gott. Dort geschieht der endgültige Auszug aus allem Sichtbaren, dort vollzieht sich die »letzte Übergabe«.

Dort enthüllt sich unser Leben endgültig als das, was es ist: *»verdankte Existenz«*.

Mehr vermag christlicher Glaube weder über den Tod noch über das ewige Leben zu sagen. Christlicher Glaube beschwört nicht den *Tod*, sondern bezeugt *Gott* und redet darum vom *ewigen Leben*. Wem das zu wenig erscheint, der prüfe sich, ob er mit seinem frommen Verlangen nach dem »ewigen Leben« wirklich Gott meint oder nur eine von aller Mühsal und Plage befreite, materiell gesteigerte, metaphysisch überhöhte Fortsetzung seiner irdisch-menschlichen Existenz. Ich fürchte, daß manche christliche Auferstehungshoffnung nur dem egoistischen Wunsche entspringt, sich selbst im Tode noch zu behalten, statt sich vollends hinzugeben, wie es der Liebe entspricht. Kein Wunder, daß solcher Auferstehungsglaube in der Welt keine Veränderung bewirkt und in diesem Leben noch kein ewiges Leben erzeugt! Der Apostel Paulus schreibt, wenn er von der Vollendung der Geschichte samt Erfüllung auch jeglichen menschlichen Einzelschicksals spricht, nicht: »auf daß ich sei alles in allem«, sondern: »auf daß Gott sei alles in allem«.

Ein indischer Priester, der sich nicht nur in der christlichen, sondern auch in der hinduistischen Überlieferung gut auskannte, drückte seine Vorstellung bei einer therapeutischen Gruppensitzung, in der es um die Frage des Todes ging, folgendermaßen aus: »Ich habe keine Vorstellung von dem Leben nach dem Tode. Vielleicht gibt es einen christlichen Himmel oder einen Hinduhimmel oder überhaupt nichts. Der Herr ist immer bei mir gewesen, und er wird bei mir sein, wenn ich sterbe.«

Wie aber steht es dann mit den biblischen Bildern und Vorstellungen vom ewigen Leben in einer jenseitigen Welt? Mit ihnen verhält es sich wie mit der Kadenz bei einem Klavierkonzert oder wie mit den Variationen über das Thema einer Fuge. Es ist dem Interpreten jeweils freigestellt, wie er das Thema variieren will. Dasselbe gilt für unsere Vorstellungen und Bilder vom ewigen Leben. Ein jeder von uns ist hier ein Solist, der seine Variationen nach seiner Kunst und seinem Geschmack spielen darf. Er muß sich dabei nur an das Thema halten. Das Thema aber ist im christlichen Glauben immer nur eines: die von Jesus von Nazareth verkündete Liebe Gottes. Daher können wir — entgegen allem atheistischen und christlichen Materialismus — auch auf die Frage nach dem ewigen Leben im Jenseits nur die Antwort geben: *Gott ist unser Jenseits. Er wird's wohlmachen — auch im Tode.* Das muß uns genügen. Wer mehr haben will, ist ein religiöser Nimmersatt.

So gibt der christliche Glaube auf die Frage nach dem Leben und nach dem Tod des Menschen die gleiche Antwort. Sie besteht darin, daß er dem Menschen im Leben wie im Sterben zum Vertrauen verhilft. Solches Vertrauen erzeugt jene Gelassenheit, die sich allein auf Gott verläßt. Wer in dieser Weise »gelassen« lebt, der lebt richtig: Statt sein Leben mit geschlossenen Händen als Leistung ängstlich an sich zu reißen und deshalb auch Angst vor dem Tod, dem schlechthin Unverfügbaren, zu haben, empfängt er es mit offenen Händen als Geschenk aus Gottes Hand. Und darum kann er »das Zeitliche segnen«.

DER TOD IN KATHOLISCHER SICHT — TOD ALS LETZTE ENTSCHEIDUNG

von Ladislaus Boros

Es kann in diesem kurzen Beitrag gewiß nicht darum gehen, die einzelnen Argumente, die ich in meinem Buch »Mysterium Mortis — der Mensch in der letzten Entscheidung« und in anderen Veröffentlichungen entwickelt habe, neu darzulegen. Die im genannten Buch vorgelegte Hypothese lautete: »Im Tod eröffnet sich die Möglichkeit zum ersten vollpersonalen Akt des Menschen, somit ist der Tod der seinsmäßig bevorzugte Ort des Bewußtwerdens, der Freiheit, der Gottbegegnung und der Entscheidung über das ewige Schicksal.«

Aussage der Hypothese

Durch diese ein wenig zu akademisch formulierte Aussage (in der philosophische und theologische Erwägungen eng miteinander verknüpft sind) wollte ich folgendes andeuten: Erst im Moment des Todes kann der Mensch die Fremdheit seines eigenen Daseins ablegen; erst im Tod wird er seinsmächtig genug und innerlich genügend gesammelt, um Christus ganzheitlich, mit allen Fasern seines Wesens begegnen und sich ihm gegenüber endgültig entscheiden zu können. Im Moment des Todes hätten wir also — nach der von mir vorgeschlagenen Hypothese — noch eine Möglichkeit der Entscheidung, genauer, erst im Tod hätten wir die erste Möglichkeit einer ganzheitlichen, vollpersonalen Stellungnahme. Nach dieser Hypothese hätte also jeder Mensch die Möglichkeit, sich im Tod Christus gegenüber im Vollbesitz seiner Kräfte, in völliger Klarheit und in ganzheitlicher Freiheit zu entscheiden.

»Im Tod«. Sehr viel hängt davon ab, daß man diesen Ausdruck richtig versteht. Es handelt sich nicht um den Zustand »vor dem Tod«. Man kann wahrhaftig nicht annehmen, daß im Zustand von körperlichen Qualen der Agonie, in der Stumpfheit des Sterbens, jemand den ersten vollpersonalen Akt seines Lebens setzt. Es handelt sich aber auch nicht um den Zustand »nach dem Tod«. Unser ewiges Schicksal nach dem Tod steht für immer fest. Im Tod sind wir dermaßen »endgültig« geworden, daß nachher an dieser Endgültigkeit nichts mehr zu ändern ist. Es geht hier vielmehr um den »Moment des Todes« selbst. Wenn die Seele den Leib verläßt, erwacht sie plötzlich zu ihrer reinen Geistigkeit, wird ganz von Licht und Helligkeit erfüllt. Sie versteht augenblicklich alles, was ein geschaffener Geist erkennen und verstehen kann. Sie sieht ihr ganzes Leben zusammengefaßt in eine einzige Ganzheit. Sie entdeckt darin Gottes Ruf und Führung. Sie steht auch vor der Ganzheit der Welt und sieht, wie darin der auferstandene Herr — der ja nach dem Zeugnis des Epheserbriefes in seiner Auferstehung und Himmelfahrt das All erfüllte — als das letzte Geheimnis der Welt leuchtet. Da steht nun der Mensch im Tod, frei, wissend und fähig, eine endgültige Entscheidung zu treffen. In dieser Entscheidung vollzieht er die höchste und klarste Christusbegegnung seines Lebens. Es ist jetzt unmöglich für ihn, an Christus vorbeizugehen. Er muß sich entscheiden, so oder so. Das ist das Gericht. Was da, im Tod, entschieden wird, bleibt in Ewigkeit, da der Mensch sein ganzes Wesen in diese Entscheidung hineinwirft, ganz zur Entscheidung wird. Als so Entschiedener lebt er für immer. Die ganze Ewigkeit des Menschen wird nichts anderes sein als die seinshafte Entfaltung dessen, was in diesem Augenblick geschieht.

Bis zu seinem Tod »besitzt« der Mensch sich selbst noch nicht. Er liegt in seinen Sehnsüchten unaufhörlich sich selbst voraus, vermag sich nirgends einzuholen. Er lebt in einer inneren Zerrissenheit und ist deshalb unfähig, das zu leisten, wozu er in seinem eigentlichsten Wesen berufen ist. Sein Leben kann sich während seines Lebens nicht entfalten. Sein eigenes Wesen liegt ihm immer voraus. Er »ist« im ursprünglichsten Sinne des Wortes noch nicht; er ist stets nur im Werden. Deshalb bleibt der Mensch auch fremd in der Welt, fremd den Dingen, den Personen und den Ereignissen gegenüber. Vor allem aber: sich selbst ist und bleibt er ein Fremdling. Um zu sein, stürmt er in die Zukunft hinein. Dadurch streift er gleichsam nur seinen jeweiligen Augenblick; er streift gleichsam sein eigenes Leben und lebt es nicht wirklich. Er kann sein Leben nicht entfalten, sein Wesen nicht in einer ungeteilten Gegenwart leben. Erst in dem Moment, da er nicht mehr in die gleiche, zerstückelte Zukunft hinein weitergeht, kann er sein Wesen verwirklichen. Da stauen sich die Ströme seines

Lebens auf, und er »ist« endlich. Er lebt nicht mehr wie ein dahinreißender Bergbach, sondern wie ein ruhiger Bergsee, klar und tief, die ganze Welt in ihrer Fülle spiegelnd. Dieser Moment kann erst im Tod eintreten. Erst im Tod geht es nämlich einfach nicht mehr »weiter«, in die gleiche Richtung, in die leere Offenheit der Zeit. Im Tode bricht für uns ein Leben an, das aus einer unaufhörlichen Gegenwart besteht. Erst im Tod erreicht der Mensch die totale Einheit seines Wesens. Er entkommt der allseitigen Beengung seiner Existenz und tritt in eine Tiefendimension der Welt ein, ins Herz des Universums.

Begründung der Hypothese

Die schönsten Gotteserfahrungen unserer Existenz liegen immer an der Oberfläche. Unsere Beziehung zu Gott ist unwirklich, unsicher und ohne bleibenden Bestand: ein flüchtiges Aneinander-Vorbeigehen. Jeder Mensch lebt an der Oberfläche, gerade indem und insofern er Mensch ist. Eine seltsame Unfähigkeit herrscht in unserem Innern: die Unfähigkeit, das Einzig-notwendige zu sehen und zu tun. Wie soll aus diesem auseinandergerissenen Leben eine verklärte Welt aufsteigen? Versuchen wir anhand einer knappen Analyse menschlichen Daseinsnachvollzuges die »Seinsunfähigkeit« des Menschen aufzuzeigen. Der erste Anhaltspunkt wäre:

Der Mensch ist unfähig, die Fülle seiner Sehnsucht zu erleben. Sein Wollen ist aufgespalten zwischen der Maßlosigkeit des Anspruchs und der Begrenztheit der Verwirklichung. Mit unerbittlicher Notwendigkeit verlangt der Mensch nach einem Mehr, nach etwas Unerreichtem. Etwas Geheimnisvolles lebt in ihm, das seine Taten immer weiter vorantreibt zu neuen Zielen und Verheißungen. In jedem einzelnen Tun zielt der Mensch ins Unendliche, obwohl das, was er konkret erreichen möchte, immer Endliches ist. Soviel auch der Wille aus eigener Kraft erlangt haben mag, die Verwirklichung entspricht immer noch nicht dem geheimen Wunsch, aus dem sie hervorging.

Dies alles bedeutet, daß der Mensch eine Dynamik auf das menschlich Unerreichbare, auf das Absolute in sich trägt. Es ist schwer, diese Spannung auszuhalten. Ein solches auf das Absolute hin aufgebrochenes und zugleich beengtes Leben ist unendlich belastend. Deshalb versucht der Mensch nur zu oft, das Vorläufige als endgültig anzunehmen. Er bleibt aber dabei — vielleicht uneingestanden — unglücklich und unerfüllt. Das menschliche Leben könnte sich erst erfüllen, besser, der Mensch als Mensch wäre erst dann geboren, wenn die menschliche Sehnsucht, der Drang nach Unerreichbarem, sich plötzlich mit seinem eigentlichen Gegenstand konfrontiert sähe, wenn das Absolute, das Unerreichbare im konkret nachvollzogenen Erlebnis leuchtend vor ihm stünde. Das wäre der Augenblick seiner eigentlichen Geburt als Mensch. Die totale Christusbegegnung im freien Gegenüber ist in die Struktur der Sehnsucht eingeprägt. Noch deutlicher zeigt sich diese Beschaffenheit menschlicher Existenz in jenem geheimnisvollen Ereignis, das wir Erkenntnis nennen. Auch hier offenbart sich: *Der Mensch greift in seiner Erkenntnis auf das Absolute voraus.*

Erkennen bedeutet, daß der Geist eine greifbare Wirklichkeit in sich selbst aufnimmt. Durch diese Verinnerlichung verschiedener Einzelgegenstände der Welt beginnt der Mensch sich in seiner Umgebung auszukennen. Er versteht langsam, wie sich die Dinge, Lebewesen, Menschen verhalten. Doch all das ist nur vereinzeltes Wissen. Der Mensch versucht immer wieder, diese »Erkenntnisbrocken« in ein »System« zu bringen, und scheitert dabei weitgehend. Gerade dabei erfährt er, daß er eine Ahnung von etwas Größerem und Umfassenderem hat, von etwas, das keineswegs aus seinen Einzelerkenntnissen zusammensetzbar ist. Von dort her wird ihm bewußt, daß sein Wissensdrang unendlich mehr ist als nur Neugier. Sein Geist wurde immer schon von einem Absoluten angezogen, von der Fülle des Seins.

Der Mensch erkennt also einerseits immer nur Begrenztes, strebt aber gleichzeitig, ja vorausgehend über all das hinaus ins Unbegrenzte ins Seinshaft-Grenzenlose. In jedem konkreten Erkenntnisakt wird das Ganz-Andere mitbewußt und mitverlangt. Dieses thematisch nirgends heimgeholte Hineinragen des Geistes ins Ganz-Andere ist der Grund und die Ermöglichung aller sonstigen Erkenntnisse. Vollenden würde sich der Mensch im Bereich seiner zwischen Begrenztem und Unbegrenztem aufgespaltenen Erkenntnis erst, wenn das Absolute für ihn zu einer konkret faßbaren Wirklichkeit würde. In jedem Erkenntnisakt verlangt der Mensch nach diesem unausdenkbaren Ereignis, nach der Begegnung mit dem begrenzt gewordenen Unbegrenzten, mit Christus.

Diese paradoxe Beschaffenheit menschlicher Existenz tritt noch mehr im Nachvollzug menschlicher Liebe zutage: Die menschliche Liebe übersteigt jede Verwirklichung. In der Liebe gehen zwei Personen eine Seinseinheit ein, indem sie seinshaft aussprechen »wir«.

Liebe besteht in einem Seinsaustausch, in einem Vorgang, wodurch zwei Menschen ganzheitlich voneinander her leben. Das Sein des einen wird zur Begründung des Seins des andern im gegenseitigen Geschenk. Damit haben wir schon ein Letztes menschlicher Liebe berührt: Was in der Liebe wirklich gemeint ist, übersteigt jegliche existentielle Verwirklichung. In der Liebe geschieht ein Vorgriff auf das Ganze des Seins, da sie ein Begrenzt-Seiendes unbegrenzt bejaht. Somit ist das Ziel der Liebe wesenhaft mehr als alles, was von der Liebe in die Tat heimgeholt werden kann.

Ein Geschöpf in seiner endlichen Zerbrechlichkeit wird in der Liebe zum Gegenstand unseres Strebens ins Unendliche. Das Geliebtsein ist somit eine Zumutung, der niemand gewachsen ist. Menschliche Liebe ist menschlich unvollendbar. In ihr — in ihrem ernsten, reifen und ehrlichen Nachvollzug — wird immer ein Absolutes mitgemeint und mitangestrebt. Vollenden könnte sich diese Liebe erst, wenn das Absolute, das Unendliche sich in einem endlichen Menschen als die liebenswerte Liebe der freien Seinsbejahung darstellen würde in restloser Klarheit.

Schauen wir diese ansatzhaft entwickelte Analyse menschlicher Sehnsucht, Erkenntnis und Liebe zusammen. Im Sinnmittelpunkt all dieser Daseinsvollzüge steht eine klare, freie, gesamtpersonale Begegnung mit Christus, mit dem bedingt gewordenen Unbedingten, als dem Punkt Omega, der Bedingung der Möglichkeit restloser Menschwerdung. Erst in dem Augenblick, da dies in existentieller Restlosigkeit sich einstellt, ist der Mensch geboren. Wir sehen schon, daß dieser kurze Entwurf der menschlichen Daseinsstruktur bereits eine wichtige Aussage über den Tod in sich schließt (und zwar im Sinne der eingangs formulierten Hypothese der Endentscheidung im Tode). Erst im Tode wird der Mensch vollkommen Person; erst im Tode kann er sein Heil endgültig erlangen in einer freien Selbstauszeugung des eigenen Wesens im Angesicht Christi.

Ich möchte diese Schlußfolgerung durch zwei Überlegungen — durch eine negative und eine positive — bekräftigen.

Ergänzende Begründungen

Erste Überlegung: *Die innere Zerrissenheit des Menschen.* Der Mensch hat seine konkrete Vorhandenheit nicht ausgewählt, sondern sie, mit all ihren Vor- und Nachteilen, von den Eltern, von der engen Familiengemeinschaft, vom objektiven Geist des ihn umgebenden kulturellen Milieus, von der Entwicklung der Menschheit, ja darüber hinaus vom Entstehen des Menschen aus vormenschlichen Formen bekommen.

So entstand nach und nach ein Fremdmaterial, aus dem er sich zur Person gestalten soll. Diese fremde, von den andern erzeugte, aufgebaute und mitbestimmte Vorhandenheit bedeutet für ihn eine wesenhafte Lebensbegrenzung. Während seines irdischen Lebens drängt er danach, seinem eigentlichen, aber ihm selbst noch fremden Innern zum Durchbruch zu verhelfen. Er arbeitet aber gleichsam an einem schon geformten, bereits fertigen Material, an seiner vorgegebenen Situation in der Welt. Er vermag die Fremdheit und Undurchsichtigkeit seiner Vorhandenheit nie ganz zu überwinden.

Die erste Möglichkeit, das zu sein, wonach er sich in seinem Innern sehnt, was er aber trotzdem nicht sein kann, kommt erst, wenn er seine begrenzte, fremde Vorhandenheit ablegen und einen neuen, frei nach seinem Geist gestalteten Wesensausdruck erhalten, ja sich selbst erschaffen wird, in seinem Tod.

Seine oberflächliche Vorhandenheit bedeutet aber auch eine Zeitbegrenzung für ihn. Der in seinem Wesen gespaltene Mensch vermag die Aufeinanderfolge der Zeitmomente nicht zu beherrschen. Er tritt nur je für einen Moment ins Sein. Die jeweilige Gegenwart, die ihm gegebene »Zeiterstreckung« genügt aber nicht, um darin den vollen Reichtum seiner Innerlichkeit zu verwirklichen. Sein Leben kann sich nicht entfalten, sein Wesen kann nie zu einer ungeteilten Gegenwart werden. Die Fülle des Augenblicks zu leben, steht nicht in seiner Macht. Er »ist« im eigentlichen Sinne des Wortes noch nicht, er »ek-sistiert« bloß, lebt immer »außerhalb seiner Eigentlichkeit«. Erst im Moment, da es nicht in die gleiche, zerstückelte Zukunft hinein »weitergeht«, kann er sein Inneres in ungeteilter Gegenwart leben. Dieser Moment kann sich aber erst im Tode einstellen. Erst im Tode geht es nicht mehr weiter in die unbestimmte, leere Offenheit.

Zweite Überlegung: *Die Menschwerdung des Menschen.* Stellen wir uns ein Menschenleben vor, das sich, gemäß der ihm innewohnenden Dynamik, von der Geburt bis zum Tode voll verwirklicht hat. Was vollzog sich in einer solchen Existenz? Wir entdecken in ihr eine zweifache Lebenskurve. Im Schnittpunkt der zwei Linien erfassen wir den Vorgang des Todes.

Der »äußere Mensch«. Dieser Ausdruck steht hier nicht einfach für den Leib, sondern bezeichnet den ganzen Menschen, insofern er mit seiner gesamten Existenz, mit Leib und Seele, dem Äußeren zugewandt ist. Was ist dieses Äußere? Zunächst einmal ein Wachstum der biologischen Kräfte, ein Sichentfalten und Reifen des Organismus, eine fortschreitende Differenzierung und Spezialisierung der einzelnen Fähigkeiten (Entfaltung des Wissens, Erweiterung des Erkenntnishorizontes, Erwachen zur Freiheit, Freundschaft und Liebeshingabe). Der Mensch »erobert« die Welt in ihren verschiedenen Bezügen: die Welt der Dinge, des Erkennens und des Du. Die Existenz wächst in die Welt hinein und entdeckt in sich die Kräfte der Gestaltung. Indem aber der Mensch sich in diesen Weltauftrag »hineinwirft«, fängt das Äußere an, seine Existenz aufzuzehren. Auch in der Aufgabe der Weltbeherrschung versagt der Mensch zusehends. Es enthüllt sich ihm die Armseligkeit des Daseins. Es wird ihm bewußt, wieviel Chancen er im Leben verpaßt hat. Überall bemerkt er Grenzen. Alles wird zur »Tretmühle des Alltags« mit all den Pflichten, Müdigkeiten und Enttäuschungen, die dieser Alltag mit sich bringt. Mit erschreckender Klarheit sieht der Mensch, daß er im Wesentlichen versagt hat: in der Ehrlichkeit, Freundschaft, Demut und Liebe. Das Leben verliert an Frische, Ansporn und Neuheit. Der »äußere Mensch« hat sich »aufgerieben«. Ein Schicksal, dem niemand entgehen kann.

Der »innere Mensch«. Ist dies aber das Ganze menschlichen Lebens? Gerade in der Erfahrung der eigenen Grenze, in den Krisen der Existenz, in der »Aufreibung des äußeren Menschen« baut sich etwas auf, das wir mit dem Wort »Person« bezeichnen könnten. Die Energien des »äußeren Menschen« werden in eine »Innerlichkeit« verwandelt. Es entsteht der »reife Mensch«: etwas Verborgenes: eine Existenz, die sich in ihrer Beengung ins Unendliche hineinleben kann. Aus seiner Äußerlichkeit sammelt der Mensch ein »Inneres«: er wird zum Seinszentrum. Gerade, indem er sein Leben durch die Ereignisse des Alltags aufreiben ließ, entstand in ihm eigentliches Leben.

Verlängert man die Linien dieser Dialektik menschlicher Eigentlichkeit, zieht man daraus die letzte Konsequenz, so entsteht das folgende Bild des Todes: Im Tode, im totalen Verlust der Äußerlichkeit entsteht totale Innerlichkeit. Also wird der Mensch erst im Tode vollkommen er selbst, zur endgültigen Person, zum restlos selbständigen Seinszentrum. Im Tod wird der Mensch endgültig »erwachsen«, frei, wissend und unbeengt; fähig, eine endgültige Entscheidung zu treffen. In dieser Entscheidung vollzieht er die klarste Christusbegegnung seines Lebens.

Will man den Vorgang des Todes sinnbildlich ausdrücken, so drängt sich das Bild der Geburt auf. In der Geburt wird das Kind gleichsam gewaltsam aus der Enge des Mutterschoßes gedrängt und muß das Beschützende, das Gewohnte, das Heimliche verlassen; es wird ausgeliefert und von einem ganzheitlichen Untergang bedroht. Zugleich eröffnet sich vor ihm eine weite, neue Welt, ein neuer Weltbezug, die Welt des Lichtes, der Farben, der Bedeutungen, des Mitseins und der Liebe. Ähnliches geschieht im Tode mit dem Menschen: gewaltsam wird er aus der Enge seiner bisherigen Weltlichkeit herausgenommen. Gleichzeitig gelangt er zu einem neuen, wesenhaften, sich bis in die Weite des Weltseins erstreckenden Weltbezug. Der Mensch geht also einerseits wirklich unter im Sinne einer Nichtung, eines gewaltsamen Entzugs seiner Leib-Weltlichkeit; zugleich taucht er unter bis zu den Wurzeln der Welt und erhält dadurch einen kosmischen Daseinsbezug, eine totale Weltpräsenz. Dieser Weltgrund, in den der Mensch sterbend hinuntersteigt, ist seinem Wesen nach christusoffen, transparent auf den Urgrund alles Seienden. Der Mensch wird im Tode auch all dem gegenübergestellt, wonach er immer in der Tiefe seiner Sehnsucht verlangt, was er in allen seinen Erkenntnissen schon immer vermutet, wohin er in all seinem Wollen unbewußt strebt, was er in all seinem Lieben im Grunde umarmt. In all dem wird er dem Herrn der Welt gegenübergestellt. An diesem metaphysischen Ort wird er seine endgültige Entscheidung treffen.

Christus steht da, vor dem Menschen, im Tode, klar gesehen, leuchtend wahrgenommen und ruft ihn mit der Gebärde der erlösenden Liebe zu sich. Der Mensch hat sich nur zu entscheiden. Das Gericht hängt von ihm ab. Christus wird ewig so dastehen, mit der Geste der rufenden und schenkenwollenden Liebe. Wenn der Mensch sich gegen Christus entscheidet, ändert das nichts an Christi Liebe. Diese Liebe wird ihn aber ewig brennen, weil er sie ewig zurückweist. Wenn er sich aber für Christus entscheidet, so wird die gleiche Liebe Christi zum ewigen Licht für ihn und zur endgültigen Vollendung im grenzenlosen Glück.

Gott ist nicht kleinlich. Er ist ein wirklich großer Herr. Niemand wird verdammt, nur weil der Zufall es so wollte; weil er plötzlich durch einen Unfall in die Ewigkeit abberufen wurde; weil er Gott während seines Lebens nie richtig kennengelernt hatte; weil er in eine Familie hineingeboren wurde, in der er die Liebe nie erfuhr und deshalb auch nicht verstehen konnte, was das Wesen Gottes ist; weil er sich vielleicht gegen einen Gott, in dem er nur einen Gesetzesgott, einen schrecklichen Tyrannen sah, gewandt hat; weil er von Menschen gehaßt, verworfen, verkannt und innerlich verwundet wurde und so gegen alles in Auflehnung geriet, auch gegen Gott.

Aber umgekehrt erreicht niemand das ewige Heil, nur weil er fromme Eltern hatte; weil ihn seine bürgerlichen Vorurteile davor bewahrt haben, das Böse das er so gern getan hätte, zu tun; weil er die Chance hatte, die Milliarden Menschen nicht haben, in einem Erdteil aufzuwachsen, wo man immerhin gelegentlich noch etwas von Christus hören kann; weil er zufällig ein angenehmes Wesen besaß und so auch erfuhr, was Geliebtwerden heißt, und es ihm dann auch nicht schwer fiel, daran zu glauben, daß auch Gott ihn liebt.

Man wird nicht verdammt, ohne sich mit seinem ganzen Wesen, in völliger Klarheit und Überlegung gegen Gott entschieden zu haben. Man wird aber auch nicht vergöttlicht, ohne Gott in innigster Begegnung mit allen Fasern der Seele umarmt zu haben. Wo man geboren wurde, wann man gestorben ist, was für einen Charakter man als Erbe bekam, spielt dabei gar keine Rolle. Jeder Mensch hat die Möglichkeit, sich in völliger Klarheit für oder gegen Christus zu entscheiden.

In dieser — von mir hypothetisch vorgeschlagenen — Perspektive kann man besser verstehen, daß das Gericht und der universale Heilswille Gottes Begriffe sind, die untereinander einen tiefen Entsprechungszusammenhang aufweisen. Jeder Mensch hat die Möglichkeit, wenigstens einmal, Christus dem Auferstandenen zu begegnen, ihn ganz persönlich zu erkennen. Ein jeder Mensch hat diese Möglichkeit. Selbst die Heiden, jene Milliarden, die noch nie etwas von Christus gehört haben, selbst die zu Heiden gewordenen Christen, denen wir vielleicht einen langweiligen und wirklichkeitsfremden Gott gepredigt haben, den sie nie richtig schätzen und lieben lernen konnten, selbst jene Menschen, die religiös und moralisch einfach Kleinkinder geblieben sind, obwohl ihre sonstigen Fähigkeiten sich durchaus normal entwickelten und die sich in der komplizierten Struktur des heutigen Lebens durchaus mit Erfolg zurechtfinden können, selbst jene Menschen, die Gott hassen, weil sie in ihm zum Beispiel ein Mittel der »kapitalistischen Ausbeutung« sehen und ihn in seinem eigentlichen Wesen nie erkannt haben, selbst die Schwachsinnigen und seelisch Unentwickelten, die nie richtig etwas verstehen konnten, selbst die ungeborenen und ohne Taufe gestorbenen Kinder und schließlich selbst wir, die zu schwach sind, das Gute zu tun, und deren Herz so kühl und leer bleibt. Alle haben die Möglichkeit, in der Perspektive dieser Hypothese, ihr Heil in einer ganzheitlich-personalen Begegnung mit Christus zu erlangen.

Oft wird gegen diese Hypothese (Tod als letzte Entscheidung) der folgende Einwand vorgetragen: »Wenn wir im Tod noch eine letzte Möglichkeit der Entscheidung haben, warum sollen wir uns dann beeilen und jetzt anfangen christlich zu leben? Keineswegs! Denn: Was und wer gibt ›mir‹ die Sicherheit, daß ›ich‹ im Tode die richtige Entscheidung treffe? Der Ausgang dieser letzten Entscheidung wird von mir selbst abhängen. Es gibt keinen andern Maßstab, die Aufrichtigkeit meines Wunsches nach Bekehrung zu messen als die Bekehrung selbst. Was ich in der Zukunft sein möchte, muß ich in der Gegenwart beginnen. Ich muß mich durch die vielen kleinen Einzelentscheidungen meines Lebens in die große, allerletzte Entscheidung im Tod einüben. Ich muß mich bekehren, und zwar gleich, wenn ich aufrichtig die Bekehrung im Tod wünsche. Jedes Aufschieben ist eine existentielle Lüge. Ich kann nicht einfach gedankenlos dahinleben und alles der letzten Entscheidung überlassen. Wer kann dafür bürgen, daß ich am Ende noch die ganze Orientierung meines Lebens umwerfen werde? Der Gedanke einer letzten Entscheidungsmöglichkeit im Tod mindert also unsere Heilswachsamkeit überhaupt nicht. Eher im Gegenteil!

In verschiedensten theologischen Fragen gibt diese Hypothese eine einfache und menschliche Lösung. Ich erwähne hier nur das Problem des Fegfeuers. Aus dem Gesichtspunkt der hier vorgetragenen Hypothese wäre unser Tod, das heißt der Moment unserer endgültigen Entscheidung für Christus, zugleich unser Fegfeuer. Der Ort der Reinigung ist sicher keine riesige Folterstadt, kein kosmisches Konzentrationslager, in dem jammernde, klagende und seufzende Kreaturen von Gott bestraft werden. Gottes Gedanken können nicht so grotesk und unwürdig sein. Vielmehr ist die Begegnung mit Christus, das Hineingehen in seinen liebenden Feuerblick, unsere endgültige Läuterung. Voller Liebe und gnadenreich blickt Christus auf den ihm entgegenkommenden Menschen. Sein Schauen glüht aber zugleich bis ins Innerste, Verborgenste und Wesentlichste des Menschendaseins. Gott im Feuerblick Christi zu begegnen ist zwar einerseits die höchste Erfüllung unserer Liebesfähigkeit; es ist aber andererseits auch das schrecklichste Leiden unseres Wesens. In dieser Perspektive wäre das Fegfeuer nichts anderes als der Durchgang durch das Feuer der Liebe Christi, ein augenblicklicher Vorgang der Christusbegegnung im Tode. Bei dieser Begegnung bricht die Gottesliebe aus den Tiefen des menschlichen Daseins hervor. Sie muß dabei gleichsam die Schichten und Ablagerungen unserer Selbstsucht durchbrechen. Das ganze Dasein muß sich dem liebend entgegenkommenden Christus öffnen. Je härter und mächtiger diese Ablagerungen der Selbstsucht sind, desto schmerzhafter wird auch der Ausbruch der Gottesliebe aus unserem Dasein, desto mehr muß uns die Christusbegegnung läutern. Die einzelnen Menschen würden also einen persönlich je verschieden intensiven Läuterungsvorgang im Augenblick des Todes durchmachen. So wird aus dem Unterschied der im Fegfeuer verbrachten Zeit ein Unterschied in der Intensität der Läuterung.

Hier öffnet sich uns vielleicht ein Zugang zum innerlichen Verständnis des Himmels. Indem nämlich der Mensch in seinem liebenden Aufbruch zu Christus den Schrecken der Gottbegegnung durchlitten hat, ließ er alles hinter sich, was an Gott bedrohlich ist für unser endliches Wesen. Die Bedrohung ist nun überwunden und der Mensch kann eintreten in die Erkenntnis und in die Liebe Christi, worin ja das Wesen des Himmels besteht. Himmel wäre demnach nichts anderes als die sich zum Seinszustand entfaltende Entscheidung für Christus im Tod, das Fegfeuer aber nichts anderes als die Ermöglichung des ewigen, ungetrübten und glücklichen Mitseins mit Christus: der Schrecken der Gottbegegnung wird überwunden, und das Beglückende bleibt als ewiger Zustand zurück.

DER TOD IN PROTESTANTISCHER SICHT

von Adolf Köberle

Über der Geburtsstunde des evangelischen Christentums im 16. Jahrhundert stand die Parole: *Sola scriptura.* Demnach hatte in der christlichen Kirche hinfort allein das im Alten und Neuen Testament bezeugte Wort als Richtschnur der Wahrheit zu gelten. Alle Fremdeinflüsse aus Judaismus und Hellenismus, die in einer mehr als tausendjährigen dogmengeschichtlichen Entwicklung die urchristliche Botschaft korrigiert und überwuchert hatten, sollten von Grund auf eliminiert werden, um das biblische Urgestein aufs neue zum Vorschein zu bringen.

Daß der Protestantismus dann selbst im Verlauf einer vierhundertjährigen Geschichte weitreichenden Fremdeinflüssen aus dem Geist der Aufklärung und der idealistischen Philosophie erlegen ist, entbehrt nicht der Tragik und muß uns dazu nötigen, nicht nur den Splitter in des Bruders Auge, sondern auch den Balken im eigenen Auge wahrzunehmen. Gleichwohl bleibt bestehen: wer das Todesverständnis in evangelischer Sicht darzustellen hat, der steht als erstes vor der Aufgabe, die biblischen Anschauungen vom Tod, von allen Zutaten gereinigt, herauszuarbeiten. Freilich, ein bloßes Aufzählen von Schriftzitaten befriedigt den in seinem geistigen Bewußtsein mündig gewordenen Menschen unserer Tage in keiner Weise. Es muß sich alsbald die andere Aufgaben hinzugesellen, diese Aussagen mit unserem eigenen Lebensgefühl in Beziehung zu setzen, ja wenn möglich in Einklang zu bringen. Nur, wenn das gelingt, darf man hoffen, daß auch die Überzahl der säkular geprägten Menschen zu einem Aufhorchen gebracht werden kann.

Der Tod als Erfahrung der Grenze

Sowohl das Alte wie das Neue Testament ist durchdrungen von dem Wissen, daß der Mensch als geschöpfliches Wesen endlich und begrenzt ist. Der Mensch lebt so lange, als ihm der göttliche Lebensodem zuteil wird. Er kann auch nicht eine Stunde ohne den Zustrom aus der Dimension der Transzendenz bestehen. Sobald uns diese Darreichung verläßt, vergehen wir und werden zu Staub. Wenn uns also nach einem gewiß nur schwer begreiflichen Ratschluß der Ewigkeit ein kurzer Lebenstag zugedacht ist, so können wir unserer Lebenslänge auch nicht eine Elle zulegen, ob wir uns noch so sehr darum sorgten. Der Mensch darf mit den Worten des 32. Psalms Gott bitten: »Nimm mich nicht hinweg in der Mitte meiner Tage!« Das wäre das Bitterste, aus einem noch nicht erfüllten, noch nicht voll gesättigten Leben verfrüht abberufen zu werden. Der Mensch darf im Blick auf sein Planen und Unternehmen mit dem Jakobusbrief sprechen: »So Gott will und wir leben, wollen wir dies und das tun.« Vor allem, er sollte niemals aufhören zu danken für den Zustrom immer neuer Lebenskräfte aus dem Ursprung alles Seins. »Weil ich noch Stunden auf Erden zähle, will ich lobsingen meinem Gott«, sagt dazu das Lied der Kirche.

Dem Menschen unserer Tage ist das Bewußtsein der schlechthinnigen Abhängigkeit von der Übermacht Gottes im Blick auf seine Lebensmöglichkeiten nahezu völlig abhanden gekommen. Es ist das zum einen Teil begreiflich, weil das technische Leistungsvermögen in unserem Jahrhundert ein so phänomenales Ausmaß erlangt hat, daß uns bis zur Mondraumfahrt hin nahezu alles machbar geworden ist und machbar erscheint. Und doch gibt es eine Stelle, wo es mit unserer Mächtigkeit eindeutig zu Ende ist. Es ist die Gewißheit, daß der Tod auf jeden wartet und daß wir nicht einmal über das Wissen verfügen, an welchem Zeitpunkt der Lebensbahn unsere Lebenslinie abgebrochen wird. Im Blick auf die Unausweichlichkeit und Unvermeidbarkeit des Todesgeschicks besteht keinerlei Unterschied zwischen den Menschen zur Zeit des Gilgamesch-Epos und dem Menschen im Zeitalter der Astronautik. Er ist der Allgewalt des Todes gegenüber noch immer gleich hilflos geblieben.

Es ist die Bedeutung und das Verdienst der modernen Existenzphilosophie, uns diesen Tatbestand erneut ins Bewußtsein gerufen zu haben. Karl Jaspers hat gezeigt, wie es recht eigentlich das Wissen um unsere Sterblichkeit ist, was zur Erfahrung der Grenzsituation führt. Martin Heidegger hat in seinem epochalen Werk »Sein und Zeit« eine Vielzahl von Existentialien aufgezeigt, die dem menschlichen Dasein eine unverwechselbare Prägung geben. Neben dem Geworfensein in das Da, neben dem Mit-sein und dem Sein in der Angst und in der Sorge steht allbeherrschend im Vordergrund der Satz: »Menschliches Dasein ist Sein zum Tode«.

Es ist nicht überraschend, sondern sehr wohl begreiflich, daß eine derartig geprägte Philosophie von der Theologie in der Marburger Schule bereitwillig aufgenommen worden ist, liegt doch die Affinität zum biblischen Ansatz an dieser Stelle unmittelbar nahe, ganz zu schweigen von dem gemeinsamen Großvater Kierkegaard, der beide Fakultäten in dieser Schau inspiriert hat. Erst recht ist es verständlich, daß die aus Stalingrad und russischer Gefangenschaft heimgekehrte Studentengeneration Heidegger und Bultmann verstanden hat, nachdem man über Jahre hin am eigenen Leib und am Schicksal ungezählter Kameraden erfahren und erlitten hatte, wie ohnmächtig, wie kurzbefristet menschliches Leben sein kann.

Der Tod als Feind

Die am biblischen Wort orientierte evangelische Einstellung zum Tod kann auf keiner Lebensstufe vergessen, daß wir hier keine bleibende Statt haben, daß alles Fleisch wie Gras ist und alle Herrlichkeit wie des Grases Blume. Gleichzeitig aber wird diese Vergänglichkeit unter der Allgewalt des Todes als ein namenloser Jammer und als tiefer Schmerz empfunden, wogegen sich alles in uns auflehnt. An dieser Stelle läuft ein abgrundtiefer Graben zu der Todesauffassung im Hellenismus. Für die neuplatonische und stoische Philosophie bringt der Tod die heiß ersehnte Befreiung der unsterblichen Seele aus dem armseligen Kerker des Leibes. Darum kann Sokrates heiteren Gemütes den Giftbecher nehmen, während Jesus in Gethsemane vom Todesschauer geschüttelt wird und mit einem Schrei am Kreuz stirbt. Auf Grund des Leib-Seele-Dualismus kann selbst der freiwillig gewählte Tod gerühmt werden. Beschleunigt er doch die Flucht des Geistes aus dem unwürdigen Gefängnis der Stofflichkeit und der sinnlichen Begierden.

Das hebräische Lebensgefühl, von dem wir die Propheten in Israel und die Apostel der urchristlichen Zeit gleichermaßen geprägt sehen, verurteilt diese Auffassung aus einem doppelten Grund als eine Unterschätzung der Leiblichkeit und als eine Überschätzung der Seele.

Der Leib ist gute Gabe Gottes und darum alles andere als verachtungswürdig, und die Geistseele, die das Personsein des Menschen repräsentiert, ist keineswegs so widerspruchslos gotterfüllt, daß sie sich im Sterben wie ein Schmetterling frohgemut in alle Himmelshöhen emporschwingen könnte. Die Weltanschauung der Bibel kennt nicht den Gegensatz von Stoff und Geist, ja er ist ihr von Grund aus fremd und zuwider. An seine Stelle tritt die Realität von dem unendlich kostbaren Geschenk des Lebens, dessen Wert und Reichtum mit tausend Zungen gerühmt wird. »Wunderbar hast du mich vom Mutterleibe an bereitet, das erkennt meine Seele wohl. Mein Leib und Seele freuen sich in dem lebendigen Gott.« Mit Dank gegen den Schöpfer und Erhalter alles Lebens wird gerühmt die Freude an der Nahrung, das Glück der Liebe, der Kinderreichtum, gesundes und langes Leben. Und im gleichen Maß werden Krankheit und Tod gefürchtet und verwünscht, weil sie das gute Leben beeinträchtigen und zerstören. »Komm, süßer Tod!« — mag das Lied auch von Bach herrlich vertont sein, ein solcher Text ist plotinisch, aber nicht paulinisch empfunden. Der große Völkerapostel nennt den Tod 1. Kor. 15 den äußersten, letzten, erbitterten Feind des Menschengeschlechts, dessen endgültige Überwindung und Aufhebung er ersehnt und erhofft.

Wenn wir ehrlich sind, dann sollten wir zugeben: Die den Griechen vertraute Meinung, »wen die Götter lieben, den lassen sie jung sterben«, ist nicht nur dem Alten Testament fremd, sie widerspricht auch unserem eigenen Lebensgefühl. Wir empfinden es als grausam und widernatürlich, wenn ein junges Leben in der Blüte der Jahre dahingerafft wird, sei es durch einen Verkehrsunfall oder durch eine heimtückische Krankheit. Wir können darauf nur reagieren mit den Worten aus den »Vier ernsten Gesängen« von Johannes Brahms: »Oh Tod, wie bitter bist du!« In Übereinstimmung mit Franz Schubert lassen wir das Mädchen zu dem Tod sprechen: »Vorüber, ach vorüber, geh, wilder Knochenmann! Ich bin noch jung, oh rühre mich nicht an!« Wenn wir bei dem Besuch eines Altenheims feststellen müssen, wie selbst die Hochbetagten dort noch am Leben hängen, wie sie nicht abseits von Welt und Zeit angesiedelt werden möchten, dann wird ein solches Verhalten gewöhnlich negativ beurteilt als ein Mangel an Lebensreife und Abgeklärtheit. Man kann es aber auch ganz anders ansehen und wird dann feststellen: wie tief hat doch der ewige Gott die Freude am Leben und die Liebe zum Leben in unsere Herzen eingepflanzt! »Alle Lust will ... tiefe Ewigkeit.« Darum wehrt sich bis zuletzt in uns alles gegen die Unnatur des Sterbens.

Eine am biblischen Wort orientierte protestantische Theologie kann an dem Tatbestand nicht vorübergehen, daß das Alte und das Neue Testament die Sterblichkeit des Menschen in Zusammenhang bringt mit dem gestörten Gottesverhältnis. Weil der Mensch Nein sagt zu Gott in Flucht und Auflehnung, darum sagt Gott Nein zum menschlichen Leben und zerbricht es im Vollzug des Todes. Es sei nur auf die wichtigsten Stellen hingewiesen, die diesen geheimnisvollen Zusammenhang zum Ausdruck bringen. Der 90. Psalm stellt Gottes Ewigkeit und die Vergänglichkeit des Menschengeschlechts einander gegenüber. Es heißt zunächst: »Du lässest sie dahinfahren wie einen Strom.« Dann aber kommt die eigenartige Deutung: »Das macht dein Zorn, daß wir so vergehen, und dein Grimm, daß wir so plötzlich dahin müssen.« Und als wenn der Psalmist geahnt hätte, daß die Menschen eine solche Deutung ihres Todesschicksals ablehnen werden, wird an einer späteren Stelle fortgefahren: »Wer glaubt aber, daß du so sehr zürnst, und wer fürchtet sich vor deinem Grimm?« Für das Neue Testament ist hinzuweisen auf Röm. 5 und 6. Dort wird erklärt, der Tod sei zu allen Menschen durchgedrungen, dieweil sie alle gesündigt haben. Der Tod wird »der Sünde Sold« genannt. 1. Kor. 15 ist die Rede von dem Stachel des Todes, der seine Kraft hernimmt aus der Übertretung von Gottes Gebot und Ordnung.

Das moderne Denken findet nur schwer einen Zugang zu derartigen Aussagen. Ein erster Einwand lautet: wenn Gott überhaupt ist, dann hat er eitel Liebe und Güte zu sein, nicht aber strafende Richtermacht. Dazu ist festzustellen: Gottes Richten ist nicht ein Racheakt, sondern heilige Trauer darüber, daß die Menschen sich von dem Strom seines Lebens nicht ergreifen lassen wollen. Gott ist die Quelle alles Lebens. Wer daraus nicht trinkt, muß sich nicht verwundern, wenn er verdurstet und verwelkt.

Ungleich schwerer wiegt der zweite Einwand, den jeder Naturwissenschaftler, jeder Biologe und Arzt alsbald bereit hat, wenn das Wort vom Tod als der Sünde Sold von der Kanzel oder vom Altar her erklingt. Mit Recht wird entgegengehalten: der Tod hat ja längst vor dem Auftreten eines ersten Menschenpaares in der Welt geherrscht. Der Tod ist ein Naturgesetz, er steht im Dienst der Evolution, er umfaßt die ganze Schöpfung und macht darum auch vor dem Menschen nicht Halt. Der Tod verschont ja auch Säuglinge nicht, die man doch nicht »zur Rechenschaft ziehen kann, wie man Soldaten belangen kann, die Kinder, Frauen und Geiseln niedergeschossen haben«. Wie kann dann trotzdem ein führender evangelischer Theologe der Gegenwart, wir meinen Eberhard Jüngel, an dem Satz festhalten: »Der Tod ist eine Verhältnisstörung, er ist begründet im Gegensatz zwischen dem heiligen Gott und dem ganz und gar nicht heiligen Menschen.« Auch der katholische Theologe Karl Rahner wird von Jüngel zur Bestätigung mit herangezogen: »Der Tod ist die Sichtbarkeit der Schuld.«

Naturgesetzlichkeit oder Schuldverhängnis?

Unter den evangelischen Theologen der Gegenwart hat sich der Erlanger Professor für systematische Theologie, Paul Althaus, besonders bemüht, den an dieser Stelle aufbrechenden Konflikt zwischen naturwissenschaftlicher Erkenntnis und theologischer Axiomatik zu bewältigen. Althaus sagt: der Mensch erleidet im Sterben im Unterschied zu aller übrigen Kreatur einen doppelten Tod, eine *mors corporalis* und eine *mors spiritualis*. Den biologischen Tod teilt der Mensch mit der ganzen Schöpfung, und dieser physiologische Tod hat nichts zu tun mit der Entfremdung des Menschen von seinem göttlichen Ursprung. Weil wir Menschen aber nicht nur bioshafte Wesen sind, weil zur Existenz des Menschen Geist, Vernunft, Gewissen, Verantwortung und Freiheit gehören, darum erleben wir den Tod anders als die Tiere, die verenden, und anders als die Blumen, die verwesen. Im Sterben kommt uns bei dem Rückblick auf das unabänderlich abgeschlossene, nicht wiederholbare Leben erschreckend zum Bewußtsein, wie viel wir versäumt haben, wie wir zu wenig geliebt haben, wie viele Zeit wir unnütz verbracht, wie wenig wir nach Gott gefragt und unser Leben an seinem Willen ausgerichtet haben. Das alles legt sich auf uns als Last und Schuld und macht den Tod zur Erfahrung des Gerichts.

Die von Paul Althaus angebotene Auslegung hat den Vorzug, daß sie jeden Konflikt mit der modernen Naturwissenschaft vermeidet. Die Vergänglichkeit alles Geschöpflichen gehört demnach zur Grundstruktur dieser Weltgestalt. Auch der Mensch hat daran selbstverständlich mit Anteil. »Sobald ein Mensch zum Leben kommt, gleich ist er alt genug zu sterben«, heißt es in »Sein und Zeit« bei Martin

Heidegger. Gott hat es für diese seine erste Schöpfung gar nicht anders gewollt. Würden wir in Harmonie mit Gott verblieben sein, wir würden nach dieser Anschauung gleichwohl sterben, aber das Sterben hätte jede Bitterkeit für uns verloren. Wir würden uns zur letzten Ruhe legen, gleich wie ein Kind im Vaterhaus, in den Armen der Mutter ohne Kummer am Abend sanft und selig einschläft. Weil wir aber gestört sind im Verhältnis zu Gott, zum Nächsten, zu uns selbst und zu der uns tragenden Natur, darum kann es gar nicht anders sein, als daß das Sterben uns zur notvollen Pein wird.

Es sei freilich nicht verschwiegen, daß die von der Erlanger lutherischen Theologie vorgetragene Lösung auch nicht voll zu überzeugen vermag. Wenn Todesnot und Todesangst allein aus dem gestörten Gottesverhältnis stammen, dann dürfte es ja in der Welt der Tiere nichts dergleichen geben, da diese doch einem rein naturgesetzlichen Ablauf unterworfen sind und ihr Leben nicht wie wir existenziell verfehlen können. Jeder Besucher eines Schlachthofes aber kann sich davon überzeugen, daß auch die stummen Brüder von der außermenschlichen Kreatur das Erschauern vor der Nähe des Todes sehr wohl kennen und sich verzweifelt dagegen wehren und aufbäumen. Tiefsinnige Denker wie Franz von Baader, Edgar Dacqué, der Tübinger Theologe Karl Heim und Nikolai Berdjajew als Sprecher der Ostkirche haben darum die anthropozentrische Einengung des Todesgeheimnisses abgelehnt. Mit einem Dichter der Romantik haben sie darauf hingewiesen: »Es geht ein allgemeines Weinen, soweit die stillen Sterne scheinen, durch alle Adern der Natur.« Die Genannten haben von einem kosmischen Urfall gesprochen, der die ganze Schöpfung depraviert und dem Winter der Vergänglichkeit ausgeliefert hat. Im Menschen allein kommt zum Bewußtsein, was als triebhaft zerstörerische Willensmacht das ganze Weltgeschehen erfüllt. Wer mit der Philosophie von Arthur Schopenhauer vertraut ist, wird durchaus bereit sein, sich solchen spekulativen Gedankengängen zu öffnen. Doch sei zugegeben, daß auch diese Schau viele Fragen offen läßt, die unser Vorstellungsvermögen übersteigen.

Der besiegte Tod

Das Neue Testament enthält ein Triumphlied über den besiegten Tod. Der Hochgesang steht am Ende des 15. Kapitels im Ersten Korintherbrief: »Der Tod ist verschlungen in den Sieg. Tod, wo ist dein Stachel, Hölle, wo ist dein Sieg?« Darauf folgt die Begründung: »Gott aber sei Dank, der uns den Sieg gibt durch unseren Herrn Jesus Christus.« Hinter dieser Verspottung des Todes steht die Gewißheit: es kam ein Leben in diese Welt, das dank der Machtwirkung Gottes frei war von menschlicher Gebrechlichkeit und das dank einer einzigartigen Treuebewährung frei blieb von dem Verfall an die Verderbensmächte der Welt, das vielmehr bereit war, sich bis zum letzten für die Menschheit aufzuopfern. Wenn aber Sünde und Tod in einer letzten Tiefe miteinander korrespondieren, dann müssen auch Unschuld und unverwesliches Leben einander entsprechen. Gewiß, Jesus war auch Sozialrevolutionär, der sich der Armen, Elenden, Erniedrigten und Unterdrückten hilfreich und mutig angenommen hat. Aber darüber kann kein Zweifel bestehen: die weltweite Auswirkung und Ausbreitung des Urchristentums hat ihren Ausgangspunkt nicht genommen von der sozialen Botschaft Jesu. Man denke nur an die konservative Behandlung der Sklavenfrage im Neuen Testament! Die gewaltige Bewegung hat ihren Ursprung in der ausgerufenen Kunde: in dem Christusereignis hat unter der Decke der vom Tod beherrschten Weltgestalt eine Lebensbewegung begonnen, die stärker ist als alle Todesmacht. Der auferstandene Christus war nicht die wiederbelebte Leiche des am Stamm des Kreuzes Gestorbenen. Der auferstandene Christus war der verwandelte und verklärte Anfänger einer neuen Menschheit, einer neuen Erde, einer neuen Schöpfung.

Es genügt nicht, eine so unerhörte Botschaft nur zu bezeugen oder gar nur orthodox zu deklamieren. Es müssen Wege und Möglichkeiten aufgezeigt werden, wie diese neue Realität zur Gewißheit werden kann. In der Beziehung hat die evangelische Theologie der Gegenwart geradezu kläglich versagt. Es sei nur erinnert an den törichten Kampf, den Karl Barth und Dietrich Bonhoeffer gegen alle religiöse Erfahrung geführt haben zugunsten eines nackten Wortglaubens. Statt auf diese fragwürdige Polemik hereinzufallen, hätten wir besser daran getan, auf die Stimme von Carl Gustav Jung zu hören, der nicht müde geworden ist, darauf hinzuweisen, daß allein die in der Psyche erfahrene Realität religiöse Gewißheit zu vermitteln vermag. Schon Angelus Silesius hat in seinen Sinnsprüchen daran erinnert, daß Christi Geburt uns nichts nützt, wenn er nicht in uns geboren wird, und daß seine Auferstehung ein leeres Wort bleibt, wenn er nicht in uns aufersteht. Mehr denn je widerfährt dem biblischen Zeugnis von dem besiegten Tod in unseren Tagen der Einwand des Dr. Faust: »Die Botschaft hör ich wohl, allein mir fehlt der Glaube.« Solch kritischer Zweifel kann nicht überwunden werden durch kirchliche Lehrautorität, er kann nur dadurch beseitigt werden, daß wir uns selbst und einander helfen, Durchbrüche und Einbrüche eines neuen Seins zu verwirklichen. Ein johanneisch geprägtes Christentum, verbunden mit hilfreichen Anweisungen zur Meditation, dürfte dazu besonders berufen und geeignet sein.

Der Tod bleibt für das christliche Bewußtsein der Feind des Menschen. Gleichwohl kennt die Sprache der christlichen Frömmigkeit in Übereinstimmung mit der urchristlichen Botschaft auch Aussagen freudiger Todesbereitschaft. Diese überlegene Zuversicht entstammt nicht der griechischen Überzeugung, daß die Seele im Unterschied zum Leib göttlichen Wesens und darum unsterblich ist. Die christliche Sterbensfreudigkeit, die besonders in den Bach'schen Kantaten einen überwältigenden Ausdruck gefunden hat, ruht auf der Gewißheit, daß die Geschichte der Menschheit einen Welterlöser als Geschenk empfangen hat, der dem Tod die Macht genommen und unvergängliches Wesen ans Licht gebracht hat.

Der uns aufgetragene Kampf gegen den Tod

»Den Tod verspotten, heißt auf jeden Fall, das Leben nicht verspotten. Den Tod bedroht man, indem man ihm verwehrt, das Leben zu verspotten.« Mit diesen prägnanten Sätzen hat Eberhard Jüngel der evangelischen Theologie der Gegenwart eine neue Zielrichtung gewiesen, die nach vielen Seiten hin bedacht sein will.

Wir dürfen im Licht der urchristlichen Verheißung erkennen: alles, was der Erhaltung und Bewahrung des Lebens dient, weist zeichenhaft hin auf die bereits geschehene Entmächtigung des Todes. Wenn es der hingebungsvollen Kunst der Ärzte und der pflegenden Treue am Krankenbett gelingt, eine vom Tod bedrohte Mutter zu retten und sie ihren Kindern auf Jahre hinaus zurückzugeben, so ist damit ein Sieg über den Erzfeind errungen, der seine Beute noch einmal hat hergeben müssen. Mag es den also handelnden Ärzten zum Bewußtsein kommen oder nicht, sie haben mit ihrem hilfreichen Können ein Zeugnis für das Leben abgelegt. Unter den Ärzten und Theologen der Gegenwart hat Lic. Dr. med. Hans Gödan, Lemgo, das Verdienst, in einem umfassenden Schrifttum unablässig darauf hingewiesen zu haben, daß der christliche Glaube den Tod als widergöttliche Feindmacht-Störung anzusehen hat, den es nicht zu rechtfertigen oder gar zu verklären, sondern zu überwinden gilt.

Wenn junge Menschen heute in Scharen in die Entwicklungsländer gehen und dort kämpfen gegen Hunger, Armut und frühe Sterblichkeit, tun sie damit einen österlichen Dienst. Man möchte nur wünschen, daß sie diesen Opfergang auch als einen solchen verstehen und sie nicht gleichzeitig hereinfallen auf eine Theologie, die ihnen die eigentlichen und besten Perspektiven ihres Handelns raubt. Zu dem uns aufgetragenen Kampf gegen den Tod gehört auf jeden Fall ein entschiedenes Nein gegen den Krieg. Im Krieg, gewiß zu allen Zeiten, besonders aber heute auf Grund der grausam entwickelten technischen und chemischen Kampfmittel, feiert der Würger Tod die furchtbarsten und scheußlichsten Triumphe.

Wenn der Tod uns zum Gericht wird auf Grund der verlorenen Gottunmittelbarkeit, dann dient alles seiner Abwehr, was uns diese verlorene Gottverbundenheit zurückgibt. Das Gebet, der Gottesdienst, der Empfang des Sakraments, die ehrfürchtige Aufnahme des göttlichen Wortes, durch das alles wird der gestörte oder abgebrochene Kontakt mit dem Ursprung des Lebens wiederhergestellt. Wir fangen an, aufzustehen, und die Verheißung einer Auferstehung in der kommenden Welt Gottes erscheint uns nicht mehr als ein Märchen.

In dem Zusammenhang bekommt die Zusammenarbeit von Psychotherapie und Seelsorge unmittelbare Bedeutsamkeit. Seelen, die darniederliegen in unerlöster Triebhaftigkeit, in krankhaftem Geltungsverlangen, in verkümmerter Erlebnisfähigkeit, in Schwermut und Depression, sind weit entfernt von einem Leben aus Gott. Gelingt es aber, wenn oft auch erst nach langer, mühevoller Aufarbeitung, Seelen diesem starren Todeszustand zu entreißen, dann gesellt sich zu dem sozialen und politischen Sieg über die Todesmächte ein personaler Sieg von unaussprechlicher Freude.

Die Siege, die wir dem Tod in dieser Weltzeit ablisten, sind vorläufige Siege. Einmal wird er trotz aller Kampfansage und Abwehrbemühung über uns hereinbrechen. Aber es ist ein wesentlicher Unterschied, ob der Tod auf unsere tätige Abwehr stößt oder ob er auf Grund unseres Fehlverhaltens gegenüber Gott, dem Nächsten und der eigenen Seele leicht gewonnenes Spiel mit uns hat. »Es gilt den Tod zu reduzieren auf jene Grenze, die Gott setzt« (E. Jüngel). Diese letzte Grenze aber dürfen wir dem Herrn über unsere Lebenszeit getrost überlassen.

Literaturhinweise

P. Althaus, Die letzten Dinge, Gütersloh 8. A. 1961.
E. Jüngel, Tod. Themen der Theologie, Bd. 8, Stuttgart—Berlin 1971.
K. Heim, Jesus der Herr, Berlin 1935. Kap. 14, Urschuld und Weltgestalt.
E. Dacqué, Das verlorene Paradies, München 4. A. 1953.

DER TOD IN DER SICHT VON C. G. JUNG

von Aniela Jaffé

In seinem Aufsatz »Seele und Tod« [1] schrieb Jung: »In der geheimen Stunde des Lebensmittags setzt die Geburt des Todes ein«. Etwa zwischen dem 35. und dem 45. Jahr, wenn die Lebenskurve ihren Höhepunkt erreicht, setzt die große Wende ein. »Leben« bedeutet Aufstieg und Abstieg, Werden und Vergehen, und angesichts dieser Lebens- und Todeseinheit »hat man noch einzusehen, wie sehr Lebenwollen gleich Sterbenwollen ist« [2]. Nur der bleibt lebendig, der mit dem Leben sterben will.

Das bewußte »Ja« zu einer solchen Ganzheit bestimmte auch Jungs Einstellung zum eigenen Lebensende, sowie zum Tod des Mitmenschen. Mit 85 Jahren schrieb er einer Frau, die in Sorge um einen schwerkranken Freund war: »Ich versuche, Leben *und* Tod anzunehmen. Fände ich mich nicht bereit, das eine oder das andere zu akzeptieren, würde ich mich nach meinen persönlichen Motiven fragen. [...] In den äußersten Situationen von Leben und Tod sind umfassendes Verstehen und umfassende Einsicht von höchster Bedeutung. Es sind die unerläßlichen Faktoren unserer Entscheidung, zu gehen oder zu bleiben und gehen zu lassen oder nicht gehen zu lassen«[3].

Daß auch Jung diese überlegene Einstellung nicht von vorne herein gegeben war, sondern daß er um sie ringen mußte, wird uns noch beschäftigen.

Das definitive und immer näher rückende Ziel des alternden Menschen ist der Tod. Der moderne Mensch, der sich nicht zu den religiös Gläubigen zählen darf, geht meist unvorbereitet dem Tod entgegen, und hier setzt die Analytische Psychologie C. G. Jungs ein. Ursprüng-

---

[1] In: Wirklichkeit der Seele und in Ges. W., Bd. VIII.

[2] Brief an Dr. A. Maeder, 26. 2. 1918, C. G. Jung, Briefe I, Olten—Freiburg/Br. 1972/73, S. 56.

[3] Brief an Mother Prioress of a Contemplative Order, 26. 3. 1960, Briefe III, S. 290.

lich hatte Jung die Psychologie der Individuation, den Bewußtwerdungsprozeß als Auseinandersetzung mit den Inhalten der unbewußten Psyche, im Hinblick auf den Sinn der zweiten Lebenshälfte gestaltet. So ist im Grunde genommen das, was er darüber gedacht und geschrieben hat, zum großen Teil eine, wenn auch nur indirekt ausgesprochene Alterspsychologie. Letzten Endes ist auch der Individuationsprozeß nicht nur eine Schule des Lebens, sondern, wenn er richtig verstanden wird, auch eine Vorbereitung auf den Tod. Es geht dabei nicht nur um vertiefte Selbsterkenntnis, nicht nur um Verwirklichung der eigenen Ganzheit, sondern im Verlauf des Prozesses erfährt und erkennt der Mensch eine Macht, die aus dem Unbewußten wirkt und die über seinen Ich-Willen hinweg entscheidend in sein Leben eingreifen kann. Man weiß, was man selber möchte und was man erstrebt, aber immer wieder wird das eigene Wollen unverhofft durchkreuzt, sogar sein ethisches Handeln; denn oft ist es so, daß ich das Gute, das ich will, nicht tue, aber das Böse tue, das ich nicht will. Die Verwirklichung seiner selbst, das Werden der Persönlichkeit, ist immer auch eine Relativierung oder eine Hintansetzung des Ich gegenüber dem autonomen und darum als numinos erlebten Willen des Nicht-Ich, kein ohnmächtiges Geschehenlassen, vielmehr ein bewußtes »Ja« zu dessen Intentionen oder ein demütiges »Ja« zur eigenen Unterlegenheit.

Eine äußerste Steigerung dieser Haltung erfordert das Sterben, denn es ist, psychologisch gesehen, ein vollständiges Loslassen, ein Auslöschen des Ich und seiner Bewußtseinswelt in einem unbekannten, dunklen Nicht-Ich. Jung schrieb nach einer schweren Krankheit, die den 70jährigen an den Rand des Todes geführt hatte: »Nur das ist schwierig: sich vom Körper zu lösen, nackt zu werden und leer von Welt und Ich-Willen. Wenn man den rasenden Lebenswillen aufgeben kann, und wenn es einem vorkommt, als fiele man in bodenlosen Nebel, dann beginnt das wahre Leben mit allem, wozu man gemeint war, und was man nie erreichte. Das ist etwas unaussprechlich Großes«[4]. Und in einem anderen Brief schrieb er: »Der aspectus mortis ist eine gewaltig einsame Sache, wenn man in Gottes Gegenwart aller Dinge beraubt wird. Die eigene Ganzheit wird gnadenlos erprobt«[5].

Ähnlich erlebte es ein Briefpartner Jungs in einem Todestraum, der

[4] Brief an Dr. Kristine Mann, 1. 2. 1945, Briefe I, S. 443.
[5] Brief an Father Victor White, 18. 12. 1946, Briefe II, S. 64.

eine Art Individuationsweg darstellte, und an dessen Ende eine Stimme ihm befahl, in einen Abgrund zu springen. Er wehrte sich verzweifelt; dann gehorchte er. Zu seiner Überraschung stürzte er nicht in die Tiefe, sondern schwamm beseligt »in das Blau der Ewigkeit«.[6]

Eindrückliche Todesträume finden sich in dem Buch von E. Herzog »Psyche und Tod«[7]. Sie zeigen mit großer Deutlichkeit, daß die unbewußte Seele um den Tod weiß; und wer den Träumen Beachtung schenkt, wird oft schon viele Jahre vor dem Sterben auf den Tod vorbereitet.

Träume, in denen man selber stirbt, treten meist in der Zeit einer schwierigen und leidvollen Umstellung im realen Leben auf, können aber gerade darum auch als Todes-Vorbereitung aufgefaßt werden, im Sinne einer Notwendigkeit, dem Ich-Willen zu opfern: nicht selten ist auch ein Sterben in das Leben hinein gefordert.

Jung hat seine Gedanken über den Tod als persönliche Auffassungen formuliert, ohne daß ihm wissenschaftliche Beweise zur Verfügung standen, und ohne daß er sie für notwendig gehalten hätte. Es ging ihm nicht um objektiv gültige Aussagen, nicht einmal um logische Konsequenz, denn es finden sich manche Widersprüche in seinen Formulierungen. Seinen Aussagen lagen eigene Erfahrungen zugrunde, und er folgte dem Strom seelischer Bilder. »Ich leihe den wunderlichen Mythen der Seele ein aufmerksames Ohr«, heißt es in seinem Erinnerungsbuch[8]. Und dieses Fabulieren nannte er »mythologein«. »Für den Verstand ist das ›mythologein‹ eine sterile Spekulation, für das Gemüt aber bedeutet es eine heilende Lebenstätigkeit; sie verleiht dem Dasein einen Glanz, welchen man nicht missen möchte. Es liegt auch kein zureichender Grund vor, warum man ihn missen sollte«[9]. Denn der Mensch, welcher an eine wie immer geartete Ewigkeit und ein wie immer geartetes Sein nach dem Tod glaubt, befindet sich im Einklang mit den Urbildern in seiner Seele. Damit ist er an die seelische Grundnatur angeschlossen, und sein Leben wird ganzheitlicher und erfüllter.

---

[6] Brief an E. L. Grant Watson, 25. 1. 1954, Briefe II, S. 367 f.

[7] In der Schriftenreihe »Studien aus dem C. G. Jung-Institut«, Bd. 9, Zürich 1960.

[8] Erinnerungen, Träume, Gedanken von C. G. Jung, aufgezeichnet und hrsg. v. A. Jaffé, Zürich 1962 (im folgenden als »Erinnerungen« aufgeführt), vgl. das Kapitel »Über das Leben nach dem Tode«.

[9] Ebda.

Eine solche zukunftsgerichtete Einstellung im Alter scheint jedenfalls natürlicher — Jung sagte auch: hygienischer — als ein rationales Beharren auf Vernunftserwägungen, die das Unbeweisbare von vorne herein als unwichtig entwerten, negieren oder verdrängen.

Jungs Aussagen über den Tod beruhen auf einer Glaubensauffassung des Lebens, die er kaum je eindrücklicher formuliert hat als in diesem Zusammenhang. Er sah das Leben als Ausschnitt eines Seins, das die gelebten Jahre unendlich überragt. Darum bezeichnete er das Ende des Lebens als eine »zweite Geburt, [...] welche nach außen hin als Tod erscheint«[10] und das »sogenannte Leben« selbst als »eine kurze Episode zwischen zwei großen Geheimnissen, das doch nur eines ist«[11]. Und weiter: »Ich habe gute Gründe, anzunehmen, daß die Dinge mit dem Tod nicht zu Ende sind. Es scheint, als sei das Leben ein Zwischenspiel in einer langen Geschichte. Sie bestand schon, bevor ich war und wird höchstwahrscheinlich weitergehen, wenn das bewußte Intervall in einer dreidimensionalen Existenz zu Ende ist.«[12]

Über das, was unser Leben als solches, was dieser Existenzausschnitt zwischen Ewigkeit und Ewigkeit darstellt, wissen wir nichts Objektiv-Gültiges. Das Geheimnis des Vorher und Nachher verhüllt auch den Sinn des Lebens. »Meist werden wir über Motive und Sinn eines individuellen Lebens in tiefster Dunkelheit gelassen.« Die Ereignisse unseres eigenen Daseins kann das Bewußtsein nur zum Teil erhellen, und »Dunkelheit bedeckt, was vor dem Anfang war und nach dem Ende liegt.«[13]

Obwohl Jung immer wieder die Unmöglichkeit einer objektiven Antwort auf die Frage nach dem Sinn des Lebens hervorhob, ließ er es nicht dabei bewenden. Von seinem Standpunkt aus erdachte oder erschuf er sich einen Lebenssinn, wohl wissend, daß es sich dabei um seine subjektive Auffassung, um einen Mythus handelte, der ihm jedoch entsprach und ihn zutiefst verpflichtete[14]. Er sah den Sinn des Lebens in einer fortdauernden Bewußtseinserweiterung, mit allen

---

[10] Brief an Kristine Mann, 1. 2. 1945, Briefe I, S. 444. Vgl. auch Brief an Hanna Oeri, 23. 12. 1950, Briefe II, S. 205: »Dieser Anblick des Alters wäre wohl unerträglich, wenn wir nicht wüßten, daß unsere Seele in eine Region reicht, die weder der Veränderung in der Zeit noch der Beschränkung durch den Ort verhaftet ist. In jener Seinsform ist unsere Geburt ein Tod und unser Tod eine Geburt. Im Gleichgewicht hängen die Waagschalen des Ganzen.«

[11] Brief an nicht genannten Adressaten, 1947, Briefe II, S. 103.

[12] Brief an nicht genannte Adressatin, 19. 11. 1955, Briefe II, S. 520.

[13] Brief an nicht genannte Adressatin, 5. 3. 1959, Briefe III, S. 236.

ihren geistigen, religiösen und ethischen Konsequenzen. Aus diesem Grund ist der Bewußtwerdungsprozeß auch als Individuation zu verstehen, und damit ist bereits gesagt, daß jeder Mensch einen eigenen Schicksalsweg, eine eigene Individuation, zur Sinnerfüllung seines Lebens zu gehen hat.

Vom Gesichtspunkt des Lebens als Individuation können Alter und Lebensende in der Tat eine besondere Bedeutung erhalten, vorausgesetzt allerdings, daß das Abnehmen der Kräfte nicht grausame Einengungen erzwingt. Jung scheint den Idealfall im Auge gehabt zu haben, wenn er mit 69 Jahren schrieb: »Der Blick [des Alten] umfaßt Fernen, die ins Unendliche entfliegen. Die letzten Stufen [des Lebens] sind die schönsten und kostbarsten, denn sie führen zu jener Fülle, zu der hin innerstes Wesen des Menschen geboren ist.«[15]

Der Gleichsetzung des Lebens mit der Individuation entspricht die nicht seltene Erfahrung, daß der Tod dann eintritt, wenn das Ziel dieses Prozesses erreicht ist. Auch Jung schrieb: »Ich kannte viele Menschen, die starben, als sie das Höchste erreicht hatten, dessen sie fähig waren. Offenbar war dann das Maß ihres Lebens erfüllt, alles gesagt und alles getan, und es blieb kein Rest.«[16]

Ich vergesse nicht, wie Jung etwa zwei Tage vor dem Tod seiner Frau in einem zu mir hin gesprochenen Selbstgespräch den Entschluß faßte, ihr die üblichen einschläfernden Mittel geben zu lassen. Die Motivierung körperlicher Leiden allein genügte nicht, sondern er fügte die Worte bei: »Sie hat genug bewußt gemacht.«

Vom Gesichtspunkt des Lebens als einer zu erfüllenden Individuation erhalten ferner auch die häufigen Berichte von warnenden Vorahnungen und wunderbaren Zufällen, durch die ein Menschenleben gerettet wurde, einen Sinn. Der Volksmund spricht in solchen Fällen vom Schutzengel. Der Psychologe spricht vom Selbst des Menschen, von seiner bewußtseinstranszendenten Ganzheit und stellt die Hypothese auf, daß diese autonome, transzendente Schicksalsmacht das Leben erhält, oft wider alle Erwartungen, solange Leben und Entwicklung zur Ganzwerdung gemeint sind. Und in nochmals anderer Formulierung möchte ich sagen, daß auch die unvorhersehbaren Hei-

---

[14] Vgl. A. Jaffé, Der Mythus vom Sinn im Werk von C. G. Jung, Zürich 1967.

[15] Brief an Dr. J. Fierz, 21. 11. 1945, Briefe I, S. 498.

[16] Brief an Mrs. L. G. Oppenheim, 12. 8. 1933, Briefe I, S. 168.

lungen durch den Arzt, von denen in dieser Tagung die Rede war, nur *deo concedente* geschehen konnten.

Gelegentlich scheint es, als zwinge die »gnadenlose Konfrontation mit dem Selbst« angesichts des Todes den Menschen, das ihm noch mögliche Stück der Individuation zu leisten, bevor er sterben kann. In »Seele und Tod«[17] bringt Jung das Beispiel einer ehemaligen Analysandin, die sich eingebildet hatte, eine tadellose Mutter gewesen zu sein. Während ihrer Todeskrankheit mußte sie sich auf Grund von Träumen bewußt machen, wieviel Eigennutz hinter ihrer mütterlichen Haltung gestanden hatte. Erst nach diesem Stück Selbstanalyse, nach dieser Vertiefung ihrer Bewußtheit, konnte sie sterben. Dabei darf Bewußtheit in diesem Sinne nie nur als intellektuelles Wissen verstanden werden, vielmehr ist sie immer verbunden mit einer innern Umstellung, einer seelischen Wandlung.

Die Bewußtheit über den eigenen Schatten scheint für das Sterben von außerordentlicher Bedeutung zu sein. Das erklärt wohl auch die weite Verbreitung dieses Motivs nicht nur in Träumen, sondern auch in Mythen und Legenden, z. B. als Vorstellungen vom Totengericht, als Sagen vom Teufel, der die Seele des nicht bereuenden Sünders holt und als Berichte von Seelen, die an die Erde verhaftet bleiben und »umgehen«, weil sie ein Unrecht oder Verbrechen nicht gesühnt hatten. Die Vorstellung des Himmels als Belohnung und der Hölle als Strafe weisen in die gleiche Richtung. Eine Bestätigung erfuhr ich bei meiner Arbeit in einem Altersheim, als mir ein über 80jähriger, wortkarger Mann, der viele Jahre im Zuchthaus gewesen war, die ernsten und ergreifenden Worte sagte: »Ich muß den Tod nicht fürchten, ich habe gesühnt!« Man versteht, welche Hilfe dem gläubigen Menschen angesichts des Todes erwächst durch das Bewußtsein seiner Erlösung von der Sünde durch Christus.

Die häufig berichtete Todesphantasie der Vereinigung mit geliebten Verstorbenen wird meist im spiritistischen Sinn verstanden[18]. Im psychologischen Sinn gehört auch sie zur Individuationssymbolik; sie deutet auf die Zusammensetzung seelischer Einheiten, die bis anhin auf die geliebten Menschen projiziert waren; und mit dieser Zusammensetzung nähert sich der Mensch dem Ziel der Individuation, der Ganzheit.

---

[17] In »Wirklichkeit der Seele« und Ges. W., Bd. VIII.

[18] Vgl. dazu K. Osis, Death Observations by Physicians and Nurses, New York 1961.

Diese Vereinigung kann in sehr einfacher Form erlebt werden. So fand ich bei einer eigenen Untersuchung den Bericht über eine alte schweizerische Bäuerin, die in ihrer Todeskrankheit den verstorbenen Mann an ihrem Bett stehen sah und wußte, daß sie erst sterben dürfe, wenn sie dessen Hand ergreifen könne[19]. Seltener sind Erfahrungen der überpersönlichen Vereinigung mit numinosen Mächten in einer Heiligen Hochzeit. Die jüdische Legende berichtet, daß beim Tod des Rabbi Schimon ben Jochai seine Jünger eine Stimme hörten, die sie zur Hochzeit des Meisters rief[20]. Jung selbst hatte mit 69 Jahren in Todesnähe Hochzeitsvisionen von tiefer Eindrücklichkeit[21]. Er erlebte sie in einer wechselnden Bilderfolge als Vereinigung der kabbalistischen Gestalten von Malchuth und Tiphereт, der Götter Zeus und Hera, als Hochzeit des Lammes und schließlich als Todeshochzeit des Rabbi Schimon ben Jochai. Dabei war es ihm durchaus unklar, so erzählt er in seinen »Erinnerungen«, welche Rolle er selbst in diesem Drama spielte. »Im Grunde genommen war ich es selbst«, sagte er, »ich war die Hochzeit. Und meine Seligkeit war die einer seligen Hochzeit.«

Jungs Auffassung des Lebens als einer vom Transzendenten her gestellten Individuations-Aufgabe, die sich im Tod erfüllt, bestimmte auch seine Einstellung zum Selbstmord. Oft erhielt er Briefe von verzweifelten Menschen, die mit dem Problem des Selbstmords rangen und ihn um Rat baten. Einer einfachen Frau antwortete er: »Die Idee des Selbstmordes, so menschlich begreiflich sie auch ist, erscheint mir nicht als empfehlenswert. Wir leben, um ein möglichst großes Maß an geistiger Entwicklung und Bewußtwerdung zu erreichen. Solange das Leben irgendwie auch nur im geringsten Maße möglich ist (oder in geringstem Maße einen Sinn erkennen läßt) — solange sollte man am Leben festhalten, um es zum Zweck der Bewußtwerdung auszuschöpfen. Vor der Zeit das Leben unterbrechen heißt ein Experiment zum Stillstand bringen, das wir nicht angelegt haben. Wir haben uns darin vorgefunden und müssen es bis zum Äußersten durchführen.«[22]

Es entsprach jedoch Jungs Menschlichkeit und seiner Ehrfurcht vor dem Leben als einer uns letztlich unbekannten Ganzheit, daß er nie starre Regeln aufstellte. Er gab zu, daß unter gewissen Umständen der

---

[19] Vgl. A. Jaffé, Geistererscheinungen und Vorzeichen, Zürich 1958, S. 58 ff.

[20] Der Sohar, hrsg. von E. Müller, 1932, S. 390.

[21] Vgl. das Kapitel »Visionen« in »Erinnerungen«.

[22] Brief an nicht bekannten Adressaten, 10. 7. 1946, Briefe II, S. 44.

Selbstmord eben gerade in den Lebensplan, in das Experiment, eingeschlossen war. Er kannte Fälle, so schrieb er in einem Brief[23], »wo es fast kriminell gewesen wäre, den Selbstmord zu verhindern, denn alle Beweise lagen vor, daß er der Tendenz des Unbewußten entsprach und infolgedessen eine Grundgegebenheit war.« Auch ist ein Außenstehender nicht immer in der Lage, ein Urteil zu fällen. Nach dem Tod einer krebskranken Frau schrieb er[24]: »Hätte sie unter dem Druck unerträglicher Schmerzen Selbstmord begangen, dann hätte ich gedacht, daß es richtig war. Da sie es nicht tat, denke ich, es sei in ihren Sternen gestanden, eine so grausame Agonie zu erleiden, wobei die Gründe sich unserem Verstehen entziehen. Unser Leben ist nicht von uns allein gemacht.« (Um die praktische Seite zu streifen, möchte ich erwähnen, daß auch in Zürich die anonyme Telephonfürsorge für Suizidgefährdete besteht: »Die dargebotene Hand«. Der hauptamtliche Psychotherapeut ist ein am C. G. Jung-Institut ausgebildeter Analytiker. Er ist ein Blinder.)

Eine Gewißheit über ein Leben nach dem Tode gibt es nicht. Mit den Antworten des Spiritismus hat sich Jung nie befreunden können; er hat sich nur vorsichtig darüber geäußert.

Es gab nur einen einzigen Gedanken, den er als einen wissenschaftlichen Beitrag zum Problem eines Lebens nach dem Tod betrachtete. Er leitete ihn ab aus den parapsychologischen Tatsachen der Wahrträume, Vorahnungen und anderen außersinnlichen Wahrnehmungen; denn diese hatten bewiesen, daß die Seele, zu einem Teil wenigstens, in eine Sphäre relativer oder sogar absoluter Raum-Zeitlosigkeit reicht. Bereits in dem Aufsatz »Seele und Tod« (1934) heißt es, daß »die Psyche zutiefst einer raumzeitlosen Seinsform teilhaftig sei und mithin dem angehöre, was unzulänglich und symbolisch als ›Ewigkeit‹ bezeichnet wird«. Aus dieser partiellen Ewigkeitsqualität der Seele ergäbe sich zwar nicht die Gewißheit, jedoch die Möglichkeit eines wie immer gearteten Fortlebens nach dem Tode. Jung ist von dieser Auffassung nie abgewichen. In seinem 83. Lebensjahr, also ein Vierteljahrhundert später, griff er in einem Brief den Gedanken der relativen Unabhängigkeit der Psyche von Zeit und Raum auf: »Das bedeutet«, so schrieb er, »daß die beiden Elemente Zeit und Raum — Grundvoraussetzungen der Wandlung — für die Psyche relativ bedeutungslos sind. Mit anderen Worten: bis zu einem gewissen Grad

[23] Brief an Dr. Eleanor Bertine, 25. 2. 1946, Briefe I, S. 46 f.
[24] Ebda.

ist die Seele der Wandlung und Vergänglichkeit nicht unterworfen. Das ist alles, was wir wissen. [...] Für jene Menschen, die die Gabe des Glaubens nicht besitzen, mag es hilfreich sein, sich daran zu erinnern, daß die Wissenschaft selbst auf eine Möglichkeit des Fortlebens weist.«[25]

Jung übersah keineswegs die Tragik des Todes — weder die Brutalität des körperlichen Sterbens noch anscheinende Unbegreiflichkeiten, daß z. B. Menschen, denen man ein langes Leben gewünscht hätte, mitten aus dem Leben dahingerafft werden, während Nichtsnutze ein hohes Alter erreichen. »Das ist eine grausame Realität, die man sich nicht verhehlen sollte.«[26]

Im Gegensatz zu den Menschen, die sterben, wenn das Maß ihres Lebens erfüllt ist, steht die große Schar, deren Leben uns als unvollendet erscheint, bei denen von Erfüllung im Sinn der Individuation kaum die Rede sein kann. Das Gefühl der Tragik oder sogar der Sinnlosigkeit liegt nahe; doch stehen uns nur subjektiv-menschliche Erwägungen zur Verfügung, Erwägungen, die ein optimal gelebtes, durchschnittlich langes und erfülltes Leben als Norm voraussetzen. Was einem Leben objektiv, sub specie aeternitatis, als Bestimmung galt, und welches sein Sinn war, ist vom Menschen nicht auszumachen. Denn: »Die Antwort auf das menschliche Leben liegt nicht innerhalb der Grenzen dieses Lebens.«[27]

Jungs Trauer galt kaum je den Toten, sondern den Überlebenden. »Ich kann um keinen Toten trauern«, schrieb er in einem Brief, »sie dauern, wir aber gehen vorüber.«[28] Sein Mitgefühl war bei den Hinterbliebenen, »welche die Flüchtigkeit des Daseins anschauen und Abschied, Leid und Vereinsamung in der Zeit ertragen müssen«[29]. »Ein Mensch wird hinweggerissen, und was bleibt, ist eisige Totenstille.«[30]

Jung sprach diese Worte aus eigener Erfahrung, denn er hatte unter der Einsamkeit und der »eisigen Stille« nach dem Tod seiner Frau tief gelitten. Im Februar 1956, etwa drei Monate nach dem Tod seiner Frau, schrieb er an Laurens van der Post: »Ich bin froh, daß es mir möglich war (obwohl nicht durch eigenes Verdienst), meiner Frau das

[25] Brief an Mrs. O. Milbrand, 6. 6. 1958 (unpubliziert).
[26] Erinnerungen, a. a. O., S. 317.
[27] Brief an Mrs. L. G. Oppenheim, 12. 8. 1933, Briefe I, S. 169.
[28] Brief an nicht genannten Adressaten, 8. 1. 1948, Briefe I, S. 103.
[29] Brief an Hanna Oeri, 23. 12. 1950, Briefe II, S. 205.
[30] Erinnerungen, a. a. O., S. 317.

zu ersparen, was dem Verlust eines lebenslangen Gefährten folgt — das Schweigen ohne Antwort.« Wiederum drei Monate später berichtete er van der Post von der erschütternden Erfahrung, daß das Schweigen nun doch eine Antwort erteilt habe: die Antwort war ein Traum, in welchem auf der einsamen Bühne eines dunkeln, leeren Theaters seine Frau erschienen sei, in wunderbares Licht getaucht und von schönerem Aussehen als jemals. Jung erlebte dies nicht als spiritistische Erscheinung, nicht als einen Totengeist, vielmehr als eine Wirklichkeit der Seele, ein Bild wie außerhalb der Zeit, denn »es enthielt den Beginn unserer Beziehung, das Geschehen während der dreiundfünfzig Jahre unserer Ehe und auch das Ende ihres Lebens. Angesichts einer solchen Ganzheit bleibt man sprachlos, denn man kann sie kaum fassen«[31].

Jung selbst war die Gnade zuteil geworden, bis wenige Wochen vor seinem Tod schöpferisch tätig zu sein. (Sein letzter Aufsatz war »Approaching the Unconscious« in »Man and his Symbols«[32].) Doch blieben auch ihm angesichts der abnehmenden Kräfte und des nahen Endes die Stunden der Angst und der Depression nicht erspart. In einem Brief heißt es: »Ich gestehe, vor einem langandauernden Leiden fürchte ich mich. Ich glaube, ich bin bereit zu sterben, obwohl es so aussieht, als ob immer noch mächtige Gedanken aufflackerten, wie Blitze in einer Sommernacht. Doch sind es nicht meine Gedanken, sie gehören Gott an, wie alles, das wert ist, erwähnt zu werden.«[33]

Jung schrieb dies mit 71 Jahren, offenbar war damals der Dienst an der Individuation noch nicht voll geleistet.

Tragischer tönt der Brief des 78jährigen: »Der Anblick der ewigen Natur läßt mich meine Schwäche und Vergänglichkeit schmerzlich empfinden, und ich finde kein Vergnügen in der Einbildung einer aequanimitas in conspectu mortis. Wie ich einmal geträumt habe, ist mein Lebenswille ein glühender daimon, der mir die Bewußtheit meiner Sterblichkeit zu Zeiten höllisch schwierig macht. Man kann höchstens, wie der ungetreue Haushalter, sein Gesicht wahren und das nicht immer, so daß mein Herr nicht einmal soviel zu loben fände. Aber darum kümmert sich der daimon nicht, denn das Leben ist, im Grunde genommen, Stahl auf Stein.«[34]

---

[31] Erinnerungen, a. a. O., S. 300.

[32] London 1964.

[33] Brief an Father Victor White, 18. 12. 1946, Briefe II, S. 64.

[34] Brief an A. Jaffé, 29. 5. 1953, Briefe II, S. 336.

Ein knappes Jahr vor seinem Tod war das Leiden zwar immer noch vorhanden, aber die Überwindung kündigte sich an: »Das hohe Alter ist nur halb so freundlich, wie man zu denken geneigt ist. Auf jeden Fall ist es ein allmählicher Zusammenbruch des Körpers, jener Maschine, mit der Narrheit uns identifiziert. Es ist in der Tat eine große Anstrengung — das magnum opus — sich rechtzeitig aus der Enge seiner Umarmung zu entziehen und die Seele in die Vision der ungeheuren Größe unserer Welt zu entlassen, einer Welt, deren infinitesimaler Teil wir sind.«[35]

In der Tat vollzog sich in den letzten Jahren bei Jung eine Art Rückzug in das innere Reich. Am auffallendsten war eine schon früh eingetretene Wandlung seines Zeitgefühls: bei aller wachen Präsenz im Hier und Jetzt wurde ihm unsere Welt mehr und mehr zu einer sich entfernenden und nur noch quasi existierenden Wirklichkeit. »Die Imminenz des Todes und Weltanschauung in conspectu mortis sind in der Tat eigenartige Erfahrungen: Das Gegenwartsgefühl erweitert sich über den Tag hinaus rückschauend in Jahrhunderte der Vergangenheit und vorschauend in noch ungeborene Zukünfte.«[36] — Es war, als zöge sich die Seele bereits in den zeit- und raumlosen Geheimnisgrund des Seins zurück, und das gab Jung trotz aller depressiven Augenblicke das Grundgefühl der Heiterkeit.

Ein ebenso bedeutender, wie einfacher Traum, den Jung in seinen letzten Lebenstagen noch berichten konnte und mit dem ich schließen möchte, brachte ihm die Gewißheit und den Trost, sein Lebenswerk vollbracht und das Ziel der Individuation erreicht zu haben; er brachte die Gewißheit, daß das Ende die Erfüllung war: Im Traum erblickte er auf einem hohen Sockel einen großen runden Stein, der die Inschrift trug: »Zum Zeichen Deiner Ganzheit und Einheit.«[37]

---

[35] Brief an Earl of Sandwich, 10. 8. 1960, Briefe III, S. 327.

[36] Brief an A. Vischer, 21. 3. 1951, Briefe II, S. 215.

[37] Vgl. A. Jaffé, Aus Leben und Werkstatt von C. G. Jung, Zürich 1968, S. 83.

DER TOD IN ANTHROPOSOPHISCHER SICHT

von Hans Erhard Lauer

Wenn nach den vielfältigen Ausführungen zum Thema »Alter und Tod« auch noch die anthroposophische Sicht des Todes zur Darstellung gelangen soll, kann der Sinn dieses Referates nicht darin liegen, irgendwelche Betrachtungen über den Tod anzustellen, die persönlichen Neigungen oder eigener Beschäftigung mit diesem Thema entspringen, sondern lediglich darin, in möglichster Kürze und Klarheit das ganz Spezifische zu charakterisieren, das die anthroposophische Sicht des Todes von anderen Sichten unterscheidet.

Was zunächst die *Methode* betrifft, so wurde die Anthroposophie bekanntlich im Beginn unseres Jahrhunderts von Rudolf Steiner begründet unter der Bezeichnung *Geisteswissenschaft,* im Genaueren: der *anthroposophisch orientierten* Geisteswissenschaft. Als Geistesforschung will sie im Unterschied von der Naturforschung eine Wissenschaft vom Geiste im umfassendsten Sinne dieses Begriffes sein; als anthroposophisch orientierte ist sie im besonderen ausgerichtet auf den *Menschen,* in welchem der Geist verleiblicht in Erscheinung tritt. Mit der Naturwissenschaft hat sie gemeinsam — und erhebt insofern ebenfalls Anspruch auf volle Wissenschaftlichkeit —, daß sie nicht auf bloße Spekulation, sondern wie jene auf Erfahrung begründet ist. Während aber die Naturwissenschaft sich auf die sinnliche Erfahrung beruft, weil die Natur uns zunächst durch diese gegeben ist, gründet sich die Geisteswissenschaft in dem hier gemeinten Sinne auf eine geistige oder über-sinnliche Erfahrung. Was ist mit dieser gemeint?

Sie ist uns, sofern sie die Grundlage der Geisteswissenschaft bildet, im allgemeinen zunächst nicht oder nur in sozusagen keimhaften Vorformen gegeben: so z. B. im Erleben der Wahrheit, wenn uns im Nachdenken überhaupt oder im wissenschaftlichen Forschen wie ein Lichtblitz irgendeine Erkenntnis aufleuchtet, — oder im Erleben der Schönheit durch ein Kunstwerk, — oder im Erleben dessen, was wir im moralischen Sinne das Gute nennen.

Freilich ist an allen diesen Erlebnissen so, wie sie im gewöhnlichen Leben auftreten, in der einen oder anderen Art unsere Leiblichkeit mit beteiligt. Rudolf Steiner hat nun eine bestimmte Methode einer seelisch-geistigen Selbstschulung entwickelt und gelehrt — ich kann sie hier aus Zeitgründen im einzelnen nicht schildern, sondern muß hiefür auf seine Darstellungen derselben, namentlich in seinem Buche »Wie erlangt man Erkenntnisse der höheren Welten?« verweisen, durch welche die genannten Erlebnisse in solchem Maß aktiviert und intensiviert werden können, daß aus ihnen ganz bestimmte, differenzierte Formen eines geistigen Erlebens gleichsam entbunden werden, an welchen die Leiblichkeit keinen Anteil mehr hat, welche darum als leibfreie Geisterfahrungen bezeichnet werden dürfen. Man könnte die Sache auch so charakterisieren, daß die genannten Erlebnisse des Wahren, des Schönen, des Guten so, wie sie zunächst auftreten, einheitliche seelisch-geistige Erlebnisse darstellen, wobei das Seelische an ihnen das Persönliche, Subjektive ist, das ihnen anhaftet, das Geistige dagegen das Überpersönliche, Objektive, das sie enthalten. Durch die erwähnte Schulung löst sich im Erleben das Geistige vom Seelischen los, und der Mensch wächst dadurch mit ihm bewußtseinsmäßig in ein objektiv-überpersönliches Element hinein und lernt damit erfahrungsmäßig jene Welt kennen, die in der platonischen Philosophie als die der Ideen-Urbilder, in heidnischen Religionen als diejenige niedriger und höherer Gottheiten, im Christentum als jene der Engel-Hierarchien gelehrt wird, wie man sie etwa in dem berühmten Buche des Dionysius Areopagita beschrieben findet. Denn es hat auch in früheren Zeiten immer Menschen gegeben, die, sei es durch außergewöhnliche Begabungen oder Schicksale, sei es durch geistige Schulung, wie sie damals in den sogenannten Mysterienstätten praktiziert wurde, zu Erfahrungen dieser geistigen Welt gelangten. Solchen Erfahrungen entstammen die Inhalte aller Religionen. Neu an der Anthroposophie ist lediglich die Methode der Schulung. Sie ist dem wissenschaftlichen Charakter unseres heutigen Geisteslebens angepaßt und ermöglicht deshalb, die geistigen Erfahrungen zu wissenschaftlichen Erkenntnissen zu verarbeiten. Durch diese Erfahrungen lernt der Mensch auch in sich selbst ein Höheres kennen, das neben seiner Leiblichkeit und seinem Seelisch-Persönlichen ein eigenes Element, ja den innersten Kern seines Wesens bildet, — und so kommt die anthroposophische Forschung auf neuem Wege und in einer neuen Auffassung wieder zu einem trichotomischen Bilde der

Totalität des Menschen als einer leiblich-seelisch-geistigen Wesenheit.

Diese Art geistiger Erfahrung und die aus ihr erwachsene geisteswissenschaftliche Forschung wurde von Steiner selbst im vollen Umfange praktiziert. Die Fähigkeit des »Hellsehens«, als welche sie auch bezeichnet zu werden pflegt, war in ihm schon in seiner Kindheit als Naturgabe erwacht und wurde später von ihm nach jahrzehntelangen erkenntniskritischen Prüfungen durch die von ihm entwickelte Selbstschulung zu höchsten Graden ausgebildet. Seine Schüler haben auf diesem Schulungswege bisher nur untere oder mittlere Stufen erreicht.

All den Steinerschen Forschungsergebnissen gegenüber erhebt sich selbstverständlich an erster Stelle die Frage der *Beweise*. Dazu ist zu sagen, daß das Problem der Verifizierung hier durch die Sache selbst einen völlig anderen Charakter annimmt als in der Naturwissenschaft. Eine Vielzahl von Beweisformen kann da unterschieden werden. Eine erste, direkte Form wäre die, daß man durch eigene Schulung dieselben Erfahrungsmöglichkeiten erwirbt, über die Steiner verfügte, und dadurch seine Forschungsergebnisse nachprüfte. Dies wird angesichts der ganz außerordentlichen Fähigkeiten, die Steiner auf diesem Gebiet erlangt hatte, nur zu einem kleinen Teil möglich sein. Es ergeben sich jedoch schon auf elementaren Stufen dieses Schulungsweges mannigfache Möglichkeiten, durch eigene Erfahrungen wenigstens die grundlegenden Ergebnisse zu verifizieren. Eine zweite, indirekte Form ihrer Verifizierung ergibt sich, wenn man feststellt, daß diese Ergebnisse den Tatsachen, die auf den verschiedensten Gebieten der Natur- oder Geschichtsforschung zutage gefördert worden sind, nirgends widersprechen, und was sie, zunächst einmal als bloße Arbeitshypothesen verwendet, hinsichtlich der Erklärung oder eines vertieften Verständnisses dieser Tatsachen zu leisten vermögen. Das führt zur dritten Form: Da ja die Ergebnisse der Anthroposophie sich alle direkt oder indirekt auf den Menschen beziehen, stellt sich nicht nur die Frage nach ihrem Wert für ein tieferes Verständnis aller Phänomene menschlichen Daseins, sondern vor allem auch die Frage nach ihrer Fruchtbarkeit für die Gestaltung des menschlichen Lebens auf den verschiedensten Gebieten sowohl für den einzelnen wie für die Gesellschaft. Und hier darf man darauf hinweisen, daß auf den mannigfaltigsten Gebieten: der Erziehung, der Heilpädagogik, Medizin, Religion, Kunst, Wissenschaft, Gesellschaft, Wirtschaft bis in die Landwirtschaft hinein, aus der Anthroposophie praktische Spezialbewegungen herausgewachsen sind, die ihre eminente Fruchtbarkeit seit einem halben Jahrhundert hinlänglich erwiesen haben. Schließlich ist viertens auf einen schärfsten Unterschied gegenüber der Naturwissenschaft aufmerksam zu machen: In dieser kann irgendein Einzelergebnis ganz für sich allein in bezug auf seine Richtigkeit bewiesen werden. In der Geisteswissenschaft bildet die Summe aller ihrer Ergebnisse ein einziges, unzertrennliches Ganzes, dessen einzelne Teile sich gegenseitig stützen, tragen, beweisen. Hierin gründet allerdings die ungeheure Schwierigkeit, ein Einzelphänomen wie zum Beispiel den Tod in anthroposophischer Sicht darzustellen. Man müßte hiefür buchstäblich das Ganze des anthroposophischen Welt- und Menschenbildes entwerfen, weil nur aus diesem heraus voll verständlich und einleuchtend werden kann, was man über dieses Phänomen zu sagen hat. Sonst schneidet man sozusagen aus einem lebendigen Ganzen ein winziges Teilstück heraus. Und so, wie ein solches Stück, aus einem physischen Organismus herausgeschnitten, zum Absterben und Verwesen verurteilt ist, so ist auch eine solche Teildarstellung z. B. des Todes, wie sie hier aus einem lebendigen ideellen Ganzen herausgerissen werden muß, fast unvermeidlich dazu verurteilt, im Aufnehmen und Überdenken der Hörer zu einem Nichts an Bedeutung zu verwesen. Ich muß und werde deshalb versuchen, wenn ich nun zur Darstellung des *Inhalts* der anthroposophischen Sicht des Todes übergehe, wenigstens einige Nachbarstücke dieses Ausschnittes mit anzudeuten.

Da ist zunächst zu sagen, daß sich für die Anthroposophie das Ganze der Welt nicht nur gliedert in die geistige und materielle beziehungsweise in die göttliche und die natürliche im Sinne eines scharfen Dualismus. Sie erschaut vielmehr zwischen diesen noch zwei mittlere oder Zwischenbereiche. Die rein materielle Welt läßt sich eigentlich nur negativ charakterisieren: sie ist die, welche aus dem Zusammenhang mit allen andern ausgeschieden oder herausgefallen ist. Sie hat dadurch die Fähigkeit verloren, sich durch sich selbst zu bewegen, zu gestalten, zu wandeln, zu entwickeln, zu öffnen, in Beziehung und Wechselwirkung mit andern zu treten. Sie west im Raume, das heißt im Medium der Äußerlichkeit, des Aus- und Nebeneinander. Sie ist als Ganze in einem Prozeß der Entformung, des fortschreitenden Zerfalls in Teile begriffen. Wir bezeichnen sie mit lauter negativen Begriffen als die anorganische, leblose, unbeseelte Welt, kurz als die des Toten. Sie ist als solche im buchstäblichen Sinne die Verkörperung dessen, was wir *Tod* nennen.

Über ihr webt als erste übermaterielle und übersinnliche die Welt des *Lebens:* sie umfaßt die Kräfte und Prozesse der Bildung und Umbildung von Formen, der Wandlung, sie webt im Elemente der Zeit in mannigfaltigsten Rhythmen derselben. Sie durchdringt die materielle Welt und erzeugt dadurch in ihr Organismen, die sich zu Gestalten bilden und umbilden. Und indem diese in rhythmischem Wechsel von den Kräften des Lebens ergriffen und wieder verlassen werden, entstehen und vergehen sie und reproduzieren sich in einer endlosen Folge von Generationen. Am reinsten geschieht dies in der Pflanzenwelt, da in diese keine weitere Welt unmittelbar hereinwirkt. Sie lebt ausschließlich im Keimen, Sprossen, Blühen, Fruchten, Welken, das sich in den Kreisläufen der Jahre immerfort wiederholt.

Anders ist es bei Tier und Mensch. Auch sie sind Lebewesen und unterliegen deren Gesetzen: Entstehen und Vergehen, Bildung und Auflösung von Gestalten in ständiger rhythmischer Wiederholung. Aber da wirkt noch, diese Gesetze und Rhythmen modifizierend, eine höhere Welt herein: diejenige des *Seelischen,* verstanden als die der Instinkte, Triebe, Begierden, Empfindungen, Wahrnehmungen, kurz: einer Innerlichkeit. Geradezu bestimmend ist sie für das Tierreich, daher dieses die beseelte Natur darstellt. Gestalt und Verhalten der Tiere sind ausschließlich Ausdruck ihrer tausendfältig verschiedenen seelischen Charaktere.

Nicht gilt dies von der Gestalt und den Wesensäußerungen des Menschen. Denn was sich in ihm verleiblicht, entstammt einer noch höheren Welt, der höchsten: der *geistig-göttlichen.* Es bekundet sich in seiner aufrechten Gestalt und in all dem, was durch diese hinsichtlich seiner Leiblichkeit bedingt ist. Des weiteren in seinem Erkennen, Fühlen, Wollen, in seinem geistigen Schöpfertum, seiner Veranlagung zur Freiheit, seinem Selbstbewußtsein, seiner Individualität. So gesehen, stellt er sich seiner Ganzheit nach als vierschichtiges Wesen dar: materiell, belebt, beseelt, geistig, — wobei Körper, Leben und Seele zur dreifachen Hülle geworden sind, die den Geist als den *Kern* seines Wesens umschließt. Zwar unterliegt auch der Mensch den Gesetzen der Materie, des Lebens, der Seele, aber diese sind in ihm modifiziert und denen seines Geistes angepaßt.

So wird auch in seiner Zeugung ein Materielles neu von Kräften des Lebens ergriffen und zu einem Organismus gebildet, der wächst, sich gestaltet, ausreift, welkt und stirbt. Aber das alles hat hier eine andere Bedeutung als im Pflanzen- und Tierreich. Mit der Bildung eines neuen Organismus ist hier von Anfang an verbunden die Verleiblichung eines *Geistigen.* Aus der höchsten der Welten: der des Geistes, herabsteigend, umkleidet es sich zunächst, indem es die Welten der Seele und des Lebens durchwandert, mit einer Seelen- und einer Lebenshülle und verbindet sich als diese dreifache Organisation sodann mit dem neu entstehenden Leibesorganismus, um ihn zu einem menschlichen zu bilden. Dieser Prozeß der Inkarnation setzt sich auch nach der Geburt desselben weiter fort in gesetzmäßigen Rhythmen, die zugleich solche der Entwicklung des Leibes sind, sich manifestierend in Zahnwechsel, Geschlechtsreife, Erwachsensein, und kommt erst in der durchschnittlichen Mitte des Menschenlebens: um die Mitte der dreißiger Jahre, zum Abschluß. Da macht sich nun auch das Seelisch-Persönliche am stärksten geltend. Vor allem aber kommt es erst jetzt sozusagen zu einer vollen inneren Berührung des Geistigen mit dem Körperlichen, das heißt mit dem, was seinem ureigenen Wesen nach der Welt des Toten angehört. »Media vita in morte sumus«, heißt es in einem mittelalterlichen Lied: In der Mitte des Lebens begegnen wir dem *Tod.* Freilich vollzieht sich diese Begegnung unbewußt; sie wirkt sich aber im weiteren Fortgang des Lebens aus, etwa in der aufkommenden Empfindung, daß es nach dem Überschreiten des Lebenshöhepunktes nun irgendwie abwärts gehe. In der Tat beginnt jetzt, zunächst in den Funktionen der Sinne und des Gehirns sich bemerkbar machend, in den ersten Anfängen die Vergreisung des Leibes. Ihr liegt aber zugrunde die nun einsetzende und ebenfalls in gesetzmäßigen Rhythmen fortschreitende Loslösung oder vielmehr Exkarnation der höheren Wesenselemente des Menschen von seinem physischen Leibe. Dadurch gewinnen in diesem die Eigenkräfte des Materiellen zunehmend an Macht, bis er ihnen schließlich im Sterben ganz anheimfällt. Freilich sind Art und Maß, in denen die Loslösung der höheren Wesensglieder vom Leibe während der zweiten Lebenshälfte sich vollzieht, durch das gesamte Lebensverhalten des Menschen bedingt, das einerseits durch seine Veranlagung zur Freiheit bestimmt wird, andererseits aber auch durch die gesellschaftlichen und beruflichen Verhältnisse, in denen er sich schicksalsmäßig befindet.

Im Sterben wird dann die physische Leibeshülle völlig abgestreift. Sie verfällt dem Tode. Was geschieht nun aber mit den drei höheren Wesensgliedern des Menschen? Zunächst sind sie noch miteinander verbunden. Was während des Erdenlebens an Sinneseindrücken und

Vorstellungen dem Vergessen anheimfiel, ins Unbewußte versank, aber durch die Erinnerung stückweise doch wieder ins Bewußtsein heraufgeholt werden kann, war in die Organisation der Lebenskräfte übergegangen. Jetzt, da der physische Leib weggefallen ist, tritt diese Organisation unmittelbar ins Bewußtsein, und der Verstorbene erlebt sie in der Art, daß er wie in einem panoramatischen Bilde das Ganze seines zu Ende gegangenen Lebens überschaut. Bekannt und zahlreich sind die Berichte von Menschen, die bei einem Absturz oder in der Gefahr des Ertrinkens knapp am Tode vorbeigekommen sind, und die dieses Lebenspanorama erlebt haben. Da war die Loslösung vom Leibe für einen Moment schon eingetreten und hatte dieses Erleben der Lebenskräfteorganisation schon eingesetzt. Nach etwa drei Tagen löst sich jedoch diese Organisation in der allgemeinen Lebenskräftewelt auf, und das panoramatische Bild verschwindet. Es ist jetzt nurmehr der Geistkern des Menschen in seiner seelischen Hülle vorhanden. Allerdings beginnt auch diese sich, und zwar in die kosmisch-seelische Welt aufzulösen. Dies geschieht in folgender Weise: für das Seelische bedeutete das Erdenleben die Phase seiner Konzentration, seiner Zusammenziehung. Es war da sich selber zugewandt, ein Innenleben ausbildend; außerdem war es dem Leibe hingegeben, mit dem es verbunden war, hatte Begierden entwickelt, die durch den Leib in ihm erregt und auch durch ihn befriedigt wurden. Jetzt ist es in die Phase seiner Ausdehnung eingetreten. Was nun mit ihm geschieht, erlebt es wie eine Umstülpung seines Wesens: es weitet sich in die kosmische Seelenwelt aus. Dies hat zur Folge, daß es unter Schmerzen sich von den selbstischen Begehrungen, die es jetzt, ohne Leib, nicht mehr befriedigen kann, läutern muß. Diese Läuterung wird zugleich so erlebt, daß es im Sicheinleben in die neue Welt wie durch ein moralisches Gericht über sein vergangenes Erdenleben hindurchgeht, in welchem der Wille zur künftigen Wiedergutmachung und Ausgleichung dessen erwacht, was im vergangenen Leben moralisch verschuldet wurde. In der Vorstellung vom Purgatorium, vom Fegefeuer, durch das die Seele nach dem Tode hindurchzugehen hat, haben diese Vorgänge im katholischen Glauben ihre Spiegelung erfahren.

Ist diese Phase durchlebt, dann bleibt das Ich, der Geistkern des Menschen, allein übrig und lebt sich in die Geistwelt der höheren Hierarchien ein. Und was geschieht da? Dieses Ich ist gottentstammt, es ist unvergänglich, und es ist dazu berufen, in einer fernen Zukunft mit allen anderen Menschen-Ichen zusammen sozusagen zu einer neuen Generation von Göttern heranzureifen. Es ist also noch nicht das, was es einmal werden soll. Darum ist die Existenzweise der Menschheit eine geschichtliche, eine im steten Werden befindliche. Anders gesagt: darum müssen die menschlichen Geist-Individualitäten sich in der materiellen Welt verleiblichen. Denn nur in der zeitweiligen Trennung von ihrer göttlichen Ursprungswelt können sie die Freiheit entwickeln, zu der sie veranlagt sind, und nur in der Auseinandersetzung mit der materiellen Welt können sie die schöpferischen Fähigkeiten zur Reife bringen, mit denen sie begabt wurden. Aber *ein* Leben genügt dazu nicht. Was die materielle Welt dem Menschen an Entwicklungsmöglichkeiten bietet, kann nicht in *einem* Leben ausgeschöpft werden. Darum muß der Mensch durch *viele* Leben hindurchgehen. Dadurch wird die Geschichte erst, was sie wirklich ist: nicht ein bloßer Wandel äußerer Verhältnisse, nicht eine bloße Anhäufung und Überlieferung menschlicher Schöpfungen an jeweils spätere Zeiten, sondern ein innerer Fortschritt in der Reifung der menschlichen Individualitäten, da diese in ihre jeweils späteren Inkarnationen die Errungenschaften ihrer früheren mitbringen, um zu ihnen neue hinzuzuerwerben. Daß ein jeweils folgendes Leben sinngemäß sich an die früheren anschließt, das ist es, was das Geistwesen des Menschen in der rein geistigen Welt im Zusammenwirken mit den göttlichen Hierarchien in der Zeit zwischen Tod und neuer Geburt veranlagt. Es wird auf Grund der Errungenschaften oder auch Versäumnisse, der Erfahrungen oder auch der moralischen Schulden, die in früheren Leben gemacht wurden, ein *Plan* für das nächste Leben ausgearbeitet. Ihn bringt das Ich dann durch die Geburt in dieses mit, allerdings verschlossen in die unbewußten Tiefen seines Willens, verwirklicht ihn dann aber doch aus diesen heraus. Es ist das, was ältere Völker als Karma, Tyche, Fatum, Kismet empfunden und bezeichnet haben, kurz: als von Göttern zuerteiltes *Schicksalslos* des Menschen, dem er nicht entrinnen kann. Heute erkennt man, daß es dem Menschen nicht bloß von Göttern zuerteilt, sondern von seinem eigenen Wesenskern vor seiner Geburt mit gestaltet wurde und deshalb seine Freiheit nicht ausschließt. Denn es gibt seinem Leben bloß seinen schicksalsmäßigen Rahmen; *wie* er diesen durch sein Tun und Verhalten ausfüllt, bleibt ihm freigestellt. Je mehr er ihn als solchen erkennt und seinen Sinn erfaßt, desto mehr wird er ihn bejahen und positiv auszufüllen versuchen.

Wie nun das einzelne Leben des Menschen, so gliedert sich auch die Gesamtheit seiner Inkarnationen und das heißt: die Geschichte der Menschheit in eine Phase der In- und eine solche der Exkarnation. Es bildet sich also im Einzelnen des Menschendaseins das Ganze desselben ab. Das heißt: in verhältnismäßig früheren Epochen der Geschichte verbanden sich die menschlichen Geistwesen *noch nicht* vollständig mit den Leibern, in denen sie sich verkörperten, in verhältnismäßig späteren werden sie sich *nicht mehr* vollständig mit ihnen verbinden. *Ganz* tauchen sozusagen die menschlichen Individualitäten während ihrer Erdenleben nur in einer *mittleren* Phase der Geschichte in ihre Leiblichkeit unter. Wir gehen heute dem Ende dieser Phase entgegen. Sie ist die Zeit, in der mehr als das Geistige des Menschen sein Seelisch-Persönliches sich im Leben geltend macht. Und sie ist die Zeit, in der die *Menschheit* in ihrem geschichtlichen Lebenslauf von sich sagen konnte und kann: Media vita in morte sumus — das heißt, wo *sie* geschichtlich die volle Begegnung mit dem Tod erlebte. Darum ist seither das Rätsel des Todes, ist die Auseinandersetzung mit diesem Rätsel in das Zentrum ihrer Daseinsfragen gerückt.

Wenn die Menschen jeweils in ihrer zweiten Lebenshälfte mit ihren höheren Wesenselementen sich trotzdem stufenweise vom Leibe loslösen konnten, so ist dies der Tatsache zu verdanken, daß in der Mitte der Geschichte durch die Menschwerdung des göttlichen Logos in *Christus* in die Menschheit eine geistige Kraft hineinversenkt worden ist, die ihr vorher nicht eignete. Diese macht es möglich, daß das Geistig-Seelische des Menschen nicht dazu verurteilt ist, an den Leib gefesselt zu bleiben, was seither für ihn zur schwersten Gefahr geworden ist, und das würde heißen: in den Tod des Leibes mit hineinzusterben. Hierin liegt der Grund, warum die Bekenner des Christentums in Christus vor allem den *Überwinder des Todes* erblickten, und warum im Gegensatz zu den Kulturen des vorchristlichen Orients, deren Seelenblick noch überwiegend auf das vorgeburtliche Geistleben zurückgewandt war, die Christenheit den ihren vornehmlich auf das nachtodliche Leben der Seele richtete und das Erdenleben als eine bloße Vorbereitung auf jenes betrachtete. Ja, wie jener Rückblick der altorientalischen Menschheit auf das Vorgeburtliche so verabsolutiert wurde, daß schließlich Buddha seine Jünger lehrte, das Rad der Wiedergeburten zum Stillstand zu bringen und durch den Eingang ins Nirwana für immer in den Zustand des Ungeborenseins zurückzukehren, so wurde im Christentum durch den Vorblick auf das nachtodliche Dasein dieses derart verabsolutiert, daß *es* als ein endgültiges erschien und die Idee der Wiederverkörperung verloren ging.

Damit ist aber der ganze Sinn des Christentums noch nicht erschöpft. Er vollendet sich erst im Gedanken der *Auferstehung*. Und dieser bezieht sich auf das, was soeben über die zwei Phasen der In- und der Exkarnation gesagt wurde, in welche sich die Menschheitsgeschichte gliedert. Sie hängen mit dem zusammen, was oben über den Sinn des Erscheinens des Menschenwesens innerhalb der materiellen Welt überhaupt angedeutet wurde: Er liegt in der Entfaltung seiner Freiheit und seiner schöpferischen Kräfte. Um ihretwillen ist die irdisch-materielle Welt als »Pflanzstätte der Geister« — um ein Goethe-Wort zu gebrauchen — von der Welt des Göttlichen überhaupt geschaffen und dem Menschen zur Verfügung gestellt worden. In dem Maße, als sie ihren Dienst geleistet hat, erwächst dem Menschen die Aufgabe, sie, samt seinem eigenen Leibe, der Geistwelt zurückzugeben. Die Fähigkeit hiezu erlangt er in dem Grade, als er in der zweiten Hälfte der Geschichte durch die Kraft, die ihm durch die Christustat zuteil geworden ist, sich vom Leibe stufenweise wieder löst und das Geistige in sich entwickelt. Dies verleiht ihm die Möglichkeit, seine eigene Leiblichkeit schrittweise zu vergeistigen und mit ihr die ganze materiell-natürliche Welt. Mit jeder folgenden Inkarnation wird er seinen Leib in höherem Grade aus den Kräften seines Geistes bilden, in geringerem Grade aus denen der blutmäßigen Abstammung. Dadurch wird der Leib ein immer geistigerer werden und zuletzt nicht mehr in der jetzigen Art geboren werden und sterben. Er wird der verklärte Leib der Auferstehung sein, und mit ihm wird die ganze Kreatur — von der Paulus sagt, daß sie mit Bangen ihrer Erlösung durch die Kinder Gottes harre — zugleich ihre Auferstehung feiern. Ein neuer Himmel, eine neue Erde, das ewige Jerusalem — wie der Apokalyptiker es nennt — werden entstehen. Dies wird sich im Zeichen der Wirksamkeit des *Heiligen Geistes* vollziehen, der vom Vater und vom Sohn ausgeht und dessen Kommen Christus verheißen hat.

Fassen wir zusammen: Als in seinem *Leibe* durch die *Geburt* sich *verkörpernder* steigt der Menschengeist aus der göttlichen *Vaterwelt* herab. In der *Mitte* des Erdenlebens, wo das *Seelische* dominiert und der Mensch dem *Tode* begegnet, erfährt er in der Überwindung desselben die Kraft des *Christus*. In der im *Greisenalter* durch seinen *Geist* jeweils sich anbahnenden, in der *Menschheitszukunft* sich verwirklichenden *Auferstehung* vereinigt er sich mit dem *Heiligen Geiste.* Das mittelalterliche Rosenkreuzertum faßte diese drei Grundmysterien des Menschseins in den dreifachen Spruch zusammen:

Ex deo nascimur
In Christo morimur
Per spiritum sanctum reviviscimus

Diese wichtige Veröffentlichung in der Buchreihe der Internationalen Gemeinschaft Arzt und Seelsorger Stuttgart ist die letzte, um die sich Wilhelm Bitter noch unmittelbar kümmern konnte. Seitdem er, zusammen mit Rudolf Daur und Hermann Breucha, die Gemeinschaft gegründet hat, ist jährlich ein Tagungsbericht erschienen. Jedes dieser Bücher hat seine Wirkung getan, und jedes war von der Persönlichkeit Wilhelm Bitters geprägt.

Was war es, das diesen Mann auszeichnete? Und warum fragen sich alle, die ihn kannten, ob denn das einzigartige Gebilde »Arzt und Seelsorger« noch weiter bestehen, noch weiter wirken könne, nachdem sein Gründer am 12. Januar 1974 im 81. Lebensjahr gestorben ist? Es war etwas, weswegen er oft gerühmt und manchmal auch angegriffen wurde: seine leidenschaftliche Bemühung um eine Synthese des Auseinanderstrebenden, seine ungemeine Kraft zur Koordination und Zusammenarbeit. Er, der erst in reifen Jahren mit dem Studium der Medizin begonnen hatte, um sich dann ausschließlich den Hinter- und Abgründen der Seele zuzuwenden, wußte, wofür er kämpfte. Er hat sie gekannt, die verschiedenen Ausfaltungen der Tiefenpsychologie, und er hat erfahren, daß jede Orthodoxie gerade in diesem Bereich schädlich sein muß. Ein Synkretist und Eklektiker ist er deshalb nicht geworden. Vielmehr sah er seine Aufgabe in einer Synopsis aller Richtungen, in einem System, das sämtliche Methoden der Psychotherapie dem Patienten zur Verfügung stellen sollte. Im Grunde ging es ihm darum, den Menschen zu helfen, dem einzelnen Leidenden, der Gruppe, und da war ihm recht, daß die Gründer und die Schulen, wenn sie sich selbst ernst nahmen, nichts anderes wollten. Die Tagungen, die er plante, organisierte und leitete, waren Foren, Stätten der Zusammenkunft, des Zusammendenkens und Zusammensprechens, des Austragens von Gegensätzen in Freundschaft, des respektvollen Tolerierens auch dort, wo die eigene Einsicht andere Aspekte wahrnahm.

Und noch etwas sei gesagt, um verständlich zu machen, warum Wil-

helm Bitters Wirken, bei aller Zurückhaltung in der Person, so erfolgreich, insbesondere so in die Tiefe gehend war. Er hat viele Jahre seines Lebens als Praktiker verbracht, als Mann der Wirtschaft, der die Vordergründe alles Tuns und Treibens kannte. So war ihm nichts vorzumachen, er war gefeit gegen Schwärmerei und unscharfes Denken, er bezog seine Toleranz und seine Güte nicht aus einer Ideologie, sondern aus der Erfahrung des Menschen, der seine Jugend und seine frühen Mannesjahre im Strom der Welt verbracht hatte. Bis zu seinem letzten Tag war spürbar, daß hier einer, den man früher einen Idealisten genannt hätte, durchaus der praktischen Sphäre verbunden blieb, und nichts war ihm mehr zuwider als hochgestochenes Gerede, als die unsaubere Art des Denkens, die unsere Disziplin, die Psychotherapie und Psychoanalyse, genauso, vielleicht etwas mehr durchsetzt als andere Bereiche.

An uns ist es, Wilhelm Bitter nicht nur in der Erinnerung zu bewahren, sondern ihn uns lebendig zu halten, indem wir das fortführen, was er begonnen hat und nur er beginnen konnte. Was er und die Seinen geschaffen haben, steht vor aller Augen. Knüpfen wir daran an. Wir dürfen nicht vor ihm versagen.

Ernst Klett

Weitere Tagungsberichte der »Internationalen Gemeinschaft Arzt und Seelsorger Stuttgart«, herausgegeben von Wilhelm Bitter †

Abendländische Therapie und östliche Weisheit
287 Seiten. Leinen. ISBN 3-12-900890-X

Angst und Schuld
in theologischer und psychotherapeutischer Sicht
5. Auflage. 186 Seiten. Leinen. ISBN 3-12-900810-1

Einsamkeit
in medizinisch-psychologischer, theologischer und soziologischer Sicht
244 Seiten. Leinen. ISBN 3-12-900880-2

Evolution
Fortschrittsglaube und Heilserwartung
280 Seiten. Leinen. ISBN 3-12-900920-5

Freiheit — ohne Autorität?
256 Seiten. Kart. ISBN 3-12-900940-X

Gut und Böse
in der Psychotherapie
2. veränderte Auflage. 109 Seiten. Leinen.
ISBN 3-12-903140-5

Ernst Klett Verlag Stuttgart

Weitere Tagungsberichte der »Internationalen Gemeinschaft Arzt und Seelsorger Stuttgart«, herausgegeben von Wilhelm Bitter †

Krisis und Zukunft der Frau
Psychotherapie, Religion, Gesellschaft
2. Aufl. 314 Seiten. Leinen. ISBN 3-12-900820-9

Lebenskrisen
Ursachen und Beratung
239 Seiten. Leinen, ISBN 3-12-900930-6

Magie und Wunder in der Heilkunde
178 Seiten. Leinen. ISBN 3-12-900830-6

Massenwahn in Geschichte und Gegenwart
283 Seiten. Leinen. ISBN 3-12-900860-8

Meditation
in Religion und Psychotherapie
2. veränd. Aufl. 212 Seiten. Kart. ISBN 3-12-900950-7

Mensch und Automation
Selbstentfremdung — Selbstverwirklichung
202 Seiten. Leinen. ISBN 3-12-900840-3

Psychotherapie und religiöse Erfahrung
267 Seiten. Leinen. ISBN 3-12-900870-5

Verbrechen — Schuld oder Schicksal?
Zur Reform des Strafwesens
265 Seiten. Leinen. ISBN 3-12-900910-8

Ernst Klett Verlag Stuttgart